Paris. — Typ. de Pillet fils aîné, rue des Grands-Augustins, 5.

HERMÈS TRISMÉGISTE

TRADUCTION COMPLÈTE

PRÉCÉDÉE D'UNE

ÉTUDE SUR L'ORIGINE DES LIVRES HERMÉTIQUES

PAR

LOUIS MÉNARD

DOCTEUR ÈS LETTRES

OUVRAGE COURONNÉ PAR L'INSTITUT
(ACADÉMIE DES INSCRIPTIONS ET BELLES-LETTRES)

Deuxième édition

PARIS

LIBRAIRIE ACADÉMIQUE

DIDIER ET Cⁱᵉ, LIBRAIRES-ÉDITEURS

35, QUAI DES AUGUSTINS, 35

1867

Tous droits réservés.

ÉTUDE

SUR

L'ORIGINE DES LIVRES HERMÉTIQUES

ÉTUDE

SUR

L'ORIGINE DES LIVRES HERMÉTIQUES

Les livres d'Hermès Trismégiste ont joui d'une grande autorité pendant les premiers siècles de l'Église. Les docteurs chrétiens en invoquaient souvent le témoignage avec celui des Sibylles, qui avaient annoncé la venue du Christ aux païens pendant que les prophètes l'annonçaient aux Hébreux : « Hermès, dit Lactance, a découvert, je ne sais comment, presque toute la vérité. » On le regardait comme une sorte de révélateur inspiré, et ses écrits passaient pour des monuments authentiques de l'ancienne théologie des Égyptiens. Cette opinion fut acceptée par Marsile Ficin, Patrizzi, et les autres érudits de la Renaissance qui ont traduit ou commenté les livres hermétiques. Ils crurent y trouver la source première des initiations orphiques, de la philosophie de Pythagore et de Platon. Des doutes néanmoins ne tardèrent pas à s'élever sur l'authenticité de ces livres et de ceux qui portent le nom des Sibylles, et les progrès de la critique finirent par démontrer le caractère apocryphe des uns et des autres. Un savant commentaire a fixé la date des différentes séries des oracles sibyllins, œuvre en partie juive, en partie chrétienne, que Lactance et d'autres docteurs de l'Église, dupes eux-mêmes de la fraude de leurs devanciers, opposent souvent aux païens pour les convaincre de la vérité du christianisme.

On n'a pas établi avec la même certitude l'origine et la date des livres qui portent le nom d'Hermès Trismégiste. Casaubon les attribuait à un juif ou à un chrétien. L'auteur du *Pantheon Ægyptiorum*, Jablonski, croit y reconnaître l'œuvre d'un gnostique. Aujourd'hui on les classe parmi les dernières productions de la philosophie grecque, mais on admet qu'au milieu des idées alexandrines qui en forment le fond, il y a quelques traces des dogmes religieux de l'ancienne Égypte. C'est à cette opinion que se sont arrêtés Creuzer et son savant interprète M. Guigniaut.

Dans un travail récent où l'état de la question est exposé avec beaucoup de clarté, M. Egger émet le vœu qu'un philologue exercé publie une bonne édition de tous les textes d'Hermès en les accompagnant d'un commentaire. Ce vœu a déjà été en partie réalisé. M. Parthey a publié, à Berlin, une édition excellente des quatorze morceaux dont on possède le texte grec complet. Il les réunit, comme on le fait ordinairement, sous le nom de *Pœmander*[1]. Mais ce titre, selon la remarque de Patrizzi, ne convient qu'à un seul d'entre eux, celui que les manuscrits placent le premier. Il existe de plus un long dialogue intitulé *Asclèpios*, dont nous ne possédons qu'une traduction latine faussement attribuée à Apulée; enfin de nombreux fragments conservés par Stobée, Cyrille, Lactance et Suidas; les trois principaux sont tirés d'un dialogue intitulé le *Livre sacré*. M. Parthey

---

[1]. *Hermetis Trismegisti Pœmander*, Berlin, 1854. Il faudrait conserver la forme grecque *Poimandrès*. Comme le fait remarquer M. Egger, *Pœmander* répond au grec Poimandros, et non à Poimandrès.

annonce la publication de ces divers fragments ; malheureusement cette partie de son travail n'a pas encore paru. Pour quelques morceaux on peut y suppléer par le texte de Stobée ; pour d'autres, notamment pour les *Définitions d'Asclèpios*, qui servent d'appendice aux livres d'Hermès, on en est réduit à l'édition très-incorrecte de Patrizzi, la seule complète jusqu'à présent. Le *Poimandrès* et l'*Asclèpios* ont été traduits en vieux français ; il n'existe aucune traduction du *Livre sacré*, des *Définitions d'Asclèpios*, ni des autres fragments.

Celle que nous publions comprend à la fois les fragments et les morceaux complets ; on les a classés dans l'ordre qui est généralement adopté, quoiqu'il soit tout à fait arbitraire. On a réuni dans le premier livre le *Poimandrès* et les treize dialogues qui s'y rattachent. L'*Asclèpios*, dont le véritable titre, conservé par Lactance, est le *Discours d'initiation,* τέλειος λόγος, forme le second livre. Parmi les fragments, ceux qui sont tirés du *Livre sacré* ont dû, en raison de leur étendue et de leur importance, recevoir une place à part ; ils composent le troisième livre. Enfin, le quatrième livre comprend les *Définitions d'Asclèpios* et les autres fragments. La plupart de ces fragments sont peu intéressants par eux-mêmes, mais il fallait offrir une traduction complète. D'ailleurs, les morceaux les plus insignifiants d'un ouvrage apocryphe fournissent quelquefois des indications précieuses qui permettent d'en fixer la date et l'origine.

On est presque toujours porté, quand on lit une traduction, à mettre sur le compte du traducteur des obscurités qui tiennent souvent au style de l'auteur ou aux sujets qu'il traite. La difficulté d'une traduction d'Hermès tient à plusieurs causes : l'incorrection d'une grande partie des textes, la subtilité excessive de la pensée, l'insuffisance de notre langue philosophique. Les mots qui reviennent le plus souvent dans les ouvrages des philosophes et surtout des platoniciens, νοῦς, λόγος, γένεσις, et bien d'autres, n'ont pas de véritables équivalents en français. Quelques-uns de ces mots ont en grec deux ou trois sens, et les Alexandrins s'amusent à jouer sur ces différentes acceptions. Ajoutez à cela les participes neutres, que nous ne pouvons rendre que par des périphrases, par exemple κινοῦν, κινούμενον, πρὸ ὄν, et une foule de mots dont le sens est très-précis en grec, et auxquels l'usage a donné, en français, un sens très-vague et très-général. Ainsi *le monde* et *la nature* signifient pour nous la même chose, tandis que κόσμος et φύσις représentent des idées très-différentes. Nous opposons sans cesse *l'esprit* à *la matière* : en grec πνεῦμα a presque toujours un sens matériel et ὕλη un sens abstrait. Le mot *âme* rend très-imparfaitement ψυχή, qui pour les Grecs était à peu près synonyme de ζωή, la vie. Toutes les finesses de l'analyse psychologique des Grecs nous échappent; nous n'avons pas même de mots pour rendre θυμός et ἐπιθυμητικόν.

Ces difficultés de mots ne sont pas les plus grandes. Quoique la langue d'Hermès n'offre pas de ces constructions savantes qui rendent si difficile une traduction littérale de Thucydide, de Pindare ou des chœurs tragiques, son style est presque toujours obscur, et le traducteur ne peut le rendre plus clair, car cette obscurité est plus encore dans la pensée que dans l'expression. L'*Asclèpios*, qui n'existe qu'en latin, offre les mêmes difficultés que les textes grecs. Quelques passages cités en grec par Lactance permettent de croire que cette vieille traduction, qui paraît antérieure à saint Augustin, devait être assez exacte quant au sens général ; mais, malgré les manuscrits, il est impossible de l'attribuer à Apulée. On a déjà remarqué depuis longtemps que le style d'Apulée n'a rien de commun avec cette forme lourde et incorrecte. J'espère, de plus, pouvoir démontrer que non-seulement la traduction latine, mais le texte même de l'*Asclèpios* ne remonte qu'au temps de Constantin.

Nous essayerons, dans cette introduction, de déterminer l'âge et les origines des livres hermétiques, en les comparant, suivant le programme tracé par l'Académie des inscriptions et belles-lettres, avec les documents que les auteurs grecs nous ont laissés sur la religion égyptienne, et avec les faits que l'on peut considérer comme acquis à la science des hiéroglyphes. Le développement des études égyptiennes donne un intérêt particulier à cette comparaison. Les races, comme les individus, conservent, à travers le temps, leur caractère propre et originel. Les philosophes grecs ont souvent reproduit dans leurs systèmes la physique des poëtes mythologiques, peut-être sans s'en apercevoir. On trouve de même entre la période religieuse de l'Égypte et sa période philosophique quelques-uns de ces rapports généraux qui donnent un air de famille à toutes les expressions de la pensée d'un peuple. Personne n'admet plus aujourd'hui la prétendue immobilité de l'Égypte ; elle n'a pu rester stationnaire entre le temps des pyramides et l'ère chrétienne. Tout ce qui est vivant se transforme, les sociétés théocratiques comme les autres, quoique plus lentement, parce que leur vie est moins active. Pour faire l'histoire de la religion égyptienne comme on a fait celle de la religion grecque, il faut en suivre les transformations. Les plus anciennes ne peuvent être connues que par une chronologie exacte des monuments hiéroglyphiques ; les dernières nous sont attestées par la manière différente dont les auteurs grecs en parlent à différentes époques. Enfin, de la rencontre des doctrines religieuses de l'Égypte et des doctrines philosophiques de la Grèce sortit la philosophie égyptienne, qui n'a pas laissé d'autres monuments que les livres d'Hermès, et dans laquelle on reconnaît, sous une forme abstraite, les idées et les tendances qui s'étaient produites auparavant sous une forme mythologique.

Une autre comparaison qui nous intéresse encore

plus directement est celle qu'on peut établir entre
quelques-uns des écrits hermétiques et les monuments juifs ou chrétiens, notamment la *Genèse*, les
ouvrages de Philon, le *Pasteur* d'Hermas, le quatrième évangile. L'avénement du christianisme présente, au premier abord, l'aspect d'une révolution
radicale dans les mœurs et dans les croyances du
monde occidental; mais l'histoire n'a pas de brusques changements ni de transformations imprévues.
Pour comprendre le passage d'une religion à une
autre, il ne faut pas opposer entre eux deux termes
extrêmes : la mythologie homérique et le symbole de
Nicée ; il faut étudier les monuments intermédiaires,
produits multiples d'une époque de transition où
l'hellénisme primitif, discuté par la philosophie, s'altérait chaque jour davantage par son mélange avec
les religions de l'Orient qui débordaient confusément
sur l'Europe. Le christianisme représente le dernier
terme de cette invasion des idées orientales en Occident. Il n'est pas tombé comme un coup de foudre
au milieu du vieux monde surpris et effaré. Il a eu
sa période d'incubation, et, pendant qu'il cherchait
la forme définitive de ses dogmes, les problèmes

dont il poursuivait la solution préoccupaient aussi les esprits en Grèce, en Asie, en Égypte. Il y avait dans l'air des idées errantes qui se combinaient en toute sorte de proportions.

La multiplicité des sectes qui se sont produites de nos jours sous le nom de socialisme ne peut donner qu'une faible idée de cette étonnante chimie intellectuelle qui avait établi son principal laboratoire à Alexandrie. L'humanité avait mis au concours de grandes questions philosophiques et morales : l'origine du mal, la destinée des âmes, leur chute et leur rédemption ; le prix proposé était le gouvernement des consciences. La solution chrétienne a prévalu et a fait oublier les autres, qui se sont englouties pour la plupart dans le naufrage du passé. Quand nous en retrouvons une épave, reconnaissons l'œuvre d'un concurrent vaincu et non d'un plagiaire. Le triomphe du christianisme a été préparé par ceux mêmes qui se croyaient ses rivaux et qui n'étaient que ses précurseurs; ce titre leur convient, quoique plusieurs soient contemporains de l'ère chrétienne, d'autres un peu postérieurs ; car l'avénement d'une religion ne date que du jour où elle est acceptée par les peuples, comme le règne d'un prétendant date de sa victoire. C'est l'humanité qui donne aux idées leur droit de cité dans le monde, et la science doit rendre à ceux qui ont travaillé à une révolution, même en voulant la combattre, la place qui leur appartient dans l'histoire de la pensée humaine.

Nous chercherons à distinguer ce qui appartient soit à l'Égypte, soit à la Judée, dans les livres d'Hermès Trismégiste. Quand on rencontre dans ces livres des idées platoniciennes ou pythagoriciennes, on peut se demander si l'auteur les a retrouvées à des sources antiques où Pythagore et Platon auraient puisé avant lui, ou s'il y faut reconnaître un élément purement grec. Il y a donc lieu de discuter d'abord l'influence réelle ou supposée de l'Orient sur la philosophie hellénique. On est trop porté en général, sur la foi des Grecs eux-mêmes, à exagérer cette influence et surtout à en reculer la date. C'est seulement après la fondation d'Alexandrie qu'il s'établit des rapports permanents et quotidiens entre la pensée de la Grèce et celle des autres peuples, et dans ces échanges d'idées la Grèce avait beaucoup plus à donner qu'à recevoir. Les peuples orientaux, ceux du moins qui se trouvèrent en contact avec les Grecs, ne paraissent pas avoir jamais eu de philosophie proprement dite. L'analyse des facultés de l'âme, la recherche des fondements de la connaissance, des lois morales et de leur application à la vie des sociétés, sont choses absolument inconnues à l'Orient avant la conquête d'Alexandre. Le mot que Platon attribue aux prêtres égyptiens sur ses compatriotes : « O Grecs, vous n'êtes que des enfants, et il n'y a pas de vieillards parmi vous, » pourrait être renvoyé à l'Orient et à l'Égypte elle-même. L'esprit scientifique est aussi étranger à ces peuples que le sens politique. Ils peuvent durer de longs siècles, ils n'atteignent jamais l'âge viril; ce sont de vieux enfants, toujours menés par les lisières, aussi incapables de chercher la vérité que de conquérir la justice.

Initié à la philosophie par la Grèce, l'Orient ne pouvait lui donner que ce qu'il avait, l'exaltation du sentiment religieux. La Grèce accepta l'échange; lasse du scepticisme qu'avait produit la lutte de ses écoles, elle se jeta par réaction dans des élans mystiques précurseurs d'un renouvellement des croyances. Les livres d'Hermès Trismégiste sont un trait d'union entre les dogmes du passé et ceux de l'avenir, et c'est par là qu'ils se rattachent à des questions vivantes et actuelles. S'ils appartiennent encore au paganisme, c'est au paganisme de la dernière heure, toujours plein de dédain pour la nouvelle religion et refusant d'abdiquer devant elle, parce qu'il garde le dépôt de la civilisation antique qui va s'éteindre avec lui, mais déjà fatigué d'une lutte sans espérance, résigné à sa destinée et revenant s'endormir pour l'éternité dans son premier berceau, la vieille Égypte, la terre des morts.

I

La population d'Alexandrie se composait de Grecs, d'Égyptiens et de Juifs, et le contact perpétuel, sinon le mélange de trois races différentes, facilitait la fusion des idées. Les caractères distinctifs de ces trois races expliquent comment cette fusion d'idées dut s'opérer et dans quelle proportion chacune d'elles y contribua. La race grecque était dominante, sinon par le nombre, au moins par l'intelligence ; aussi imposa-t-elle sa langue, mais en respectant les usages et les traditions indigènes. Les Grecs, qui classaient facilement les conceptions religieuses des autres peuples dans le large cadre de leur polythéisme, acceptaient les Dieux des Égyptiens et se bornaient à en traduire les noms dans leur langue. Ils admettaient même volontiers que l'initiation religieuse leur était venue par des colonies égyptiennes. Cette concession leur coûtait fort peu, car ils n'avaient jamais prétendu à une haute antiquité, et elle flattait singulièrement l'orgueil des Égyptiens ; elle les empêchait de regarder les Grecs comme des étrangers ; c'étaient des colons qui revenaient dans la mère-patrie. Aussi l'Égypte, qui n'avait jamais subi volontairement la domination des Perses, accepta-t-elle dès le début et sans résistance celle des Ptolémées.

Les Juifs, au contraire, délivrés jadis par les Perses du joüg babylonien, s'étaient facilement soumis à leur suzeraineté lointaine, mais ils repoussèrent avec horreur l'autorité directe et immédiate des Séleucides. La religion juive était bien moins éloignée du dualisme iranien que du polythéisme hellénique. Les Grecs auraient pu classer Jéhovah comme tous les autres Dieux dans leur panthéon, mais lui ne voulait pas être classé; il ne se serait même pas contenté de la première place, il voulait être seul. Les Séleucides, dont la domination s'étendait sur des peuples de religions différentes, ne pouvaient accepter cette prétention, et les Juifs, de leur côté, repoussaient l'influence du génie grec au nom du sentiment national et du sentiment religieux. Mais à Alexandrie, les conditions n'étaient pas les mêmes qu'en Palestine. Les Égyptiens étaient chez eux, les Grecs ne se croyaient étrangers nulle part, les Juifs au contraire tenaient à rester étrangers partout; seulement, hors de leur pays, ils n'aspiraient pas à la domination, ils se contentaient de l'hospitalité. Dès lors, il devenait plus facile de s'entendre; ils traduisirent leurs livres dans la langue de leurs hôtes, dont ils étudièrent la philosophie.

Platon surtout les séduisait par ses doctrines unitaires, et on disait en parlant du plus célèbre d'entre eux : « Ou Philon platonise, ou Platon philonise. » Philon, s'imaginant sans doute que la Grèce avait toujours été ce qu'elle était de son temps, prétend que des précepteurs grecs vinrent à la cour de Pharaon pour faire l'éducation de Moïse. Le plus souvent néanmoins le patriotisme l'emportait chez les Juifs sur la reconnaissance, et au lieu d'avouer ce qu'ils devaient à la philosophie grecque, ils soutenaient qu'elle avait emprunté ses principes à la Bible. Jusqu'à la période chrétienne, les Grecs ne paraissent pas avoir tenu compte de cette assertion. Il est vrai qu'on cite ce mot d'un éclectique alexandrin, Nouménios d'Apamée : « Platon n'est qu'un Moïse attique. » Mais que conclure d'une phrase isolée tirée d'un ouvrage perdu ? Tout ce qu'elle pourrait prouver, c'est que Nouménios ne connaissait Moïse que par les allégories de Philon, car il n'y a qu'une critique bien peu exigeante qui puisse trouver la théorie des idées dans le premier chapitre de la *Genèse*.

Les emprunts des Grecs à la Bible ne sont guère plus vraisemblables que les précepteurs grecs de Moïse. Si Platon avait pris quelque chose aux Juifs, il n'eût pas manqué d'en introduire un dans ses dialogues, comme il y a introduit Parménide et Timée. Loin de nier leurs dettes, les Grecs sont portés à en exagérer l'importance. D'ailleurs, pour emprunter quelque chose aux Juifs, il aurait fallu les connaître, et avant Alexandre les Grecs n'en savaient pas même le nom. Plus tard, sous l'empire romain, quand les Juifs étaient déjà répandus dans tout l'occident, Justin, racontant leur histoire d'après Trogue Pompée, rattache leur origine à Damascus; les successeurs qu'il donne à ce Damascus sont Azélus, Adorès, Abraham et Israël. Ce qu'il dit de Joseph est presque conforme au récit biblique, mais il fait de Moïse un fils de Joseph et le chef d'une colonie de lépreux chassés de l'Égypte. Il ajoute qu'Aruas, fils de Moïse, lui succéda, que les Juifs eurent toujours pour rois leurs prêtres et que le pays fut soumis pour la première fois par Xerxès. Il se peut que Trogue Pompée ait consulté quelque tradition égyptienne ou phénicienne, mais assurément il n'avait pas lu la Bible; il semble cependant que cela eût été facile de son temps.

On ne connaissait pas mieux la religion des Juifs

que leur histoire. On savait qu'ils avaient un Dieu national; mais quel était-il? *Dedita sacris incerti Judæa Dei.* Plutarque soupçonne que ce Dieu pourrait bien être Dionysos, qui, au fond, est le même qu'Adonis. Il s'appuie sur la ressemblance des cérémonies juives avec les bacchanales et sur quelques mots hébreux dont il croit trouver l'explication dans le culte dionysiaque. Quant à l'horreur des Juifs pour le porc, elle vient, selon lui, de ce qu'Adonis a été tué par un sanglier. Il eût été bien plus simple d'interroger un Juif. Mais Plutarque avait peu de critique; au lieu de s'informer avant de conclure, il voulait tout deviner.

Les Égyptiens étaient sans doute mieux connus que les Juifs; cependant tous les Grecs qui parlent de la religion égyptienne lui donnent une physionomie grecque, qui varie selon le temps où chacun d'eux a vécu et selon l'école à laquelle il appartient. Le plus ancien auteur grec qui ait écrit sur l'Égypte est Hérodote. Il y trouve un polythéisme pareil à celui de la Grèce, avec une hiérarchie de huit Dieux primitifs et de douze Dieux secondaires, qui suppose une synthèse analogue à la théogonie d'Hésiode.

D'un autre côté, chaque ville a, selon lui, sa religion locale; le culte d'Osiris et d'Isis est seul commun à toute l'Égypte et ressemble beaucoup aux mystères d'Éleusis. Cependant Hérodote est frappé d'un trait particulier à la religion égyptienne : le culte rendu aux animaux; mais il ne cherche pas la raison de ce symbolisme, si différent de celui des Grecs. Il remarque aussi que, contrairement aux Grecs, les Égyptiens ne rendent aucun culte aux héros. Pour Diodore, c'est le contraire; les Dieux égyptiens sont d'anciens rois divinisés. Il est vrai qu'il y a aussi des Dieux éternels : le soleil, la lune, les éléments; mais Diodore ne s'en occupe pas : le système pseudo-historique d'Évhémère régnait de son temps en Grèce, il en fait l'application à l'Égypte. Vient ensuite Plutarque, à qui on attribue le traité sur *Isis et Osiris*, le document le plus curieux que les Grecs nous aient laissé sur la religion égyptienne; cependant lui aussi habille cette religion à la grecque; seulement, depuis Diodore, la mode a changé : ce n'est plus l'évhémérisme qui est en honneur, c'est la démonologie. Plutarque, qui est platonicien, voit dans les Dieux de l'Égypte non plus des hommes divinisés, mais des démons; puis, lorsqu'il veut expliquer les noms des Dieux, à côté de quelques étymologies égyptiennes, il en donne d'autres tirées du grec, et qu'il paraît préférer. Son traité est adressé à une prêtresse égyptienne, mais, au lieu de lui demander des renseignements, il propose ses propres conjectures.

Quant à Porphyre, il se contente d'interroger; il soulève des doutes sur les diverses questions philosophiques qui l'intéressent, et demande au prêtre Anébo ce que les Égyptiens en pensent. Ce qui l'inquiète surtout, c'est que, d'après le stoïcien Chérémon, les Égyptiens n'auraient connu que les Dieux visibles, c'est-à-dire les astres et les éléments. N'avaient-ils donc aucune idée sur la métaphysique, la démonologie, la théurgie, et toutes les choses en dehors desquelles Porphyre ne concevait pas de religion possible? « Je voudrais savoir, dit-il, ce que les Égyptiens pensent de la cause première : si elle est l'intelligence ou au-dessus de l'intelligence; si elle est unique ou associée à une autre ou à plusieurs autres; si elle est incorporelle ou corporelle; si elle est identique au créateur ou au-dessus du créateur;

si tout dérive d'un seul ou de plusieurs; si les Égyptiens connaissent la matière, et quels sont les premiers corps; si la matière est pour eux créée ou incréée; car Chérémon et les autres n'admettent rien au-dessus des mondes visibles, et dans l'exposition des principes ils n'attribuent aux Égyptiens d'autres Dieux que ceux qu'on nomme *errants* (les planètes), ceux qui remplissent le zodiaque ou se lèvent avec eux et les subdivisions des Décans et les Horoscopes, et ceux qu'on nomme les chefs puissants et dont les noms sont dans les almanachs avec leurs phases, leurs levers, leurs couchers et les signes des choses futures. Il (Chérémon) voit en effet que les Égyptiens appellent le soleil *créateur*, qu'ils tournent toujours autour d'Isis et d'Osiris et de toutes les fables sacerdotales, et des phases, apparitions et occultations des astres; des croissances et décroissances de la lune, de la marche du soleil dans l'hémisphère diurne et dans l'hémisphère nocturne, et enfin du fleuve (Nil). En un mot, ils ne parlent que des choses naturelles et n'expliquent rien des essences incorporelles et vivantes. La plupart soumettent le libre arbitre au mouvement des astres, à je ne sais quels liens indissolubles de la nécessité, qu'ils nomment destinée, et rattachent tout à ces Dieux, qui sont pour eux les seuls arbitres de la destinée, et qu'ils honorent par des temples, des statues et les autres formes du culte. »

A cette lettre de Porphyre Jamblique répond sous le nom du prêtre égyptien Abammon ; du moins, une note placée en tête de cette réponse l'attribue à Jamblique, d'après un témoignage de Proclos. Pour prouver que la religion égyptienne est excellente, il fait une exposition de ses propres idées et les attribue aux Égyptiens. Ce traité, intitulé *des Mystères des Égyptiens*, est rempli par d'interminables dissertations sur la hiérarchie et les fonctions des âmes, des démons, des Dieux ; sur la divination, la destinée, les opérations magiques ; sur les signes auxquels on peut reconnaître les différentes classes de démons dans les théophanies, sur l'emploi des mots barbares dans les évocations. Après toute cette théurgie, qui fait parfois douter si l'auteur est un charlatan ou un insensé, il consacre à peine quelques lignes à la religion égyptienne, et ces quelques lignes sont pleines d'incertitude et d'obscurité. Il parle des stèles et des obélisques d'où il prétend que Pythagore et Platon ont tiré leur philosophie, mais il se garde bien de traduire une seule inscription. Il assure que les livres d'Hermès, quoiqu'ils aient été écrits par des gens initiés à la philosophie grecque, contiennent des opinions hermétiques; mais quelles sont-elles? Il était si simple de citer.

De cette comparaison des documents grecs sur la religion égyptienne devons-nous conclure que l'Égypte a toujours été pour les Grecs un livre fermé, et qu'en interrogeant la terre des sphinx ils n'ont obtenu pour réponses que des énigmes, ou l'écho de leurs propres questions? Une telle conclusion serait injuste pour les Grecs; les renseignements qu'ils nous fournissent ont été complétés, mais non contredits, par l'étude des hiéroglyphes. Dans ces renseignements, il faut faire la part des faits et celle des interprétations. Les faits que les Grecs nous ont transmis sont généralement vrais et ne se contredisent pas : seulement, les explications qu'ils en donnent sont différentes. Les mêmes différences s'observent quand ils parlent de leur propre religion; elles tiennent à une loi générale de l'esprit humain, la loi de transformation dans le temps, qui s'applique aux sociétés comme aux êtres vivants.

La langue des symboles est la langue naturelle des sociétés naissantes; à mesure que les peuples vieillissent, elle cesse d'être comprise. En Grèce, même avant Socrate, les philosophes attaquaient la religion des poëtes, parce qu'ils n'en pénétraient pas le sens et qu'ils concevaient mieux les lois de la nature et de l'esprit sous des formes abstraites que sous des formes poétiques. Cependant le peuple restait attaché à ses symboles religieux ; les philosophes voulurent alors, en les expliquant, les adapter à leurs idées. Trois systèmes d'interprétation se produisirent : les stoïciens expliquèrent la mythologie par la physique; d'autres crurent y voir des faits historiques embellis par l'imagination des poëtes, c'est la théorie qui porte le nom d'Évhémère; les Platoniciens y cherchèrent des allégories mystiques. Quoique l'herméneutique des stoïciens fût la plus conforme au génie de la vieille religion, les trois systèmes d'explication eurent des partisans, parce que chacun d'eux répondait à un besoin de la conscience publique, et c'est ainsi que la philosophie, après avoir ébranlé la religion, la transforma et se confondit avec elle [1].

Les choses ne pouvaient se passer tout à fait de la même manière en Égypte, où, au lieu d'une philosophie discutant la religion, il y avait une théocratie qui gardait le dépôt des traditions antiques. Mais rien ne saurait empêcher les races de vieillir. Si le sacerdoce pouvait maintenir la lettre des dogmes et les formes extérieures du culte, ce qu'il ne pouvait pas conserver c'est cette intelligence des symboles qui est le privilége des époques créatrices. Quand les Grecs commencèrent à étudier la religion égyptienne, la symbolique de cette religion était déjà une lettre morte pour les prêtres eux-mêmes. Hérodote, qui les interrogea le premier, ne put obtenir d'eux aucune explication, et comme il n'était pas théologien, il s'arrêta à l'enveloppe des symboles. Ses successeurs cherchèrent de bonne foi à en retrouver la clé, et y appliquèrent les différents systèmes d'herméneutique qui avaient cours en Grèce. Si l'ouvrage du stoïcien Chérémon nous avait été

---

[1]. Louis Ménard, *Polythéisme hellénique*, livre IV, chapitre II, La religion grecque et la philosophie.

conservé, nous y trouverions probablement plus de rapports avec les monuments hiéroglyphiques que dans ceux de Diodore ou de Jamblique ; car, pour la religion égyptienne comme pour l'hellénisme, les explications stoïciennes devaient être plus près de la vérité que l'évhémérisme ou la métaphysique platonicienne. Plutarque nous donne souvent, en passant, des explications physiques bien plus satisfaisantes que la démonologie à laquelle il s'arrête. Mais, sans accorder à tous les systèmes la même valeur, on peut reconnaître que tous ont eu leur raison de se produire. L'ancienne religion était surtout une physique générale ; cependant les noms et les attributs divins donnés aux rois dans les inscriptions, les dynasties divines placées au début de l'histoire, pouvaient faire regarder les Dieux comme des hommes divinisés. L'incarnation d'Osiris et sa légende humaine s'accordaient avec les théories évhéméristes. On pouvait prendre pour des démons toutes ces puissances subalternes dont il est si souvent question dans le *Rituel funéraire*. Enfin, à mesure que les esprits étaient entraînés vers les abstractions de l'ontologie, on cherchait à séparer les principes du monde de leurs manifestations visibles, et les symboles qui se prêtaient mal à ces transformations étaient mis de côté; on les respectait par habitude, mais on n'en parlait pas. De là vient que la vieille mythologie tient si peu de place dans l'ouvrage de Jamblique, qui répond à cette dernière phase de la religion égyptienne.

Comme les formes extérieures de cette religion n'avaient pas changé, on la croyait immobile, et plus on en adaptait l'esprit aux systèmes philosophiques de la Grèce, plus on se persuadait que ces systèmes étaient sortis d'elle. Les Grecs avaient commencé par attribuer à l'Égypte leur éducation religieuse, opinion que la science moderne n'a pas ratifiée; ils lui attribuèrent de même leur éducation philosophique, et là aussi les traces de l'influence égyptienne s'évanouissent lorsqu'on veut les saisir. Tous les emprunts de Platon à l'Égypte se bornent à une anecdote sur Thoth, inventeur de l'écriture, et à cette fameuse histoire de l'Atlantide, qu'il dit avoir été racontée à Solon par un prêtre égyptien, et qui paraît n'être qu'une fable de son invention. Quant à l'idée de la métempsycose, il l'avait reçue des pythagoriciens. Pythagore l'avait-il empruntée à l'Égypte? Cela n'est pas impossible, mais on trouve la même idée chez les Indiens et chez les Celtes, qui ne doivent pas l'avoir reçue des Égyptiens. Elle peut se déduire de la religion des mystères, et comme les pythagoriciens ne se distinguent pas nettement des orphiques, on ne peut savoir s'il y a eu action de la religion sur la philosophie ou réaction de la philosophie sur la religion. Selon Proclos, Pythagore aurait été initié par Aglaophamos aux mystères rapportés d'Égypte par Orphée. Voilà l'influence égyptienne transportée au-delà des temps historiques.

L'action de l'Égypte sur la philosophie grecque avant Alexandre, quoique moins invraisemblable que celle de la Judée, est donc fort incertaine. Tout ce qu'on pourrait lui attribuer, c'est la prédilection de la pulpart des philosophes pour les dogmes unitaires et les gouvernements théocratiques ou monarchiques; encore cette prédilection s'explique-t-elle aussi bien par la tendance naturelle de la philosophie à réagir contre le milieu où elle se développe. Dans une société polythéiste et républicaine, cette réaction devait aboutir à l'unité en religion et à l'autorité en politique, car ces deux idées sont corrélatives. L'esprit humain est séduit par les formules simples qui lui permettent d'embrasser sans fatigue l'ensemble des choses; l'amour-propre se résigne difficilement à l'idée de l'égalité, et les philosophes sont enclins, comme les autres hommes, à préférer la domination à une part dans la liberté de tous. Ceux qui voyageaient en Asie ou en Égypte, y trouvant des idées et des mœurs conformes à leurs goûts, devaient attribuer à ces peuples une haute sagesse et les proposer en exemple à leurs concitoyens. Le sacerdoce égyptien ressemblait à cette aristocratie d'intelligence que les philosophes auraient voulu voir régner en Grèce, à la condition d'en faire partie; le sacerdoce juif leur aurait inspiré la même admiration s'ils l'avaient connu, et ils n'auraient eu aucune raison pour s'en cacher.

La philosophie grecque, qui s'était attachée, dès son origine, à la recherche d'un premier principe des choses, concevait l'unité sous une forme abstraite. Les Juifs la représentaient sous une forme plus vivante; le monde était pour eux une monarchie, et leur religion a été l'expression la plus complète du monothéisme dans l'antiquité. Pour les Égyptiens, l'unité divine ne s'est jamais distinguée de l'unité du monde. Le grand fleuve qui féconde l'Égypte, l'astre éclatant qui vivifie toute la nature leur fournissaient le type d'une force intérieure, unique et multiple à la fois, manifestée diversement par des vicissitudes régulières, et renaissant perpétuellement d'elle-même. M. de Rougé fait remarquer que presque toutes les gloses du *Rituel funéraire* des Égyptiens attribuent tout ce qui constitue l'essence d'un Dieu suprême à Ra, qui, dans la langue égyptienne, n'est autre que le soleil. Cet astre, qui semble se donner chaque jour à lui-même une nouvelle naissance, était l'emblème de la perpétuelle génération divine. Quoique les formes symboliques soient aussi variées en Égypte que dans l'Inde, il n'y a pas un grand effort d'abstraction à faire pour ramener tous ces symboles au panthéisme.

« J'ai eu occasion de faire voir, dit M. de Rougé, que la croyance à l'unité de l'être suprême ne fut jamais complétement étouffée en Égypte par le polythéisme. Une stèle de Berlin de la XIX⁵ dynastie le nomme *le seul vivant en substance*. Une autre stèle du même musée et de la même époque l'appelle *la seule substance éternelle*, et plus loin, *le seul générateur dans le ciel et sur la terre qui ne soit pas engendré*. La doctrine d'un seul Dieu dans le double personnage du père et du fils était également conservée à Thèbes et à Memphis. Le même stèle de Berlin, provenant de Memphis, le nomme *Dieu se faisant Dieu, existant par lui-même, l'être double, générateur dès le commencement*. La leçon thébaine s'exprime dans des termes presque identiques sur le compte d'Ammon dans le papyrus de M. Harris : *être double, générateur dès le commencement, Dieu se faisant Dieu, s'engendrant lui-même*. L'action spéciale attribuée au personnage du fils ne détruisait pas l'unité; c'est dans ce sens évidemment que ce Dieu est appelé *ua en ua*, le un de un, ce que Jamblique traduira plus tard assez fidèlement par les termes de πρῶτος τοῦ πρώτου θεοῦ, qu'il applique à la seconde hypostase divine[1]. »

Quand les doctrines philosophiques de la Grèce et

---

1. De Rougé, *Etude sur le Rituel funéraire des Egyptiens*. (*Revue archéologique*, 1860, p. 357.)

les doctrines religieuses de l'Égypte et de la Judée se rencontrèrent à Alexandrie, elles avaient entre elles trop de points communs pour ne pas se faire des emprunts réciproques. De leur rapprochement et de leur contact quotidien sortirent plusieurs écoles dont le caractère général est l'éclectisme, ou plutôt le syncrétisme, c'est-à-dire le mélange des divers éléments qui avaient concouru à leur formation. Ces éléments se retrouvent tous, quoique en proportions variables, dans chacune de ces écoles. La première est l'école juive, représentée par Philon, qui, à force d'allégories, tire le platonisme de chaque page de la Bible. Philon est regardé comme le principal précurseur du gnosticisme. On réunit sous ce nom plusieurs sectes chrétiennes qui mêlent les traditions juives à celles des autres peuples, principalement des Grecs et des Égyptiens. Le mot de *gnostique*, qui est quelquefois appliqué aux chrétiens en général, par exemple dans Clément d'Alexandrie, signifie simplement ceux qui possèdent la *gnose,* la science supérieure, l'intuition des choses divines.

Après Philon et les gnostiques se place la grande école d'Ammônios Saccas et de Plotin, qui, tout en empruntant à l'Asie et à l'Égypte leurs tendances unitaires et mystiques, s'attache directement à la philosophie grecque, dont elle cherche à fondre toutes les sectes divergentes. Dans les derniers temps du polythéisme, on n'était plus exclusivement stoïcien, épicurien, péripatéticien, ni même platonicien; toutes ces sectes avaient apporté leur contingent à la somme des idées, et toutes étaient représentées, par quelque côté, dans la philosophie commune. Ces compromis n'étaient pas nouveaux, Platon avait beaucoup emprunté aux éleates et aux pythagoriciens. La démonologie, qui tient tant de place dans la philosophie alexandrine, n'était point une invention de Platon, ni même d'Empédocle ou de Pythagore; on la trouve en germe dans les *Travaux et Jours* d'Hésiode.

A côté de ces écoles, et comme pour servir de lien entre elles, s'en développe une autre qui ne se rattache à aucun nom historique et n'est représentée que par les livres hermétiques. Ces livres sont les seuls monuments que nous connaissions de ce qu'on peut appeler la philosophie égyptienne. Il est vrai qu'ils ne nous sont parvenus qu'en grec, et il n'est même pas probable qu'ils aient jamais été écrits en langue égyptienne ; mais Philon écrit en grec aussi et n'en est pas moins un vrai Juif. On peut dire de même que les livres hermétiques appartiennent à l'Égypte, mais à l'Égypte fortement hellénisée et à la veille de devenir chrétienne. On ne trouverait pas dans un véritable Grec cette adoration extatique qui remplit les livres d'Hermès ; la piété des Grecs était beaucoup plus calme. Ce qui est encore plus étranger au caractère grec, c'est cette apothéose de la royauté qu'on trouve dans quelques livres hermétiques, et qui rappelle les titres divins décernés aux Pharaons et plus tard aux Ptolémées. Ces ouvrages apocryphes sont toujours écrits sous la forme de dialogues. Tantôt c'est Isis qui transmet à son fils Hôros l'initiation qu'elle a reçue du grand ancêtre Kaméphès et d'Hermès, secrétaire des Dieux ; tantôt le *bon démon*, qui est probablement le dieu Knef, instruit Osiris. Le plus souvent c'est Hermès qui initie son disciple Asclèpios ou son fils Tat. Quelquefois Hermès joue le rôle de disciple, et l'initiateur est l'Intelligence ($νοῦς$) ou Poimandrès. La lettre de Porphyre est adressée au prophète Anébo, et ce nom d'Anébo ou

Anubis est celui d'un Dieu que les Grecs identifiaient avec Hermès.

Mais quel est cet Hermès Trismégiste sous le nom duquel ces livres nous sont parvenus? Est-ce un homme, est-ce un Dieu? Pour les commentateurs, il semble que ce soit l'un et l'autre. Les aspects multiples de l'Hermès grec l'avaient fait confondre avec plusieurs Dieux égyptiens qui avaient entre eux et avec lui beaucoup de rapports. On croyait éviter la confusion par des généalogies, et on disait qu'il y avait plusieurs Hermès. Selon Manéthon, Thoth, le premier Hermès avait écrit sur des stèles ou colonnes les principes des sciences en langue et en caractères hiéroglyphiques. Après le déluge, le second Hermès, fils du bon démon et père de Tat, avait traduit ces inscriptions en grec. Dans ce passage, ces Hermès sont donnés comme des personnages historiques. En Égypte, les prêtres aussi bien que les rois prenaient des noms empruntés aux Dieux, et comme dans les livres hermétiques l'initiateur a un caractère plutôt sacerdotal que divin, les premiers éditeurs les ont attribués à cette famille de prophètes. Il leur en eût trop coûté de croire que ces œuvres qu'ils admiraient fort étaient de quelque écrivain obscur et anonyme, mettant ses idées sous le nom d'un Dieu. Cependant la fraude était bien innocente ; l'auteur de l'*Imitation*, qui met des discours dans la bouche du Christ, n'est pas regardé comme un faussaire. Dans les livres hermétiques, la philosophie est censée révélée par l'Intelligence ou par le Dieu qui en est la personnification.

« Hermès, qui préside à la parole, dit Jamblique, est, selon l'ancienne tradition, commun à tous les prêtres ; c'est lui qui conduit à la science vraie ; il est un dans tous. C'est pourquoi nos ancêtres lui attribuaient toutes les découvertes et mettaient leurs œuvres sous le nom d'Hermès. » De là cette prodigieuse quantité de livres ou discours attribués à Hermès. Jamblique parle de vingt mille, mais sans donner le titre d'un seul. Les quarante-deux livres dont parle Clément d'Alexandrie constituaient une véritable encyclopédie sacerdotale. Selon Galien, les prêtres écrivaient sur des colonnes, sans nom d'auteur, ce qui était trouvé par l'un d'eux et approuvé par tous. Ces colonnes d'Hermès étaient les stèles et les obélisques, qui furent les premiers livres avant l'invention du papyrus. Selon Jablonski, le nom de *Thoth* signifie colonne en égyptien. Il est malheureux pour la science qu'au lieu des livres mentionnés par Clément d'Alexandrie et de ceux où, selon Plutarque, étaient expliqués les noms des Dieux, nous n'ayons que des œuvres philosophiques d'une époque de décadence. Cependant les livres hermétiques que nous possédons ont aussi leur valeur relative. Il nous font connaître la pensée religieuse de l'antiquité, non pas sous la forme la plus belle, mais sous sa dernière forme.

Pour exposer l'ensemble de la théologie hermétique, je ne puis mieux faire que de reproduire le résumé que M. Vacherot en a donné dans son *Histoire critique de l'École d'Alexandrie*. « Dieu, dit-il, y est conçu comme un principe supérieur à l'intelligence, à l'âme, à tout ce dont il est cause [1]. Le bien n'est pas un de ses attributs, c'est sa nature même; Dieu est le bien, comme le bien est Dieu. Il est le non-être en tant qu'il est supérieur à l'être. Dieu produit

---

[1]. « Dieu n'est pas l'intelligence, mais la cause de l'intelligence; il n'est pas l'esprit, mais la cause de l'esprit; il n'est pas la lumière, mais la cause de la lumière » (Livre I, *Discours universel.*) — « Dieu est au-dessus de tout et autour de tout. » (I, *la Clé.*)

tout ce qui est et contient tout ce qui n'est pas encore. Absolument invisible en soi, il est le principe de toute lumière[1]. L'intelligence n'est pas Dieu, elle est seulement de Dieu et en Dieu, de même que la raison est dans l'intelligence, l'âme dans la raison, la vie dans l'âme, le corps dans la vie[2]. L'intelligence est distincte et inséparable de Dieu comme la lumière de son foyer ; elle est aussi bien que l'âme l'acte de Dieu, son essence, s'il en a une[3]. Pour Dieu, produire et vivre sont une seule et même chose[4]. Enfin, le caractère propre de la nature divine, c'est que rien de ce qui convient aux autres êtres ne peut lui être attribué ; il est la substance de tous sans être aucune chose[5]. A ce signe on reconnaît le père de tous les

1. « Invisible lui-même, il manifeste toutes choses. » (I, *le Dieu invisible est très-apparent.*) — Ce qu'il est, il le manifeste ; ce qui n'est pas, il l'a en lui-même. » (I, *la Clé.*)

2. Il y a ici une confusion ; le texte signifie : « L'Intelligence est dans la raison, la raison dans l'âme, l'âme dans l'esprit, l'esprit dans le corps. » (I, *la Clé.*)

3. L'intelligence est de l'essence même de Dieu, si toutefois Dieu a une essence. L'intelligence n'est pas séparée de l'essence de Dieu ; elle lui est unie comme au soleil sa lumière. (I, *De l'intelligence commune.*) — « L'intelligence est en Dieu, la raison est dans l'intelligence. » (IV, *Fragm.*)

4. De même que l'homme ne peut vivre sans la vie, ainsi Dieu ne peut vivre sans faire le bien. (I, *l'Intelligence à Hermès.*)

5. M. Vacherot cite d'après l'édition Patrizzi ; voici le sens du pas-

êtres, Dieu. C'est l'éclat du bien qui illumine l'intelligence, puis l'homme tout entier, et le convertit en une essence vraiment divine[1]. Dieu est la vie universelle, le tout dont les êtres individuels ne sont que des parties ; il est le principe et la fin, le centre et la circonférence, la base de toutes choses, la source qui surabonde, l'âme qui vivifie, la vertu qui produit, l'intelligence qui voit, l'esprit qui inspire[2]. Dieu est tout, tout est plein de lui ; il n'est rien dans l'univers qui ne soit Dieu[3]. Tous les noms lui conviennent comme au père de l'univers, mais, parce qu'il est le père de toutes choses, aucun nom n'est son nom propre[4]. L'un est le tout, le tout est l'un ; unité

---

sage, d'après l'édition Parthey, qui est plus correcte : « Dieu, le Père, le Bien, qu'est-ce, sinon l'existence de ce qui n'est pas encore? Cette existence des êtres, voilà Dieu, voilà le Père, voilà le Bien ; il n'est pas autre chose. » (I, *la Clé*.)

1. « La splendeur qui inonde toute sa pensée et toute son âme l'arrache aux liens du corps et le transforme tout entier dans l'essence de Dieu. » (I, *la Clé*.)

2. « Toutes choses sont des parties de Dieu ; ainsi Dieu est tout. » (IV, *Définitions*, I.) — « Car de toutes choses il est le seigneur et le père, et la source, et la vie, et la puissance, et la lumière, et l'intelligence, et l'esprit. » (IV, *Fragments* d'après Suidas.)

3. « Tout cet ensemble est Dieu, et dans l'univers il n'y a rien que Dieu ne soit pas. » (I, *De l'intelligence commune*.) — « Car tout est plein de Dieu. » (I, *l'Intelligence à Hermès*.)

4. « Car lui seul est tout ; c'est pourquoi il a tous les noms, car il

et totalité sont des termes synonymes en Dieu [1]. »

La première idée qui s'offre à l'esprit quand on étudie cette philosophie est de la rapprocher de celle des brahmanes. En comparant les livres hermétiques avec le *Baghavat-Gîta*, on voit souvent les mêmes idées se présenter sous des expressions presque identiques : « Je suis l'origine et la dissolution de l'univers. Rien n'est plus grand que moi ; de moi dépendent les choses, comme des perles suspendues à un cordon. Je suis l'humidité dans les eaux, la splendeur dans le soleil et la lune, la parole sainte dans les Védas, la force dans l'air, la virilité dans l'homme. — Je suis le parfum de la terre, l'éclat de la flamme, l'intelligence des intelligents, la force des forts. Je connais les êtres passés, présents et futurs, mais moi, nul ne me connaît. — Je pénètre l'univers de chaleur, je retiens et déverse les pluies, je suis la mort et l'immortalité, je suis l'être et le néant, ô Arjuna ! — Je suis le générateur de toutes les choses, de moi l'univers se développe. Je suis l'esprit qui réside dans

---

est le père unique, et c'est pourquoi lui-même n'a pas de nom, car il est le père de tous. » (I, *le Dieu invisible est très-apparent*.)

1. « Le tout qui est un, et l'un qui est tout. » (IV, *Définitions*, I.)

le sein de tous les êtres; je suis le commencement, le milieu et la fin[1]. » Comme il n'y a pas de preuves positives d'une communication entre l'Inde et l'Égypte, on ne peut expliquer ces analogies par des emprunts. Il est seulement curieux de trouver, chez des peuples différents, les mêmes doctrines à côté des mêmes formes sociales : le panthéisme répond au système des castes, comme le monothéisme à la monarchie et le polythéisme à la république.

M. Vacherot reconnaît dans la théologie hermétique des pensées et des expressions néoplatoniciennes, d'autres empruntées à Philon et aux autres livres juifs; il est facile d'y reconnaître aussi le panthéisme égyptien dépouillé de ses formes symboliques et revêtu des formes abstraites de la philosophie grecque. Ainsi, dans une inscription du temple de Saïs citée par Plutarque et par Proclos, Neith disait : « Je suis tout ce qui est, ce qui a été, ce qui sera[2]. » D'après M. de Rougé, le Dieu suprême est défini dans plusieurs formules du *Rituel funéraire* comme « celui qui existe par lui-même, » — « celui qui s'engendre

---

1. *Baghavat-Gîta*, VII, IX, X.
2. Plut., *Isis et Osiris*; Procl., *In Tim.*, I, p. 30.

lui-même éternellement; » d'autres textes le nomment « le seigneur des êtres et des non-êtres[1]. » C'est bien là ce Dieu du panthéisme hermétique par qui et en qui tout existe, ce père universel dont la seule fonction est de créer, celui dont les livres d'Hermès nous disent : « L'éternel n'a pas été engendré par un autre, il s'est produit lui-même, ou plutôt il se crée lui-même éternellement[2] ; » — « si le créateur n'est autre que celui qui crée, il se crée nécessairement lui-même, car c'est en créant qu'il devient créateur[3] ; » — « il est ce qui est et ce qui n'est pas[4]. » L'idée que les anciens textes rendent par *ua en ua*, le *un de un*, le πρῶτος τοῦ πρώτου de Jamblique, ou par *pau ti*, le *Dieu double* ou *être double*, c'est-à-dire père et fils, selon la face du mystère qu'on veut principalement considérer[5], se retrouve aussi dans les livres d'Hermès, où il est souvent question du fils de Dieu[6], du Dieu engendré.

---

1 De Rougé, *Étude sur le Rituel funéraire*. (*Revue archéologique*, 1860, p. 236, 347, 356, 357.)
2. Hermès, I, *Rien ne se perd*, etc.
3. *Ibid.*, I, *Hermès à Asclèpios*.
4. *Ibid*, I, *le Dieu invisible est très-apparent*.
5. De Rougé, *Étude sur le Rituel funéraire*. (*Revue archéologique*, 1860, p. 337, 356, 357.)
6. Hermès, I, *la Clé*.

Ce second Dieu est le *monde*, manifestation visible du Dieu invisible [1]. Quelquefois ce rôle est attribué au soleil [2], qui crée les êtres vivants, comme le Père crée les essences idéales. Sous cette forme, la pensée hermétique se rapproche de l'ancienne théologie égyptienne. « Une stèle du musée de Berlin, dit M. Mariette, appelle le soleil le *premier né*, le fils de Dieu, le Verbe. Sur l'une des murailles du temple de Philae... et sur la porte du temple de Medinet-Abou, on lit : « C'est lui, le soleil, *qui a fait tout ce qui est, et rien n'a été fait sans lui jamais ;* » ce que saint Jean, précisément dans les mêmes termes, dira quatorze siècles plus tard du Verbe [3]. » Le troisième Dieu des livres hermétiques, l'homme [4], considéré dans son essence abstraite, n'est pas sans analogie avec Osiris, qui est quelquefois pris pour le type idéal de l'humanité ; dans le *Rituel funéraire*, l'âme qui se présente au jugement s'appelle toujours « *l'osiris* un tel. » Cette trinité hermétique, *Dieu, le monde, l'homme*, n'est pas plus éloignée des anciennes

---

1. Hermès, II, *Disc. d'initiation*, vi, et I, *la Clé*.
2. *Ibid.*, II, 10 ; IV, *Défin.* i.
3. Mariette, *Mémoire sur la mère d'Apis*.
4. Hermès, II, vi.

triades égyptiennes que des conceptions abstraites des platoniciens.

II

L'unité générale des doctrines exposées dans les livres hermétiques permet de les rapporter à une même école; mais cette unité n'est pas telle qu'on ne puisse y distinguer trois groupes principaux, que j'appellerai juif, grec et égyptien, sans attribuer à ces mots une valeur exclusive et absolue, mais seulement pour indiquer la prédominance relative de tel ou tel élément et les tendances diverses qui rapprochent tour à tour l'école hermétique de chacune des trois races formant la population d'Alexandrie. L'attention doit se porter d'abord sur le groupe juif, qui se rattache plus directement à l'histoire si intéressante pour nous des origines du christianisme. Entre les premières sectes gnostiques et les Juifs helléniques représentés par Philon, il manquait un anneau : on peut le trouver dans quelques livres hermétiques, particulièrement dans le *Poimandrès* et le *Sermon sur la montagne;* peut-être y trouvera-t-on aussi la raison des différences souvent constatées entre les trois premiers évangiles et le quatrième.

Poimandrès signifie *le pasteur de l'homme;* le choix de ce mot pour désigner l'Intelligence souveraine est expliqué par ce passage de Philon : « Notre intelligence doit nous gouverner comme un pasteur gouverne ses chèvres, ses bœufs ou ses moutons, préférant pour lui-même et pour son bétail l'utile à l'agréable. C'est surtout et presque uniquement à la providence de Dieu que les parties de notre âme doivent de n'être pas sans direction, et d'avoir un pasteur irréprochable et parfaitement bon, qui empêche notre pensée de s'égarer au hasard. Il faut qu'une seule et même direction nous conduise à un but unique ; rien n'est plus insupportable que d'obéir à plusieurs commandements. Telle est l'excellence des fonctions de pasteur qu'elles sont justement attribuées non-seulement aux rois, aux sages, aux âmes purifiées par l'initiation, mais à Dieu lui même. Celui qui l'affirme n'est pas le premier venu, c'est un prophète qu'il est bon de croire, celui qui a écrit les hymnes; voici ce qu'il dit : « Le Seigneur est mon pasteur et rien ne « me manquera. » Que chacun en dise autant pour lui-même, car ce chant doit être médité par tous les amis de Dieu. Mais c'est surtout au monde qu'il convient : comme une sorte de troupeau, la terre, l'eau, l'air, le feu, toutes les plantes et tous les animaux, les choses mortelles et les choses divines, la nature du ciel, les périodes du soleil et de la lune, les révolutions des autres astres et leurs danses harmonieuses suivent Dieu comme leur pasteur et leur roi, qui les conduit selon la justice et la règle, les dirigeant par sa droite raison (Verbe), son fils premier né, chargé du soin de ce troupeau sacré et des fonctions de ministre du grand roi; car il est dit quelque part : « Voilà, c'est moi; j'enverrai mon ange devant ton visage pour te garder dans ta route. » Que le monde tout entier, le très-grand et très-parfait troupeau du vrai Dieu dise donc : le Seigneur est mon pasteur et rien ne me manquera[1]. »

On a rapproché le *Poimandrès* d'Hermès Trismégiste du *Pasteur* de saint Hermas ou Hermès, con-

---

1. Philon, *De Agricultura*.

temporain des apôtres. Ce *Pasteur* est un ouvrage apocalyptique fort mal écrit et qu'on ne lit plus guère, mais il jouissait d'une grande autorité dans l'Église primitive. J'en citerai un passage qui peut servir d'explication au titre et dans lequel on trouve le germe de la doctrine du purgatoire : « Je vins dans un champ, et il me montra un jeune enfant habillé de vêtements jaunes et faisant paître des bestiaux nombreux. Et ces bestiaux étaient comme dans les délices, folâtrant gaiement et bondissant çà et là. Et le pasteur lui-même était très-gai dans son pâturage et courait autour de son troupeau. Et je vis dans un lieu d'autres bestiaux folâtrant dans les délices, mais ne bondissant pas. Et il me dit : Tu vois ce pasteur ? — Je le vois, Seigneur, répondis-je. — C'est, dit-il, l'ange des délices et de l'illusion ; il corrompt les âmes des esclaves de Dieu, les détourne de la vérité, les trompe par les mauvais désirs où ils se perdent, oubliant les préceptes du Dieu vivant, et marchant dans les folles délices et les illusions de cette vie. Et il me dit : Écoute, dit-il (*sic*); les bestiaux que tu as vus joyeux et bondissants, ce sont ceux qui se sont séparés de Dieu jusqu'à la fin et se sont livrés aux désirs de ce siècle. Il n'y a pas en eux le repentir qui ramène à la vie, parce que le nom de Dieu est blasphémé par eux. La vie de ceux-là est une mort. Ceux que tu as vus ne bondissant pas, mais paissant en un lieu, sont ceux qui se sont livrés aux délices et à l'illusion, mais sans blasphémer le Seigneur. Ils sont séparés de la vérité; mais il y a en eux l'espoir du repentir qui rend la vie. Leur corruption a donc un certain espoir de résurrection ; mais la mort (des autres) est une destruction éternelle.

« Nous nous avançâmes un peu et il me montra un autre pasteur, grand et d'un aspect sauvage, enveloppé d'une peau de chèvre blanche ; et il avait une besace sur l'épaule et un bâton rude et noueux, et il avait le regard amer, de sorte que j'avais peur de lui. Ce pasteur recevait les bestiaux du premier jeune pasteur, ceux qui folâtraient dans les délices mais ne bondissaient pas, et il les chassait dans un certain lieu très-escarpé, plein d'épines et de ronces, de sorte que les bestiaux ne pouvaient se dégager, mais restaient embarrassés dans les épines et les ronces. Et lui les accablait de coups et marchait ainsi autour d'eux sans leur laisser ni repos ni trêve. Et les voyant ainsi frappés et tourmentés, j'étais affligé de ce qu'ils étaient torturés sans relâche. Et je dis à l'ange qui me parlait : Seigneur, quel est ce pasteur amer et sans entrailles? Et il me dit : C'est l'ange de la punition ; il est un des anges justes, mais préposé à la punition. Il reçoit ceux qui se sont égarés loin de Dieu et qui ont marché selon leurs désirs, et il les punit comme ils le méritent, par des châtiments terribles et variés [1]. »

Ce qu'il importe surtout de remarquer, c'est que Philon et saint Hermas représentent deux aspects différents de ce monde juif, si multiple dans son unité apparente, et dont le *Poimandrès* va nous offrir une troisième nuance. Les Juifs, malgré leurs efforts pour s'isoler, étaient devenus, par la transportation, l'exil ou les émigrations volontaires, ce que leurs frères aînés les Phéniciens avaient été par le commerce, des agens de communication entre les autres peuples. Philon est aussi grec que juif; l'auteur du *Pasteur* est un Juif à peine hellénisé; dans le *Poimandrès*, des doctrines égyptiennes, peut-être même quelques

---

[1]. S. Hermae *Pastor*, lib. III, similit. vi.

vestiges de croyances chaldéennes ou persanes se mêlent avec le *Timée*, le premier chapitre de la Genèse et le début de l'Évangile de saint Jean.

Le sujet de l'ouvrage est une cosmogonie présentée sous la forme d'une révélation faite à l'auteur par Poimandrès, qui est le νοῦς de la philosophie grecque, l'Intelligence, le Dieu suprême. Comme dans le *Timée*, Dieu est au-dessus de la matière, mais il ne la tire pas du néant. L'Intelligence ordonne le monde d'après un modèle idéal qui est sa raison ou sa parole, le λόγος de Platon et de Zénon. Par cette parole, Dieu engendre une autre intelligence créatrice, le Dieu du feu et du souffle ou de l'esprit, πνεῦμα. On pourrait voir là une réminiscence égyptienne; selon Eusèbe[1], Phta était né d'un œuf sorti de la bouche de Knef. Mais cette cosmogonie du *Poimandrès* peut aussi se rattacher à la philosophie grecque, surtout au *Timée*, car ce souffle créateur ressemble beaucoup à l'âme du monde. Une scholie qui se trouve en tête des manuscrits attribue à Hermès une vision anticipée de la trinité chrétienne et tire même

---

1. Eusèbe, *Præp. evang.*, III, II.

de là une explication absurde du nom de Trismégiste. Suidas reproduit cette opinion et cite un fragment hermétique analogue à ce passage du *Poimandrès*. Il est certain que cette théologie rappelle le dogme de la Trinité sous la forme que lui donne l'Église grecque, qui fait procéder l'Esprit du Père par le Fils. Mais il n'en faudrait pas conclure que le *Poimandrès* soit postérieur à l'époque où ce dogme a été fixé. Les idées existent en germe dans les esprits longtemps avant de prendre une forme définitive.

Ce second créateur, que Dieu engendre par sa parole, produit sept ministres qui gouvernent les sphères du ciel et qui rappellent les Amschaspands de la Perse. Quant à l'homme, Dieu le crée à son image. C'est probablement un souvenir de la Bible, quoique cette idée existe aussi dans le polythéisme :

Finxit in effigiem moderantum cuncta Deorum.

D'après Philon, les anges auraient participé à la création de l'homme ; c'est ainsi qu'il explique l'emploi du pluriel dans le récit de Moïse : « Après avoir dit que le reste avait été créé par Dieu, dans la seule création de l'homme il montre une coopération étrangère. Dieu dit : Faisons l'homme à notre image. Ce mot *faisons* indique la pluralité. Le Père universel s'adresse à ses puissances et les charge de former la partie mortelle de notre âme en imitant l'art avec lequel il a formé lui-même notre partie raisonnable, car il juge bon que la faculté directrice de l'âme soit l'œuvre du chef, et que ce qui doit obéir soit l'œuvre des sujets [1]. » Cette opinion se trouve dans le *Poimandrès*; l'homme typique créé par Dieu traverse les sept sphères, dont les gouverneurs le font participer à leur nature. La même idée est exposée par Macrobe dans son commentaire sur le *Songe de Scipion*. Quand au corps, c'est l'homme qui le crée lui-même en contemplant son reflet dans l'eau et son ombre sur la terre; il devient amoureux de son image, la matière lui rend son amour, et la forme naît de leur union. Il y a peut-être là une allusion à la fable de Narcisse. Cette fable, expliquée par un commentateur de Platon, se rattachait à la religion des mystères; c'était une des nombreuses expressions

---

1. Philon, *De profugis*.

de cette croyance commune aux religions et aux philosophies mystiques : la vie du corps est la mort de l'âme, qui, entraînée par le désir, tombe dans les flots de la matière.

Le caractère androgyne de l'homme primitif dans le *Poimandrès* pourrait être rattaché au *Banquet* de Platon, où cette idée est présentée d'une façon grotesque; mais il est plus probable que c'est un souvenir du mot de la Bible : « il les créa mâle et femelle. » Selon Philon, qui commente longuement le récit mosaïque d'après les théories platoniciennes, Dieu créa d'abord le genre humain avant de créer des individus de sexe différent. Poimandrès semble s'inspirer encore plus directement de la Genèse, lorsqu'il ajoute qu'après la séparation des sexes Dieu dit à ses créatures : « Croissez en accroissement et multipliez en multitude. » Il est vrai que cette forme redondante, quoique assez conforme au génie hébraïque, ne se trouve pas dans la Bible, qui dit simplement : « Croissez et multipliez. » On pourrait donc supposer que l'auteur a eu en vue quelque autre cosmogonie aujourd'hui perdue. Cependant cette légère différence ne saurait susciter un doute sérieux. Une scholie de Psellos sur ce passage annonce que depuis longtemps on y a reconnu l'influence juive. « Ce sorcier, dit cette scholie en parlant d'Hermès, paraît avoir très-bien connu la sainte Écriture... Il n'est pas difficile de voir quel était le Poimandrès des Grecs : c'est celui que nous appelons le prince du monde, ou quelqu'un des siens, car, dit Basile, le diable est voleur, il pille nos traditions. »

Les rapports du *Poimandrès* avec l'Évangile de saint Jean sont encore plus manifestes :

POIMANDRÈS.	SAINT JEAN.
« Cette lumière, c'est moi, l'intelligence, ton Dieu, antérieur à la nature humide qui sort des ténèbres, et le Verbe lumineux de l'Intelligence, c'est le Fils de Dieu.	« Dans le principe était le Verbe, et le Verbe était avec Dieu, et le Verbe était Dieu.
« Ils ne sont pas séparés, car l'union c'est leur vie.	« Il était dans le principe avec Dieu.
« La parole de Dieu s'élança des éléments inférieurs vers la pure création de la nature, et s'unit à l'Intelligence créatrice, car elle est de même essence (ὁμοούσιος).	« Toutes choses sont nées par lui, et rien n'est né sans lui, de tout ce qui est né.
« En la vie et la lumière consiste le père de toutes choses.	« En lui était la vie, et la vie était la lumière des hommes.

« Bientôt descendirent des ténèbres... qui se changèrent en une nature humide et trouble, et il en sortit un cri inarticulé qui semblait la voix de la lumière ; une parole sainte descendit de la lumière sur la nature.

« Ce qui en toi voit et entend est le Verbe du Seigneur ; l'Intelligence est le Dieu père.

« Je crois en toi et te rends témoignage ; je marche dans la vie et la lumière. O Père, sois béni, l'homme qui t'appartient veut partager ta sainteté comme tu lui en as donné le pouvoir. »

« La lumière brille dans les ténèbres, et les ténèbres ne l'ont pas contenue.

« C'est la lumière véritable qui illumine tout homme venant en ce monde.

« A ceux qui l'ont reçu elle a donné le pouvoir de devenir enfants de Dieu, à ceux qui croient en son nom. »

Il est très-probable que le *Poimandrès* et l'Évangile de saint Jean ont été écrits à des dates peu éloignées l'une de l'autre, dans des milieux où les mêmes idées et les mêmes expressions avaient cours, l'un parmi les Judæo-Grecs d'Alexandrie, l'autre parmi ceux d'Éphèse. Il y a toutefois entre eux une différence profonde qui se résume dans ce mot de saint Jean : « Et le Verbe s'est fait chair, et il a habité parmi nous. » L'incarnation du Verbe est le dogme fondamental du christianisme, et comme il n'y a aucune trace de ce dogme dans le *Poimandrès*, il n'est pas vraisemblable que l'auteur en ait eu connaissance; autrement il y aurait fait allusion, soit pour y adhérer, soit pour le combattre.

Ce qui semble certain, c'est que le *Poimandrès* est sorti de cette école des thérapeutes d'Égypte, qu'on a souvent confondus à tort avec les esséniens de Syrie et de Palestine. Philon établit entre les uns et les autres d'assez notables différences. « Les esséniens, dit-il, regardent la partie raisonneuse de la philosophie comme n'étant pas nécessaire pour acquérir la vertu, et ils la laissent aux amateurs de paroles. La physique leur paraît au-dessus de la nature humaine; ils l'abandonnent à ceux qui se perdent dans les nuages, sauf les questions relatives à l'existence de Dieu et à la création du monde. Ils s'occupent par-dessus tout de la morale. » Philon décrit ensuite les mœurs des esséniens, et cette description pourrait s'appliquer aux premières communautés chrétiennes, tant la ressemblance est frappante. On peut donc croire que c'est parmi eux que les apôtres ont recruté leurs premiers disciples. Il me semble probable que le *Pasteur* d'Hermas est sorti de ce groupe, et que le titre de l'ouvrage et le nom de l'auteur ont inspiré, par esprit de rivalité, à quelque thérapeute judæo-égyptien l'idée de composer à son tour une sorte d'apocalypse moins moraliste et plus métaphysique, et de l'attribuer, non pas à un Hermas ou à un Hermès contemporain, mais au fameux Hermès Trismégiste si célèbre dans toute l'Égypte.

Dans le *Poimandrès*, en effet, on trouve plusieurs traits qui s'accordent parfaitement avec ce que Philon dit des thérapeutes, qu'il prend pour type de la vie contemplative : « Dans l'étude des livres saints, ils traitent la philosophie nationale par allégories, et devinent les secrets de la nature par l'interprétation des symboles. » Cette phrase, qui s'applique si bien au système allégorique de Philon lui-même, fait songer en même temps à la cosmogonie du *Poimandrès*, quoique les textes bibliques n'y soient pas invoqués comme autorité. On y pressent déjà les systèmes gnostiques qui sortiront d'une combinaison plus intime du judaïsme et de l'hellénisme. Philon dit encore que les thérapeutes, sans cesse occupés de la pensée de Dieu, trouvent, même dans leurs songes, des visions de la beauté des puissances divines. « Il en est, dit-il, qui découvrent par des songes pendant leur sommeil les dogmes vénérables de la philosophie sacrée. » Or, l'auteur du *Poimandrès* commence son ouvrage par ces mots : « Je réfléchissais un jour sur les êtres ; ma pensée planait dans les hauteurs, et toutes mes sensations corporelles étaient engourdies comme dans le lourd sommeil qui suit la satiété, les excès ou la fatigue. » Il raconte ensuite sa vision, puis, après l'avoir écrite, il s'endort plein de joie : « Le sommeil du corps produisait la lucidité de l'intelligence, mes yeux fermés voyaient la vérité. » Selon Philon, les thérapeutes avaient coutume de prier deux fois par jour, le matin et le soir ; l'auteur du *Poimandrès*, après avoir instruit les hommes, les invite à la prière aux dernières lueurs du soleil couchant.

Après s'être répandus parmi les Juifs d'Asie, les missionnaires chrétiens allèrent porter leurs doctrines chez les Juifs d'Égypte. Au lieu des mœurs laborieuses des esséniens, qui, selon Philon, exerçaient des métiers manuels, mettaient en commun les produits de leur travail, et réduisaient la philosophie à la morale et la morale à la charité, les *monastères* des thérapeutes offraient à la propagande chrétienne une population bien plus hellénisée, habituée aux spéculations abstraites et aux allégories mystiques. De ces tendances, combinées avec le dogme de l'incarnation, sortirent les sectes gnostiques. Le *Poimandrès* doit être antérieur à ces sectes ; on n'y trouve pas encore le luxe mythologique qui les caractérise : les puissances divines, la vie, la lumière, etc., n'y sont pas encore distinguées ni personnifiées, et pardessus tout il n'y est pas encore question de l'incarnation du Verbe. Mais on y trouve déjà l'idée de la *gnose*, c'est-à-dire de la science mystique qui unit l'homme à Dieu ; cela autorise, non pas à supposer, avec Jablonski, que l'auteur est un gnostique, mais à le regarder comme un précurseur du gnosticisme, aussi bien que Philon. Dans l'un c'est l'élément juif qui domine, dans l'autre c'est l'élément grec à l'un et à l'autre il n'a manqué pour être des gnostiques que d'admettre l'incarnation du Verbe.

Soit que les Juifs d'Éphèse aient été plus directement en rapport que ceux de la Syrie et de la Palestine avec les Juifs d'Alexandrie, soit qu'à Éphèse comme à Alexandrie l'influence grecque ait fait naître les mêmes tendances philosophiques et mythologiques, le gnosticisme paraît s'être développé dans ces deux villes à peu près à la même époque. M. Matter, dans son histoire du gnosticisme, présente certains passages du Nouveau Testament comme des allusions aux premières sectes gnostiques ; par exemple, la recommandation que fait saint Paul à son disciple Timothée de rester à Éphèse pour s'opposer à ceux qui enseignaient une autre doctrine et s'occupaient de mythes et de généalogies inutiles, produisant plutôt des discussions que l'édification de Dieu, qui consiste dans la foi. Les mots de *mythes* et de *généalogies* peuvent, en effet, désigner la mythologie allégorique et les générations ou émanations divines qui, dans les systèmes gnostiques, descendent du Dieu suprême jusqu'au monde matériel. Ces tendances durent se manifester dès le moment où le christianisme se fut répandu parmi les Juifs hellénisés. M. Matter va jusqu'à penser que l'Évangile de saint Jean a été composé principalement pour combattre le gnosticisme naissant. Pour moi, dans le premier chapitre de cet Évangile, je crois voir moins une polémique indirecte qu'une intention de propagande. Les trois premiers évangélistes, s'adressant aux Juifs de Palestine, leur disaient : « Ce Messie que vous attendez est venu ; c'est Jésus, en qui nous vous montrons tous les caractères attribués au Messie par les prophètes. » Le quatrième évangile s'adresse aux Juifs hellénisés et leur dit : « Ce Verbe dont vous parlez, par qui tout a été fait, qui est la lumière et la vie, il s'est fait chair, il a habité parmi nous. Les siens ne l'ont point reçu, mais vous, recevez-le, et il vous fera enfants de Dieu. » Tel est le langage que saint Jean devait tenir, non à des gnostiques, puisqu'il n'y en avait pas encore, mais à des disciples de Philon, à des hommes vivant dans le même ordre d'idées que l'auteur du *Poimandrès*.

Ce n'est pas seulement dans le début de l'Évangile de saint Jean qu'on peut découvrir des rapports entre le christianisme et les doctrines hermétiques; l'idée de la régénération ou renaissance (palingénésie) forme le sujet du troisième chapitre de cet évangile et d'un dialogue d'Hermès intitulé *Parole mystérieuse* ou *Sermon secret sur la montagne*. Ce titre même et le passage où Hermès attribue la régénération au fils de Dieu, à l'homme unique, indiquent que l'auteur vivait à une époque où le christianisme avait déjà pénétré à Alexandrie, et qu'il s'est trouvé en contact avec quelques chrétiens. Cependant un examen attentif n'autorise guère à supposer qu'il connût leurs livres, ni même qu'il fût initié à leurs dogmes.

Les premières sociétés chrétiennes étaient de véritables sociétés secrètes. Si l'ardeur du prosélytisme pouvait étouffer la crainte des persécutions, il restait toujours le danger d'exposer les croyances nouvelles aux insultes et aux railleries de ceux qui n'étaient pas préparés à les recevoir. Il est vrai que les apôtres et leurs premiers disciples, étant des Juifs, s'adressaient d'abord à leurs coreligionnaires; mais l'expérience leur avait appris dès le début que l'attachement des Juifs à la tradition les mettait en défiance contre toute tentative de réforme. La liberté des mœurs grecques permettait de prêcher le Dieu inconnu sur la place publique d'Athènes, mais on se serait fait lapider, comme saint Étienne, en annonçant l'Incarnation dans un synagogue. D'ailleurs, la mode était aux mystères; le secret des initiations était un moyen de propagande et un appât pour la curiosité, tout le monde voulait être initié à quelque chose.

Les chrétiens n'avaient pas créé cette situation, mais ils l'acceptèrent, préparant le terrain peu à peu, s'adressant successivement à l'un et à l'autre et ne dévoilant pas toute leur doctrine à la fois. Les principaux points de cette doctrine étaient résumés dans la prédication évangélique intitulée : *Discours sur la montagne;* ces mots devaient revenir de temps en temps aux oreilles des Juifs non encore initiés à l'Évangile. Qu'un d'entre ceux-ci ait imaginé de produire une révélation sous le même titre, rien n'est plus naturel; mais, de même qu'entre le *Poimandrès* et le *Pasteur* d'Hermas, la ressemblance ici s'arrête au titre. Le *Discours sur la montagne* rapporté dans l'Évangile de saint Matthieu contient un enseignement purement moral; il n'est question de la régénération que dans l'Évangile de saint Jean. L'auteur qui écrit sous le nom d'Hermès, à qui cette idée de régénération était sans doute parvenue comme une rumeur vague, l'expose sous une forme emphatique et prétentieuse qui n'a rien de commun avec la simplicité du style évangélique. Le fils de Dieu, l'homme unique, n'est pas pour lui un personnage réel et historique, c'est plutôt un type abstrait de l'humanité, analogue à l'homme idéal du *Poimandrès*, à l'Adam Kadmon de la Kabbale, à l'Osiris du *Rituel funéraire* des Égyptiens. Il est vrai que les gnostiques donnèrent ce caractère au Christ, distinct pour eux de l'homme Jésus; mais dans le dialogue hermétique le régénérateur n'est pas désigné sous le nom de Christ : on ne peut donc pas y reconnaître l'œuvre d'un gnostique chrétien.

Pour admettre que l'auteur fût chrétien, il faudrait supposer qu'il dissimule à dessein une partie de ses croyances, que son enseignement écrit n'est qu'une introduction à un enseignement oral, et qu'il réserve aux seuls initiés le grand mystère de l'incarnation et le nom même du Christ. Cette hypothèse n'est point absolument inadmissible, cependant il ne semble pas qu'on doive s'y arrêter. Il est vrai que, selon la coutume de son temps, l'auteur prend un ton d'hiérophante; mais aucune allusion n'indique qu'il garde quelque chose en réserve au delà de ce qu'il dit. Poimandrès est la seule autorité qu'il invoque ; il ajoute même : « Poimandrès, l'Intelligence souveraine, ne m'a rien révélé de plus que ce qui est écrit, sachant que je pourrais par moi-même comprendre et entendre ce que je voudrais, et voir toutes choses. » Après beaucoup de réticences et d'aphorismes amphigouriques, Hermès finit par se laisser arracher son secret, et, malgré les étonnements de son disciple et la peine qu'il paraît avoir à comprendre, ce secret se réduit à une idée toute simple : c'est que, pour s'élever dans le monde idéal, il faut se dégager des sensations. On devient ainsi un homme nouveau, et la régénération morale s'opère d'elle-même. On n'a qu'à combattre chaque vice par une vertu correspondante, ce n'est pas plus difficile que cela.

Ce morceau peut se placer, dans l'ordre des idées et des temps, entre le *Poimandrès* et les premières sectes gnostiques ; il doit être peu antérieur aux fondateurs du gnosticisme, Basilide et Valentin. On y trouve déjà la Décade, la Dodécade, l'Ogdoade, ce goût pour les nombres sacrés que les gnostiques empruntèrent aux pythagoriciens et aux kabbalistes. Le corps y est comparé à une tente, métaphore qui se retrouve dans l'*Axiochos* attribué à Platon et dans la seconde épître aux Corinthiens. Le mot diable, διά-6ολος, y est employé presque dans le sens chrétien. Le ton général d'exaltation qui y règne, cette obscurité qui vise à la profondeur, s'enivre d'elle-même et prend cette ivresse pour de l'extase, tout fait prévoir les aberrations mystiques du gnoticisme, contre lesquelles protesteront également les Pères de l'Église et les philosophes d'Alexandrie. Elles s'annoncent déjà dans des paroles comme celles-ci : « Gnose sainte, illuminé par toi, je chante par toi la lumière idéale; » — « ô mon fils, la sagesse idéale est dans le silence; » — « à travers tes créations, j'ai trouvé la bénédiction dans ton éternité. » On sait que le silence, σιγή, l'éternité, αἰών, ou les siècles, αἰῶνες, ont été personnifiés par les gnostiques et jouent un rôle dans leur mythologie. Il y a aussi des indications curieuses sur la société au sein de laquelle allait se développer le christianisme : ainsi la vertu qu'Hermès oppose à l'avarice est la communauté ou communion, κοινωνία. Si on se rappelle que les esséniens, d'après Josèphe et Philon, mettaient en commun leur salaire de chaque jour, comme on dit que le font les mormons, on s'étonne moins des tendances communistes qui se sont manifestées dans quelques sociétés chrétiennes. Les nicolaïtes, contre lesquels saint Jean s'élève dans l'Apocalypse, ont même été accusés d'étendre cette communauté aux femmes; leur chef passait pour avoir mis la sienne en commun.

On peut suivre dans les livres hermétiques les destinées de cette gnose judæo-égyptienne qui, au 1ᵉʳ siècle, a côtoyé le christianisme sans se laisser absorber, en passant insensiblement de l'école juive de Philon à l'école grecque de Plotin. Dans Philon, le judaïsme s'avouait hautement par de continuelles allusions à la Bible. Dans le *Poimandrès* et le *Sermon sur la montagne,* il se trahit çà et là par quelques réminiscences. On peut encore trouver des traces de l'élément juif dans le discours VII, intitulé : *Le plus grand mal est l'ignorance de Dieu;* c'est une prédication assez insignifiante en faveur de la vie contemplative, un développement de l'allocution adressée aux hommes dans le *Poimandrès*. Il y a d'autres dialogues, d'un caractère mixte, qu'on peut rapporter avec autant de vraisemblance à l'influence grecque ou à l'influence juive. Tel est celui qui a pour titre *le Cratère ou la Monade*. Cette coupe de l'intelligence dans laquelle l'âme se plonge ou se *baptise* est peut-être une image empruntée aux initiations orphiques ; on peut y trouver aussi, comme l'a fait remarquer Fabricius, le baptême et la régénération dans le sens chrétien. Les allusions aux cérémonies mystiques sont très-fréquentes dans les auteurs grecs ; Platon parle du cratère où Dieu mêle les éléments du monde. La légende d'Empédocle se plongeant dans le cratère de l'Etna pour devenir un Dieu est peut-être sortie d'une métaphore du même genre. On peut donc voir un souvenir des mystères dans ces paroles d'Hermès : « Ceux qui furent baptisés dans l'intelligence possédèrent la gnose et devinrent les initiés de l'intelligence, les hommes parfaits : tel est le bienfait du divin cratère. » Mais on peut aussi rapprocher ce passage d'une parole de l'Évangile de saint Jean : « Celui qui boira de l'eau que je lui donnerai n'aura jamais soif ; mais l'eau que je lui donnerai deviendra en lui une fontaine d'eau vive qui jaillira jusque dans la vie éternelle. »

Entre toutes les doctrines rivales qui se partageaient les esprits, la distance n'était pas aussi grande qu'on pourrait le croire. Aussi passait-on facilement d'une religion à une autre ; on en avait même plusieurs à la fois pour plus de sûreté. Il y avait alors une soif universelle de croyances, et on s'abreuvait à toutes les sources. Au milieu de tant de sectes, de subdivisions et de nuances, quelques-uns faisaient un choix, mais la plupart prenaient des deux mains, à droite et à gauche, tout ce qui se présentait.

Une lettre de l'empereur Hadrien, citée par Vopiscus d'après Phlégon, fait bien comprendre l'activité inquiète des habitants d'Alexandrie, activité qui se portait à la fois sur le commerce et sur la religion. « L'Égypte, dont tu me disais tant de bien, mon cher Servianus, je l'ai trouvée légère, mobile, changeant de mode à tout instant. Les adorateurs de Sarapis sont chrétiens, ceux qui s'appellent évêques du Christ sont dévots à Sarapis. Il n'y a pas un chef de synagogue juive, un samaritain, un prêtre chrétien qui ne soit astrologue, aruspice, fabricant de drogues. Le patriarche lui-même, quand il vient en Égypte, est forcé par les uns d'adorer Sarapis, par les autres d'adorer Christ. Quelle race séditieuse, vaine et impertinente! La ville est riche, opulente, féconde, personne n'y vit sans rien faire. Les uns soufflent du verre, les autres font du papier, tous sont marchands de toile, et ils en ont bien l'air. Les goutteux ont de l'ouvrage, les boiteux travaillent, les aveugles aussi; personne n'est oisif, pas même ceux qui ont la goutte aux mains... Pourquoi cette ville n'a-t-elle pas de meilleurs mœurs. Elle mériterait par son importance d'être à la tête de toute l'Égypte. Je lui ai tout accordé, je lui ai rendu ses anciens priviléges, et j'en ai ajouté tant de nouveaux qu'il y avait de quoi me remercier. J'étais à peine parti qu'ils tenaient mille propos contre mon fils Vérus; quant à ce qu'ils ont dit d'Antinoüs, tu dois t'en douter. Je ne leur souhaite qu'une chose, c'est de manger ce qu'ils donnent à leurs poulets pour les faire éclore, je n'ose pas dire ce que c'est. Je t'envoie des vases irisés de diverses couleurs que m'a offerts le prêtre du temple; ils sont spécialement destinés à toi et à ma sœur pour l'usage des repas, les jours de fête; prends garde que notre Africanus ne les casse. »

Ces chrétiens adorateurs de Sarapis, dont parle Hadrien, sont probablement les gnostiques, qui étaient fort nombreux à cette époque. Les livres hermétiques contiennent çà et là des allusions à ces gnostiques chrétiens. Mais ce qui choque Hermès, ce n'est pas la confusion qu'ils font de tous les symboles, il n'en parle même pas; il leur reproche seulement de regarder le monde comme une œuvre mauvaise et de distinguer le Créateur du Dieu suprême : « La terre est le séjour du mal, mais non pas le monde, comme le diront quelques blasphémateurs[1]; » — « laissons de côté le bavardage et les mots vides de sens, et concevons deux termes, l'engendré et le créateur; entre eux il n'y a pas place pour un troisième[2]. » C'est aussi sur ce terrain que Plotin attaque les gnostiques; il ne parle pas de l'incarnation du Verbe, et son traducteur, Marsile Ficin, a même essayé de le faire passer pour chrétien.

Les questions n'étaient pas posées à cette époque comme nous les poserions aujourd'hui ; ce qui nous paraît fondamental était relégué au second plan, et on discutait à perte de vue sur des points qui nous semblent de peu d'importance. On s'aperçoit sou-

1. Hermès, I, chap. ix, *De la pensée et de la sensation*.
2. *Ibid.*, chap. xiv, *Hermès à Asclèpios, Sagesse*.

vent, en lisant l'histoire des sectes philosophiques et religieuses, que c'est presque toujours entre les écoles les plus voisines que s'engagent les luttes les plus vives. Séparés des gnostiques par quelques principes particuliers, les néoplatoniciens, et surtout les hermétiques, s'en rapprochaient par l'ensemble de leurs idées : « La seule voie qui mène à Dieu, c'est la piété unie à la gnose [1]; » — « la gnose est la contemplation, c'est le silence et le repos de toute sensation ; celui qui y est parvenu ne peut plus penser à autre chose, ni rien regarder, ni même mouvoir son corps [2]; » — « la vertu de l'âme, c'est la gnose; celui qui y parvient est bon, pieux et déjà divin [3]. »

Par ces tendances mystiques, qui se manifestent à chaque page, les livres d'Hermès se placent d'eux-mêmes entre les gnostiques et les néoplatoniciens. Une telle ressemblance de doctrines suffirait presque pour les rapporter à la même époque. Je trouve d'ailleurs, dans le dialogue intitulé *de l'Intelligence commune*, un passage qui me paraît confirmer cette induction, et qui peut aider à fixer une date plus

1. Hermès, I, *le Bien est en Dieu seul*.
2. Ibid., I, *la Clé*.
3. Ibid., I, *la Clé*.

précise. L'auteur parle d'un *bon démon* dont les enseignements, s'ils avaient été écrits, seraient fort utiles aux hommes ; il cite ensuite quelques opinions de ce bon démon : ce sont des aphorismes panthéistiques. Ne peut-on pas supposer qu'il s'agit ici d'Ammônios Saccas, chef des néoplatoniciens, qui, comme on le sait, n'a jamais mis ses enseignements par écrit ? Il est vrai que le Bon Démon est pris en général pour un personnage abstrait qui se confond avec l'Intelligence suprême : cette allusion à Ammônios Saccas serait donc bien vague ; mais elle ne pouvait être plus claire, puisque l'auteur écrivait sous le pseudonyme d'Hermès. Entre la crainte de trahir sa fraude en nommant un contemporain et le désir de rendre un témoignage public à son maître, il a dû prendre un terme moyen et désigner sous le nom de bon démon celui qui l'avait initié à la philosophie. L'auteur de ce dialogue serait ainsi quelque obscur condisciple de Plotin, hypothèse que confirme la ressemblance des doctrines, et cette ressemblance n'est pas particulière au dialogue où l'on peut voir une allusion à Ammônios Saccas, elle s'étend à la plupart des autres.

Dans cette population mixte d'Alexandrie, la fusion devait s'opérer rapidement entre les idées, peut-être même entre les races. Où sont les thérapeutes juifs à la fin du II° siècle? Les uns, convertis au christianisme, sont devenus des anachorètes ou des gnostiques basilidiens et valentiniens; les autres se rapprochent de plus en plus du paganisme. Je dis du paganisme et non pas du polythéisme, car à cette époque tout le monde admet dans l'ordre divin une hiérarchie bien déterminée avec un Dieu suprême au sommet; seulement ce Dieu suprême est pour les uns dans le monde, pour les autres hors du monde. A chaque instant, dans les livres d'Hermès, on lit une tirade sur l'unité divine; on croit avoir affaire à un chrétien ou à un juif, et, quelques lignes plus bas, on trouve des phrases qui vous rappellent qu'il s'agit du Dieu du panthéisme : « Non-seulement il contient tout, mais véritablement il est tout[1]; » — « il est tout, et il n'y a rien qui ne soit lui[2]; » — « il est ce qui est et ce qui n'est pas, l'existence de ce qui n'est pas encore[3]. » Pour dési-

---

1. *De la pensée et de la sensation.*
2. *De l'intelligence commune.*
3. *Le Dieu invisible est très-apparent.* — *La Clé.*

gner ces doctrines, qui dérivent bien plus de celles de l'Égypte que de celles de la Grèce, le nom d'hellénisme ne serait pas juste ; il vaut mieux conserver le terme vague et général de paganisme, qu'on applique vulgairement à toutes les croyances que le christianisme a remplacées.

Sous l'influence de l'école grecque d'Alexandrie, une sorte de gnosticisme païen succéda, dans l'école hermétique, au gnosticisme juif du *Poimandrès* et du *Sermon secret sur la montagne.* Au lieu de quelques expressions qui rappelaient la Bible, on trouve des souvenirs de la mythologie grecque, souvenirs très-vagues et présentés sous une forme évhémériste : « Ceux qui peuvent s'abreuver de cette lumière divine quittent le corps pour entrer dans la vision bienheureuse, comme nos ancêtres Ouranos et Kronos ; puissions-nous leur ressembler, ô mon père [1] ! » On voit par les livres sibyllins que les juifs et les chrétiens adoptaient le système d'Évhémère et regardaient les Dieux du polythéisme comme des hommes divinisés ; mais ils condamnaient cette

1. *La Cle.*

apothéose comme une superstition. Les païens, au contraire, y croyaient, et s'ils admettaient que la plupart des Dieux avaient été des hommes, ils ajoutaient que leurs bienfaits les avaient élevés à la divinité. Quand Hermès parle de ses ancêtres Ouranos et Kronos, il croit à leur apothéose ; c'est donc là un évhémérisme païen, et non chrétien ou juif comme celui des livres sibyllins. Quelquefois il appelle le ciel l'*Olympe ;* ailleurs, il emprunte au stoïcisme cette fière pensée : « L'homme est un Dieu mortel[1]. » Mais après avoir constaté ces signes caractéristiques de l'influence grecque, il faut ajouter que la doctrine est restée la même dans son ensemble, et de plus, que cette doctrine est plutôt celle d'une époque que celle d'une école. On la retrouve, sauf quelques traits particuliers, dans Plotin et ses successeurs, dans Apulée, dans Macrobe, et même dans Origène et d'autres docteurs de l'Église. Il y a ainsi à chaque siècle une somme d'idées communes à toutes les sectes même rivales et ennemies, et cela étaits urtout vrai à cette époque, où l'unité politique

---

1. *De l'Intelligence commune. — La Clé.*

favorisait la tendance universelle des esprits vers l'unité religieuse.

III

Je ne m'arrêterai pas sur chacun des fragments adressés à Tat, à Asclèpios, à Ammon; ils n'ajoutent rien de nouveau aux doctrines contenues dans les ouvrages plus étendus et plus complets dont il a été question. Ce sont des analyses psychologiques, des études métaphysiques assez obscures, des théories sur Dieu, sur l'âme, sur le monde, sur les *Décans*. Parmi ces fragments, plusieurs sont réunis sous le titre de *Définitions*, titre que rien ne justifie, et sont écrits sous le nom d'Asclèpios, disciple d'Hermès. L'auteur se plaint que les Grecs aient traduit les livres de son maître dans leur langue; il maltraite beaucoup la philosophie grecque, qu'il appelle un vain bruit de paroles. C'est peut-être une ruse de faussaire pour faire croire que son ouvrage est un monument égyptien authentique. La forme est moderne, et il y a une allusion à l'usage grec des courses de chars. Le soleil est comparé à un cocher, image empruntée à la mythologie grecque, car en Égypte le soleil était porté sur une barque. Cependant l'importance attribuée au soleil dans l'œuvre de la création donne à penser que l'auteur est Égyptien. « Le soleil, dit M. de Rougé, est le plus ancien objet du culte égyptien que nous trouvions sur les monuments... Ce qui sans doute n'avait été d'abord qu'un symbole est devenu, sur les monuments égyptiens que nous connaissons, le fond même de la religion. C'est le soleil lui-même qu'on y trouve habituellement invoqué comme l'être suprême[1]. »

La doctrine de l'unité divine est présentée sous une forme panthéiste qui exclut l'idée d'une influence juive : « Le maître de l'univers, le créateur et le père, qui est tout dans un et un dans tout ; » et plus loin : « Toute chose est une partie de Dieu, ainsi Dieu est tout ; en créant, il se crée lui-même. » Quoique ces idées se retrouvent à peu près dans le *Timée*, elles rappellent encore plus le Dieu de la re-

---

1. De Rougé, *Notice sommaire sur les monuments égyptiens du Louvre*.

ligion égyptienne, qui s'engendre lui-même. Ce qui est dit des démons peut se rattacher à l'Égypte aussi bien qu'à la Grèce. Une des fonctions qui leur sont attribuées est la distribution des châtiments. Chez les Grecs, c'était le rôle des Euménides, du démon Eurynomos, peint par Polygnote dans la *Leschè* de Delphes, des hommes au corps de feu qui, d'après Platon, punissent dans le Tartare les tyrans et autres grands criminels; mais les démons existent avec le même caractère dans la religion égyptienne : le *Rituel funéraire* parle de « bourreaux qui préparent le supplice et l'immolation ; on ne peut échapper à leur vigilance ; ils accompagnent Osiris. Qu'ils ne s'emparent pas de moi ! que je ne tombe pas dans leurs creusets [1] »

Un autre fragment contient une allusion à Phidias et une anecdote sur le musicien Eunomios de Locres. Patrizzi, qui fait d'Hermès un contemporain de Moïse, se donne beaucoup de peine pour expliquer ces passages. Il avoue d'ailleurs que l'ensemble du morceau est assez insignifiant, et il hésite à l'at-

---

1. De Rougé, *Étude sur le Rituel funéraire* (Revue archéologique, 1860, p. 342).

tribuer au disciple *d'un si grand homme*. Je ne sais pourquoi il n'étend pas ses doutes au fragment suivant, car l'un vaut l'autre. Ce sont de froides amplifications d'un rhéteur qui simule l'enthousiasme et confond les louanges des rois avec celles de Dieu. Dans cette plate apothéose de la royauté, à côté de quelques expressions qui rappellent celles qu'on lit sur les anciens monuments d'Égypte, on trouve une explication étymologique du mot grec βασιλεύς, et même des phrases qui semblent une allusion au nom de Valens : « C'est la vertu du roi, c'est son nom qui garantit la paix. Le nom seul du roi suffit souvent pour repousser les ennemis. Ses statues sont des phares de paix dans la tempête. La seule image du roi produit la victoire, donne à tous la sécurité et rend invulnérable. » C'est, sous des formes plus modernes, la même servilité monarchique que dans les inscriptions égyptiennes : « Le roi de l'Égypte, le gouverneur des déserts, le souverain suprême, maître de tous les barbares, etc. [1]. » L'auteur parle tantôt du roi, tantôt des rois; je soupçonne qu'il s'agit des deux frères Valens et Valentinien.

1. De Rougé, *Etude sur une stèle égyptienne*, p. 175.

Dans d'autres fragments, au milieu de subtilités philosophiques, on trouve çà et là quelques traces d'idées égyptiennes. Un passage cité par Suidas, et d'un caractère gnostique, se termine par une invocation où l'on peut reconnaître, sous une forme altérée, des vers orphiques. Les fragments conservés par Cyrille sont assez courts; il y en a un, tiré des *Digressions*, où le Bon Démon explique à Osiris la création du monde. Mais de tous les livres hermétiques qui nous sont parvenus, le plus curieux, celui où l'élément égyptien est le plus apparent, c'est le *Livre sacré*, intitulé aussi *la Vierge du monde* ou *la Prunelle du monde*, car le mot grec a deux sens, et ni l'un ni l'autre n'est expliqué dans l'ouvrage, dont nous ne possédons que des fragments. Fabricius se trompe quand il dit que Patrizzi a complété ces fragments d'après un manuscrit trouvé au monastère d'Enclistra, dans l'île de Cypre; Patrizzi dit seulement que le manuscrit d'Enclistra, outre le *Poimandrès* et les morceaux à la suite, contenait ce livre, que Stobée a inséré dans ses *Éclogues physiques*. Mais l'édition de Patrizzi ne contient rien de plus que ce qui est dans Stobée. J'ignore pourquoi Patrizzi traduit κόρη κόσμου par *Minerva mundi*; il n'est pas question de Minerve dans ce livre. C'est un entretien d'Isis avec son fils Hôros sur la création du monde, l'incarnation des âmes et la métempsycose. Les idées, empruntées les unes au *Timée*, les autres à des traditions religieuses, sont exposées sous une forme apocalyptique, avec cette enflure oratoire que les littératures de décadence prennent pour la majesté du style hiératique : « C'était un spectacle digne d'admiration et de désir que ces magnificences du ciel, révélations du Dieu encore inconnu, et cette somptueuse majesté de la nuit, éclairée d'une lumière pénétrante, quoique inférieure à celle du soleil, et tous ces autres mystères qui se meuvent dans le ciel en périodes cadencées, réglant et entraînant les choses d'ici-bas par d'occultes influences. »

Le récit de la création est loin d'être clair. L'auteur nous dit, il est vrai, qu'Hermès, « l'Intelligence universelle, » avait tout expliqué dans ses livres; mais il ajoute que ces précieux documents ont été embaumés et enveloppés de bandelettes aussitôt après leur rédaction, et qu'ils sont enfouis « près des secrets d'Osiris. » Il est difficile d'entreprendre des fouilles d'après cette indication. Il faut nous borner à savoir que l'inertie générale dura jusqu'au moment où le créateur, sur la prière des Dieux inférieurs, se décida à ordonner l'univers. « Alors Dieu sourit, et il dit à la Nature d'exister; et, sortant de sa voix, le Féminin s'avança dans sa parfaite beauté. Les Dieux avec stupeur contemplaient cette merveille, et le grand ancêtre, versant un breuvage à la Nature, lui ordonna d'être féconde; puis, pénétrant tout de ses regards, il dit ceci : « Que le ciel « soit la plénitude de toutes choses, et l'air, et l'éther ! » Dieu dit, et cela fut. »

Cette dernière phrase semble une réminiscence de la Bible ; cependant il est difficile de trouver dans l'ensemble de l'ouvrage une influence juive. L'auteur aborde plusieurs questions qui tiennent une place importante dans la théologie chrétienne, et les solutions qu'il donne sont très-différentes de celles du christianisme. Il décrit la création des âmes, dont la Bible ne dit rien, et il la décrit minutieusement, comme une opération chimique. Le discours que Dieu leur adresse après les avoir créées rappelle l'allocution du Dieu suprême aux Dieux inférieurs dans le *Timée* de Platon : « O âmes, beaux enfants de mon souffle et de ma sollicitude, vous que j'ai fait naître de mes mains pour vous consacrer à mon monde, écoutez mes paroles comme des lois, ne vous écartez pas de la place qui vous est fixée par ma volonté. Le séjour qui vous attend est le ciel avec son cortége d'étoiles et ses trônes remplis de vertus. Si vous tentez quelque innovation contre mes ordres, je jure par mon souffle sacré, par cette mixture dont j'ai formé les âmes et par mes mains créatrices, que je ne tarderai pas à vous forger des chaînes et à vous punir. »

Dieu associe ensuite les âmes à l'œuvre de la création ; il les invite à former les animaux, en leur donnant pour modèles les signes du zodiaque et les autres animaux célestes. Les âmes, fières de leur œuvre, s'écartent des limites prescrites, et en punition de leur désobéissance sont condamnées à habiter les corps. Il n'y a rien là de pareil au dogme du péché originel ; la chute des âmes est la conséquence d'une faute qui leur est propre, et non l'héritage d'un ancêtre commun. Ce serait plutôt quelque chose d'analogue à la doctrine de la descente des âmes telle qu'elle est exposée dans les ouvrages des platoniciens et surtout dans l'*Antre des Nymphes* de Porphyre, avec cette différence toutefois, que pour les Grecs l'incarnation est un acte librement accompli : l'âme, entraînée par le désir, descend volontairement dans la sphère de la vie. Cette doctrine n'était pas particulière aux platoniciens ; elle se trouvait dans le poëme d'Empédocle et dans d'autres écrits de l'école pythagoricienne. Les auteurs qui en parlent la rapportent souvent aux initiations mystiques : il est donc difficile le dire s'il faut en faire honneur à la philosophie ou à la religion ; encore moins peut-on savoir à quelle source a puisé l'auteur du *Livre sacré*.

Macrobe, dans son commentaire sur le *Songe de Scipion*, nous montre les âmes descendant du ciel par degrés successifs et recevant dans chacune des sept sphères une faculté spéciale. L'action des Dieux planétaires sur la vie humaine est exposée aussi, mais d'une façon plus obscure, par l'auteur du *Livre sacré*. Il décrit ensuite le désespoir des âmes après leur condamnation : « Les âmes allaient être emprisonnées dans les corps; les unes gémissaient et se lamentaient : ainsi, quand des animaux sauvages et libres sont enchaînés, au moment de subir la dure servitude et de quitter les chères habitudes du désert, ils combattent et se révoltent, refusent de suivre ceux qui les ont domptés, et, si l'occasion s'en présente, les mettent à mort. La plupart sifflaient comme des serpents ; telle autre jetait des cris aigus et des paroles de douleur, et regardait au hasard en haut et en bas. « Grand ciel, disait-elle, principe de notre naissance, éther, air pur, mains et souffle sacré du Dieu souverain, et vous, astres éclatants, regards des Dieux, infatigable lumière du soleil et de la lune, notre première famille, quel déchirement et quelle douleur !... Quitter ces grandes lumières, cette sphère sacrée, toutes les magnificences du pôle et la bienheureuse république des Dieux, pour être précipitées dans ces viles et misérables demeures !...» Et elles supplient le Créateur, « devenu si vite indifférent à ses œuvres, » de leur adresser quelques dernières paroles pendant qu'elles peuvent encore voir l'ensemble du monde lumineux.

Dieu exauce cette dernière prière, et leur montre la voie du retour par une série d'épurations à travers des existences successives. Dans cette théorie de la métempsycose, le spiritualisme grec se mêle d'une manière bizarre au naturalisme égyptien. L'auteur semble placer les hommes et les animaux sur la même ligne ; chez les uns comme chez les autres il y a des âmes justes et d'une nature divine, qui animent, parmi les hommes des rois, des prêtres, des philosophes, des médecins ; parmi les oiseaux des aigles, parmi les quadrupèdes des lions, parmi les reptiles des dragons, parmi les poissons des dauphins. Dans un autre passage, Isis revient sur la transmigration des âmes et parle des hommes et des animaux qui transgressent les lois de leur nature, sans faire entre les uns et les autres de distinction tranchée. On reconnaît là des habitudes d'esprit qui n'ont rien de grec, et quoique l'auteur ne parle pas du culte des animaux, on voit qu'il devait le trouver très-naturel.

Les corps sont fabriqués par Hermès avec le résidu de la mixture qui avait servi à la préparation des âmes, et cette nouvelle opération chimique est décrite comme la première. Pendant qu'Hermès achève son travail, survient Mômos, qui lui fait des objections et l'engage à mettre d'avance des bornes aux futures audaces de l'humanité en mêlant à la vie quelques éléments de trouble et de douleur : « O générateur, juges-tu bon qu'il soit libre de soucis, ce futur explorateur des beaux mystères de la nature ? Veux-tu le laisser exempt de peines, celui dont la pensée atteindra les limites de la terre? Les hommes arracheront les racines des plantes, étudieront les propriétés des sucs naturels, observeront la nature des pierres, disséqueront non-seulement les animaux, mais eux-mêmes, voulant savoir comment ils ont été formés. Ils étendront leurs mains hardies jusque sur la mer, et, coupant les bois des forêts spontanées, ils passeront d'une rive à la rive opposée pour se chercher les uns les autres. Ils poursuivront les secrets intimes de la nature jusque dans les hauteurs, et voudront étudier les mouvements du ciel. Ce n'est point encore assez; il ne reste plus à connaître que le point extrême de la terre : ils y voudront chercher l'extrémité dernière de la nuit. S'ils ne connaissent pas d'obstacle, s'ils vivent exempts de peine, à l'abri de tout souci et de toute crainte, le ciel même n'arrêtera pas leur audace, et ils voudront étendre leur pouvoir sur les éléments. »

Et Mômos engage Hermès à donner aux hommes le désir et l'espérance vaine, le souci et la douloureuse morsure de l'attente trompée, à leur inspirer les amours mutuels et les désirs tantôt satisfaits, tantôt déçus, « afin que la douceur même du succès soit un appât qui les attire vers de plus grands maux. » Isis s'interrompt et ajoute : « Tu souffres, Hôros, en écoutant le récit de ta mère? L'étonnement et la stupeur te saisissent devant les maux qui s'abattent sur la pauvre humanité? Ce que tu vas entendre est plus triste encore. Les paroles de Mômos plurent à Hermès; il trouva que l'avis était sage, et il le suivit. » Et l'auteur décrit d'une façon assez énigmatique un frein qu'Hermès imagine d'imposer à la vie humaine, la dure loi de la nécessité.

Ce personnage de Mômos n'est pas sans analogie avec le Satan du livre de Job, mais cette analogie ne peut passer pour une imitation. Le ton d'amertume avec lequel l'auteur parle de la civilisation humaine fait penser au livre d'Énoch, qui représente les arts et les sciences comme des œuvres mauvaises, enseignées par les Anges aux Géants nés de leur union avec les filles des hommes. Ces sciences maudites, que le livre d'Énoch confond avec la sorcellerie, entraînent la condamnation des anges et la destruction des géants par le déluge. La haine de la civilisation devait se produire avec plus de violence chez les Juifs, en raison de l'horreur que leur inspiraient les grands peuples civilisés qui menaçaient leur indépendance ; cependant on la trouve, quoique sous des formes amoindries, dans d'autres traditions religieuses, par exemple dans le mythe de Pandore et dans le supplice de Prométhée, *audax Iapeti genus*. La civilisation est une lutte de l'homme contre les Dieux, c'est-à-dire contre les puissances de la nature, et comme ses bienfaits sont accompagnés de maux inévitables et de vices inconnus aux tribus pastorales, il est naturel qu'on ait regardé l'invention des arts comme une audace impie.

Le chute de l'homme et celle des Anges ou des Titans, la lutte des Géants contre les Dieux se retrouvent dans toutes les mythologies ; mais tantôt ces symboles se présentent sous un aspect physique, qui est sans doute leur forme primitive, tantôt ils prennent un caractère exclusivement moral et humain. Dans le *Livre sacré*, les âmes, irritées de leur incarnation, se livrent à toutes sortes d'excès. Ne pouvant rien contre les Dieux, les hommes se déchirent les uns les autres, comme les fils de la terre nés des dents du dragon, et les hommes de la race d'airain dans les légendes grecques. Les éléments, souillés par le sang répandu et par l'odeur du meurtre, se plaignent à Dieu des crimes des hommes. Le feu est condamné à brûler les chairs, l'impiété des hommes altère sa pureté; l'air est corrompu par les exhalaisons des cadavres, il devient pestilentiel et insalubre. « O père, dit l'eau, créateur merveilleux de toutes choses, démon incréé, ordonne à l'eau des fleuves d'être toujours pure, car aujourd'hui je lave les meurtriers et je reçois les victimes. » La terre dit : « O roi, chef des chœurs célestes et seigneur des orbites, maître et père des éléments qui font tout grandir et tout décroître, et dans lesquels tout doit rentrer; la foule impie et insensée des hommes me couvre, ô vénérable! car je suis par tes ordres le siége de tous les êtres, je les porte tous, et, pour ma honte, je reçois en moi tout ce qui est tué. » Et les éléments supplient Dieu d'envoyer sur la terre un effluve de lui-même pour corriger le mal et régénérer l'humanité.

Le livre d'Énoch nous montre de même les clameurs de la terre, inondée de sang, montant jusqu'à la porte du ciel avec les gémissements des morts. Mais dans le *Livre sacré*, au lieu de détruire la race humaine, Dieu lui envoie un sauveur, Osiris, qui ramène la paix sur la terre en enseignant aux hommes les principes de la religion et les lois de la morale. Cette régénération opérée par Osiris n'est pas une véritable rédemption, puisqu'il n'y a pas, comme dans le christianisme, l'idée du sacrifice d'un Dieu pour le salut des hommes; on pourrait plutôt la comparer à l'œuvre accomplie dans l'Inde par le Bouddha, en Grèce par Hèraklès et Dionysos.

Tel est en substance le premier et le plus important fragment de ce livre étrange. Tout cela est parsemé de noms mythologiques dont plusieurs ont dû être altérés par les copistes. On a essayé de les corriger et de les expliquer, mais je crains bien que dans ces essais de restitution on n'ait quelquefois donné trop de place à l'hypothèse. Sur la foi d'un texte suspect et d'une correction arbitraire, on a admis dans le panthéon égyptien une Déesse *Héphaistoboulè,* parfaitement inconnue d'ailleurs. Hermès ne me paraît pas une autorité en fait de mythologie égyptienne; autrement il faudrait accepter aussi *Arnébaskènis,* Dieu de la philosophie, et la froide allégorie de l'Invention, fille de la Nature et du Travail. Je doute que les anciens Égyptiens aient jamais connu ces divinités-là. Quant à la date du *Livre sacré,* je ne vois aucun indice qui permette de l'établir. Il appartient à cette période de rénovation religieuse produite par la rencontre de la philosophie grecque et des doctrines orientales et égyptiennes ; mais ce mouvement a duré plusieurs siècles, et des œuvres par lesquelles il a marqué sa trace un petit nombre seulement nous est parvenu. Pour classer le *Livre sacré,* il faudrait des termes de comparaison qui nous manquent.

Tel qu'il est cependant, le *Livre sacré* représente la philosophie gréco-égyptienne, comme Philon la philosophie gréco-juive. Malgré la rhétorique pompeuse de l'auteur, résultat de son éducation grecque, des signes certains le font reconnaître pour Égyptien.

Ainsi, Hôros demande à sa mère pourquoi les Égyptiens sont si supérieurs aux autres hommes. Isis lui répond en comparant la terre habitée à un homme couché, ayant la tête au sud, les pieds au nord : l'Égypte représente la poitrine et le cœur, séjour de l'âme. Ce qu'Isis dit ailleurs des âmes royales dénote également un Égyptien. Il est vrai qu'il y a, çà et là, chez les philosophes grecs des tendances monarchiques : ainsi, dans son *Politique*, Platon trace un portrait fantastique de la royauté ; mais, alors même qu'ils réagissent contre les principes d'égalité qui formaient le fond de la morale sociale des Grecs, les philosophes en subissent encore l'influence ; ils rêvent un roi à leur ressemblance, mais leur éducation républicaine les préserve du culte de la royauté tel qu'on le trouve chez les barbares, où le sentiment de la dignité humaine n'existe pas. Il n'y a pas un compatriote de Démosthènes qui n'eût été révolté des formes que prenait en Égypte la flatterie envers les rois. L'Égypte a donné l'exemple de ces serviles apothéoses de princes qui ont déshonoré la fin du vieux monde. On peut donc voir un trait du caractère égyptien dans le passage du *Livre sacré* où les rois sont présentés comme de véritables Dieux sur la terre; leurs âmes, d'après l'auteur, sont d'une autre espèce que celles des autres hommes.

Il existe une autre cosmogonie hermétique, mais beaucoup plus courte, intitulée le *Discours sacré*. Le titre de ce discours pourrait faire croire qu'il se rattache au *Livre sacré*, mais le style est tout autre; le *Discours sacré* n'a rien de grec, il est même incorrect, et ce pourrait bien être une traduction. On y lit cette phrase, qui se trouve sous la même forme dans le *Poimandrès* : « Croître en accroissement et multiplier en multitude. » Le ton général rappelle les formes hébraïques; mais par l'ensemble des idées ce morceau est plutôt égyptien que juif. Les Dieux des astres interviennent dans la création; leur action est même plus directe que celle du Dieu suprême, qui n'a qu'un caractère abstrait et impersonnel. Plutarque et Ælien nous disent que dans la cosmogonie égyptienne les ténèbres précèdent la lumière; nous retrouvons ici la même idée : « Il y avait des ténèbres sans limite sur l'abîme, et l'eau, et un souffle subtil et intelligent contenu dans le chaos par la puissance divine. Alors jaillit la lumière très-sainte, et sous le sable les éléments sortirent de l'essence humide, et tous les Dieux débrouillèrent la nature féconde. » Ce passage fait songer au début de la *Genèse*, aux ténèbres couvrant la face de l'abîme, au souffle de Dieu planant sur les eaux ; mais on y trouve encore plus de ressemblance avec la cosmogonie égyptienne, qui, d'après Damaskios, admettait comme premiers principes les ténèbres, l'eau et le sable. Enfin, l'influence des astres sur la destinée humaine est clairement indiquée par ces mots : « Leur vie et leur sagesse sont réglées à l'origine par le cours des Dieux circulaires, et vont s'y résoudre. »

On peut trouver aussi des traces d'idées égyptiennes dans le *Discours d'initiation,* vulgairement désigné sous le nom d'*Asclèpios*. Cet ouvrage, dont il n'existe plus qu'une traduction latine faussement attribuée à Apulée, se rattache, par les idées comme par la forme, à la philosophie alexandrine, et n'a rien du ton hiératique du *Livre sacré* et du *Discours sacré*. Dans un passage fort curieux, Hermès annonce, sous forme d'une prophétie, le triomphe du christianisme, l'apostasie de l'Égypte et la persécution exercée contre les derniers fidèles de la religion nationale. Ce morceau, dans lequel l'auteur s'élève à une véritable éloquence, est une suprême et douloureuse protestation du paganisme expirant contre l'inévitable destinée :

« Cependant, comme les sages doivent tout prévoir, il est une chose qu'il faut que vous sachiez : un temps viendra où il semblera que les Égyptiens ont en vain observé le culte des Dieux avec tant de piété et que toutes leurs saintes invocations ont été stériles et inexaucées. La divinité quittera la terre et remontera au ciel, abandonnant l'Égypte, son antique séjour, et la laissant veuve de religion, privée de la présence des Dieux. Des étrangers remplissant le pays et la terre, non-seulement on négligera les choses saintes, mais, ce qui est plus dur encore, la religion, la piété, le culte des Dieux seront proscrits et punis par les lois. Alors cette terre sanctifiée par tant de chapelles et de temples sera couverte de tombeaux et de morts. O Égypte, Égypte ! il ne restera de tes religions que de vagues récits que la postérité ne croira plus, des mots gravés sur la pierre et racontant ta piété. Le Scythe ou l'Indien, ou quelque autre voisin barbare, habitera l'Égypte. Le divin remontera au ciel, l'humanité abandonnée mourra tout entière, et l'Égypte sera déserte et veuve d'hommes et de Dieux.

« Je m'adresse à toi, fleuve très-saint, et je t'annonce l'avenir. Des flots de sang, souillant tes ondes divines, déborderont tes rives ; le nombre des morts surpassera celui des vivants, et s'il reste quelques habitants, Égyptiens seulement par la langue, ils seront étrangers par les mœurs. Tu pleures, Asclèpios ? Il y aura des choses plus tristes encore : l'Égypte elle-même tombera dans l'apostasie, le pire des maux. Elle, autrefois la terre sainte, aimée des Dieux pour sa dévotion à leur culte, elle sera la perversion des saints ; cette école de piété deviendra le modèle de toutes les violences.

« Alors, plein du dégoût des choses, l'homme n'aura plus pour le monde ni admiration ni amour. Il se détournera de cette œuvre parfaite, la meilleure qui soit dans le présent comme dans le passé et l'avenir. Dans l'ennui et la fatigue des âmes, il n'y aura plus que dédain pour ce vaste univers, cette œuvre immuable de Dieu, cette construction glorieuse et parfaite, ensemble multiple de formes et d'images, où la volonté divine, prodigue de merveilles, a tout rassemblé dans un spectacle unique, dans une synthèse harmonieuse, digne à jamais de vénération, de louange et d'amour. On préférera les ténèbres à la lumière, on trouvera la mort meilleure que la vie, personne ne regardera le ciel. L'homme religieux passera pour un fou, l'impie pour un sage, les furieux pour des braves, les plus mauvais pour les meilleurs. L'âme et toutes les questions qui s'y rattachent, — est-elle née mortelle ou peut-elle espérer conquérir l'immortalité? — tout ce que je vous ai exposé ici, on ne fera qu'en rire, on n'y verra que vanité.

« Il y aura même, croyez-moi, danger de mort pour celui qui gardera la religion de l'intelligence. On établira des droits nouveaux, une loi nouvelle; pas une parole, pas une croyance sainte, religieuse, digne du ciel et des choses célestes. Déplorable divorce des Dieux et des hommes! il ne reste plus que les mauvais anges; ils se mêlent à la misérable humanité, leur main est sur elle; ils la poussent à toutes les audaces mauvaises, aux guerres, aux rapines, aux mensonges, à tout ce qui est contraire à la nature des âmes. La terre n'aura plus d'équilibre, la mer ne sera plus navigable, le cours régulier des astres sera troublé dans le ciel. Toute voix divine sera condamnée au silence, les fruits de la terre se corrompront, et elle cessera d'être féconde; l'air lui-même s'engourdira dans une lugubre torpeur. Telle sera la vieillesse du monde, irréligion et désordre, confusion de toute règle et de tout bien. »

Ce passage est significatif; ce livre, qui peint sous des couleurs si vives l'angoisse des esprits cultivés devant la chute inévitable de la civilisation antique, a dû être composé sous un empereur chrétien, et comme Lactance, qui vivait sous Constantin, cite plusieurs fois le *Discours d'initiation*, on en doit conclure que c'est pendant le règne de cet empereur que l'ouvrage a été écrit. On pourrait se demander comment Lactance a pu prendre au sérieux l'authenticité d'un livre contenant des allusions si claires à des faits contemporains; mais on sait que les auteurs ecclésiastiques de cette époque ne brillent guère par le sens critique. Lactance cite à chaque instant de prétendus oracles sibyllins où la main du faussaire se trahit à toutes les pages, et il s'imagine combattre ainsi le paganisme avec ses propres armes. Les livres hermétiques sont à ses yeux une autorité antique et très-vénérable. Le livre qu'il invoque le plus souvent est précisément le *Discours d'initiation*, sans s'apercevoir qu'il a été composé de son temps.

S'il était possible de regarder le passage que je viens de citer comme une interpolation postérieure, rien ne fixerait plus la date de l'ouvrage. Mais il est facile de prouver que Lactance a eu réellement ce passage sous les yeux, seulement il ne l'a pas compris. Hermès est à ses yeux un véritable prophète qui a découvert, on ne sait comment, presque toute la vérité. Dans les allusions si claires de l'auteur à la chute du paganisme, il ne voit qu'un tableau de la fin du monde; il en emprunte les traits principaux, et cite[1] les lignes qui viennent immédiatement après et dans lesquelles Hermès annonce un renouvellement général attendu par les païens aussi bien que par les chrétiens. Dans l'abrégé de son ouvrage, Lactance revient sur cette grande catastrophe en employant des images prises textuellement dans le

1. Lactance, *Divin. instit.*, VII, 18.

Discours d'initiation : « Ce sera, dit-il, un temps exécrable et maudit où il ne sera pas bon de vivre. Les choses en viendront au point qu'on se lamentera sur les vivants et qu'on se réjouira sur les morts. Les villes et les cités périront soit par le fer, soit par le feu, soit par de fréquents tremblements de terre et des inondations, soit par la peste et la famine. La terre, devenue stérile par l'excès du froid ou de la chaleur, cessera de produire ; l'eau se changera en sang... l'année, le mois, le jour, seront abrégés, et ce sera là, dit Trismégiste, la vieillesse et la fin du monde[1]. »

On reconnaît sans peine les expressions d'Hermès, quelquefois détournées de leur vrai sens : « La mort semblera meilleure que la vie ; » — « le fleuve très-saint deviendra un torrent de sang ; » — « la terre cessera de produire ; » — « telle sera la vieillesse du monde, etc. » Ailleurs Lactance, comparant la fin du monde aux plaies d'Égypte sous Moïse, dit que l'Égypte sera punie la première de ses sottes superstitions et que le sang l'inondera

---

1. Lactance, *Epitome*, 8.

comme un fleuve [1]. C'est la contre-partie du passage où Hermès parle des maux qui puniront l'Égypte d'avoir abandonné sa religion. Enfin, dans une autre partie de son ouvrage [2], Lactance dit en parlant des démons : « Trismégiste les nomme des mauvais anges. » Or, dans les écrits qui nous restent d'Hermès, cette expression ne se trouve qu'une seule fois, et c'est précisément dans le passage en question. Toutes ces raisons prouvent clairement que ce passage n'est pas interpolé, que le *Discours d'initiation* nous est parvenu tel qu'il était du temps de Lactance, et qu'il n'a pu être écrit que sous le règne de Constantin.

La grande persécution du paganisme n'a eu lieu que sous les successeurs de Constantin, et il faut remarquer, en effet, qu'Hermès ne parle pas précisément d'une persécution sanglante. Il se plaint seulement des progrès de l'impiété, de l'oubli où est tombée la religion, des tombeaux qui remplacent les temples, allusion au culte des saints [3], et il ajoute.

---

1. Lactance, *Divin. instit.*, VII, 15.
2. *Ibid.*, II, 15.
3. Les païens accusaient même les chrétiens d'adorer un hom

comme s'il exprimait la crainte d'un malheur probable et imminent, que la fidélité aux Dieux deviendra un danger de mort. S'il avait écrit sous Théodose ou même sous Constance, ses expressions auraient été plus précises, et probablement l'ouvrage ne nous serait pas parvenu. Sous le premier empereur chrétien, au contraire, il pouvait, en gardant le ton de la prophétie, annoncer des désastres prochains en termes si vagues et si généraux que les docteurs de l'Église, et après eux les érudits de la renaissance, ont cru qu'il s'agissait de la catastrophe finale annoncée dans l'Évangile.

L'idée de la destruction et du renouvellement du monde, qui reparaît si souvent dans les livres sibyllins et dans les ouvrages des chrétiens, surtout des chrétiens millénaires comme Lactance, se retrouve également dans la philosophie stoïcienne et dans la religion de l'Égypte. Il ne devait pas être difficile à un Égyptien attaché à la religion nationale de faire coïncider l'avénement officiel du christianisme avec

---

mort; les chrétiens, s'appuyant sur le système d'Évhémère, en disaient autant des païens. On peut comparer, à cette occasion, Julien et Minucius Félix. Dans les temps de lutte, les partis se renvoient les uns aux autres les mêmes reproches.

la fin de quelque grande période mythologique ou astronomique. L'auteur du *Discours d'initiation*, qui croit à cette catastrophe, devait être un Égyptien. Il se lamente sur l'apostasie de l'Égypte, il ne parle même pas des autres peuples. C'est l'Égypte qui est la terre sainte, « le temple du monde, l'image du ciel, la projection ici-bas de toute l'ordonnance des choses célestes. » Quand le monde sera régénéré, c'est en Égypte que seront établis ceux qui doivent le gouverner. Ailleurs il rappelle à Asclèpios que son aïeul, l'inventeur de la médecine, est adoré près du rivage des crocodiles, à l'endroit où est enterré son corps, et il ajoute : « Mon aïeul Hermès a donné son nom à sa patrie. » Il est vrai que ces noms sont grecs, et que ces souvenirs mythologiques sont présentés sous une forme évhémériste; mais il faut se rappeler qu'à cette époque la confusion des Dieux grecs et des Dieux égyptiens était universellement admise. D'ailleurs il est question ensuite d'Isis et d'Osiris, divinités purement égyptiennes, et, ce qui est plus important encore, du culte que les Égyptiens rendaient aux animaux. Plus loin, il est fait mention d'un Dieu que la traduction latine appelle

Jupiter Plutonius, et qui est probablement Sarapis, le grand Dieu d'Alexandrie ; on pourrait aussi rapporter à des croyances égyptiennes ce qui est dit des trente-six Horoscopes et du *Pantomorphe*. Ce sont là, sans doute, des vestiges bien effacés d'une religion qui a tenu tant de place dans le monde ; mais on ne trouverait guère plus de traces de la mythologie hellénique dans tel ou tel philosophe grec, Aristote par exemple.

Le *Discours d'initiation* est peut-être le seul ouvrage de l'antiquité où il y ait, non pas seulement une excuse, mais une théorie formelle et avouée du culte des images. Jusque-là, les philosophes avaient considéré l'idolâtrie comme une conséquence dangereuse d'un abus de langage. « Ceux qui ne connaissent point le vrai sens des mots, dit Plutarque, arrivent à se tromper sur les choses ; ainsi les Grecs, au lieu d'appeler les statues d'airain ou de pierre, ou les peintures, des simulacres en l'honneur des Dieux, ont l'habitude de les appeler des Dieux, et par suite ils ne craignent pas de dire que Lacharès a dépouillé Athènè, que Denys a enlevé à Apollon sa chevelure d'or, que Jupiter Capitolin a été brûlé dans la guerre civile. Telles sont les erreurs qu'entraînent à leur suite des locutions vicieuses [1]. » Maxime de Tyr justifie le culte des images et l'explique par la faiblesse de notre nature, qui a besoin d'attacher la pensée à un signe matériel. « Ceux dont la mémoire est robuste et qui n'ont qu'à lever les yeux au ciel pour se sentir en présence des Dieux n'ont peut-être pas besoin de statues; mais ceux-là sont très-rares, et à peine trouverait-on un homme dans une foule nombreuse qui pût se rappeler l'idée divine sans avoir besoin d'un pareil secours [2]. »

Le culte des images a été le texte le plus ordinaire des reproches adressés aux Grecs par les juifs et les chrétiens; plus tard, les protestants ont porté les mêmes accusations d'idolâtrie contre les catholiques. Dans la lutte des partis, on cherche moins à persuader ses adversaires qu'à les convaincre, et en voulant les convaincre on les irrite. Alors ils dédaignent de répondre aux accusations, ils les acceptent et se parent des injures qu'on leur a lancées. C'est ainsi que les Gueux des Pays-Bas, les Sans-culottes de la

---

1. Plutarque, *Isis et Osiris*.
2. Maxime de Tyr, XXXVIII.

révolution française se glorifiaient de titres que leurs adversaires leur donnaient par mépris. La même chose arriva aux païens accusés d'idolâtrie; ils acceptèrent le reproche, ils tinrent à honneur de le mériter et ils érigèrent le culte des images en système réfléchi. Hermès déclare à son disciple que le plus beau privilége de l'homme est de pouvoir créer des Dieux : « De même que le père et le seigneur a fait les Dieux éternels semblables à lui-même, ainsi l'humanité a fait ses Dieux à sa propre ressemblance. — Veux-tu dire les statues, ô Trismégiste ? — Oui, les statues, Asclèpios ; vois comme tu manques de foi ! Les statues animées, pleines de sentiment et d'inspiration, qui font tant et de si grandes choses, les statues prophétiques, qui prédisent l'avenir par des songes et toutes sortes d'autres voies, qui nous frappent de maladies ou guérissent nos douleurs selon nos mérites [1]. »

Ce n'est encore qu'une déclaration de principes : plus loin, il revient sur la même idée en l'expliquant clairement, et donne la théorie du culte

---

1. Hermès, II, *Disc. d'initiation*, IX.

des images : « Nos ancêtres trouvèrent l'art de faire des Dieux, et l'ayant trouvé, ils y mêlèrent une vertu convenable, tirée de la nature du monde. Comme ils ne pouvaient pas créer des âmes, ils évoquèrent celles des démons ou des anges, et les fixèrent dans les saintes images et les divins mystères, donnant ainsi aux idoles la puissance de faire du bien ou du mal[1]. » Ces croyances étaient communes aux païens et aux chrétiens; mais les uns approuvaient ce que les autres condamnaient, le culte rendu aux démons qui habitaient les statues. Les chrétiens soutenaient que ces démons étaient des puissances malfaisantes; les païens avouaient que leur action était parfois mauvaise et qu'ils étaient sujets aux passions et à l'erreur. Cette concession rendait la victoire de leurs adversaires trop facile; pourquoi l'homme n'aurait-il pas réservé son culte et ses prières pour ce Dieu suprême que tous reconnaissaient également? Il y avait bien encore quelques pieux regrets pour ce magnifique passé dont le souvenir même allait disparaître; quelques fidélités

---

1. Hermès, II, *Disc. d'initiation*, VI.

obstinées se tournaient encore vers le soleil couchant, mais l'humanité n'a pas de ces mélancolies. Elle marche devant elle, sans savoir si c'est vers la nuit ou vers la lumière, écrasant sans pitié les défenseurs attardés des causes vaincues et laissant les morts ensevelir leurs morts.

Les livres hermétiques sont les derniers monuments du paganisme. Ils appartiennent à la fois à la philosophie grecque et à la religion égyptienne, et par l'exaltation mystique ils touchent déjà au moyen âge. Ils représentent bien l'opinion commune de cette population alexandrine si mêlée, sans cesse tiraillée en sens contraires par des religions de toute sorte, et faisant un mélange confus de dogmes hétérogènes. Entre un monde qui finit et un monde qui commence, ils ressemblent à ces êtres d'une nature indécise qui servent de passage entre les classes de la vie organisée : les zoophytes, sortes d'animaux-plantes; les amphibiens, demi-reptiles, demi-poissons; les ornithodelphes, qui ne sont ni des oiseaux ni des mammifères. Ces créations mixtes sont toujours au-dessous de chacun des groupes qu'elles rattachent l'un à l'autre. Dans l'histoire des idées comme dans l'histoire naturelle, il y a non pas des séries linéaires, mais des échelles divergentes, qui se réunissent par leurs échelons inférieurs.

Les livres d'Hermès Trismégiste ne peuvent soutenir la comparaison ni avec la religion d'Homère ni avec la religion chrétienne, mais ils font comprendre comment le monde a pu passer de l'une à l'autre. En eux, les croyances qui naissent et les croyances qui meurent se rencontrent et se donnent la main. Il était juste qu'ils fussent placés sous le patronage du Dieu des transitions et des échanges, qui explique, apaise et réconcilie ; du conducteur des âmes, qui ouvre les portes de la naissance et de la mort ; du Dieu crépusculaire, dont la baguette d'or brille le soir au couchant pour endormir dans l'éternel sommeil les races fatiguées, et le matin à l'orient pour faire entrer les générations nouvelles dans la sphère agitée de la vie.

HERMÈS TRISMÉGISTE

LIVRE PREMIER

LIVRE PREMIER

I

POIMANDRÈS

Je réfléchissais un jour sur les êtres ; ma pensée planait dans les hauteurs, et toutes mes sensations corporelles étaient engourdies comme dans le lourd sommeil qui suit la satiété, les excès ou la fatigue. Il me sembla qu'un être immense, sans limites déterminées, m'appelait par mon nom et me disait : Que veux-tu entendre et voir, que veux-tu apprendre et connaître ? — Qui donc es-tu, répondis-je ? — Je suis, dit-il, Poimandrès (le pasteur de l'homme), l'Intelligence souveraine [1]. Je sais ce que tu désires, et partout je suis avec toi. — Je veux, répondis-je, être instruit sur les êtres, comprendre leur nature et connaître Dieu. — Reçois dans ta pensée tout ce que tu veux savoir, me dit-il, je t'instruirai.

A ces mots, il changea d'aspect, et aussitôt tout me fut découvert en un moment, et je vis un spectacle indéfinissable. Tout devenait une douce et agréable lumière qui charmait ma vue. Bientôt après descendirent des ténèbres effrayantes et horribles, de forme sinueuse; il me sembla voir ces ténèbres se changer en je ne sais quelle nature humide et trouble, exhalant une fumée comme le feu et une sorte de bruit lugubre. Puis il en sortit un cri inarticulé qui semblait la voix de la lumière. Une parole sainte descendit de la lumière sur la nature, et un feu pur s'élança de la nature humide vers les hauteurs; il était subtil, pénétrant et en même temps actif. Et l'air, par sa légèreté, suivait le fluide; de la terre et de l'eau il s'élevait jusqu'au feu, d'où il paraissait suspendu. La terre et l'eau demeuraient mêlées, sans qu'on pût voir l'une à

---

1. Ὁ τῆς αὐθεντίας νοῦς; le mot αὐθέντης, qui, d'après le scholiaste de Thucydide, était autrefois synonyme de αὐτόχειρ, a été pris plus tard dans le sens de ἐξουσιαστής, et conserve ce sens dans le grec moderne. Voyez Hesychios, l'*Etymologicum magnum* et le *Thesaurus* d'Henri Étienne.

travers l'autre, et recevaient l'impulsion de la parole qu'on entendait sortir du fluide supérieur.

As-tu compris, me dit Poimandrès, ce que signifie cette vision? — Je vais l'apprendre, répondis-je. — Cette lumière, dit-il, c'est moi, l'Intelligence, ton Dieu, qui précède la nature humide sortie des ténèbres. La parole lumineuse (le Verbe) qui émane de l'Intelligence, c'est le fils de Dieu. — Que veux-tu dire, répliquai-je? — Apprends-le : ce qui en toi voit et entend est le Verbe, la parole du Seigneur; l'Intelligence est le Dieu père. Ils ne sont pas séparés l'un de l'autre, car l'union est leur vie. — Je te remercie, répondis-je. — Comprends donc la lumière, dit-il, et connais-la.

A ces mots, il me regarda longtemps en face, et je tremblais à son aspect; et, sur un signe de lui, je vois dans ma pensée la lumière et ses puissances innombrables, le monde indéfini se produire, et le feu, maintenu par une force très-grande, arriver à son équilibre. Voilà ce que je compris par la parole de Poimandrès.

Comme j'étais frappé de stupeur, il me dit encore: Tu as vu dans ta pensée la forme primordiale antérieure au principe indéfini. Voilà e que me dit Poimandrès. — D'où sont venus, répondis-je, les éléments de la nature? Il me dit : — De la volonté de Dieu, qui, ayant pris la Raison (le Verbe), et y contemplant l'ordre et la beauté [1], construisit le monde d'après ce modèle, avec des éléments tirés d'elle-même et avec des germes d'âmes. L'Intelligence, le Dieu mâle et femelle qui est la vie et la lumière, engendre par la parole une autre intelligence créatrice, le Dieu du feu et du fluide [2], qui forma à son tour sept ministres, enveloppant dans leurs cercles le monde sensible et le gouvernant par ce qu'on nomme la destinée.

La parole ou raison de Dieu s'élança bientôt des éléments inférieurs dans la pure création de la nature, et s'unit à la pensée créatrice, car elle est de la même essence [3]. Et les éléments inférieurs et sans raison furent laissés à l'état de simple matière. La pensée créatrice, unie à la raison, enveloppant les cercles et leur imprimant une rotation rapide, ramena ses créations sur elle-même et les fit tourner de leur principe à leur fin comme entre deux limites inaccessibles, car

---

1. Λόγος signifie *raison* et *parole*, κόσμος signifie *ordre* et *monde*. Le grec joue souvent sur ces mots à double sens, qu'une traduction ne peut rendre exactement. Il est d'ailleurs facile de reconnaître dans ce passage la théorie platonicienne de la création.

2. Πνεῦμα, souffle ; le mot *esprit* ne pourrait être employé qu'avec le sens physique qu'il a dans *esprit de vin*, *esprit de bois*, *esprits animaux*.

3. Le mot ὁμοούσιος, que le concile de Nicée a rendu si célèbre, est ordinairement traduit par *consubstantiel;* cependant, le mot grec qui répond exactement à *substance* est ὑπόστασις et non οὐσία.

là où tout finit, tout commence éternellement. Cette circulation, par la volonté de l'Intelligence, fit sortir des éléments inférieurs les animaux sans parole, à qui la raison n'a pas été donnée. L'air porta ceux qui volent, l'eau ceux qui nagent. La terre et l'eau furent séparées l'une de l'autre selon la volonté de l'Intelligence (motrice), et la terre fit sortir de son sein les animaux qu'elle contenait, quadrupèdes, reptiles, bêtes féroces et domestiques.

Mais le moteur [1], père de toutes choses, qui est la vie et la lumière, engendra l'homme semblable à lui-même et l'aima comme son propre enfant. Par sa beauté il reproduisait l'image du père; Dieu aimait donc en réalité sa propre forme, et il lui livra toutes ses créatures. Mais l'homme, ayant médité sur l'œuvre de la création, voulut créer à son tour, et il se sépara du père en entrant dans la sphère de la création. Ayant plein pouvoir, il médita sur les créations de ses frères, et ceux-ci s'éprirent de lui, et chacun d'eux l'associa à son rang. Alors, connaissant leur essence et participant à leur nature, il voulut franchir la limite des cercles et surmonter la puissance qui siége sur le feu.

---

1. Le mot νοῦς étant associé ici au mot *père*, je ne puis le traduire, comme je l'ai fait jusqu'à présent, par les mots féminins de *pensée* ou d'*intelligence*. Je crois, d'ailleurs, que le sens de *moteur* lui appartient aussi, et que la théorie d'Anaxagore repose sur ce double sens.

Et ce souverain du monde et des êtres mortels et privés de raison, à travers l'harmonie [1] et la puissante barrière des cercles, fit voir à la nature inférieure la belle image de Dieu. Devant cette merveilleuse beauté, où toutes les énergies des sept gouverneurs étaient unies à la forme de Dieu, la nature sourit d'amour, car elle avait vu la beauté de l'homme dans l'eau et son ombre sur la terre. Et lui, apercevant dans l'eau le reflet de sa propre forme, s'éprit d'amour pour elle et voulut la posséder. L'énergie accompagna le désir, et la forme privée de raison fut conçue. La nature saisit son amant et l'enveloppa tout entier, et ils s'unirent d'un mutuel amour. Et voilà pourquoi, seul de tous les êtres qui vivent sur la terre, l'homme est double, mortel par le corps, immortel par sa propre essence. Immortel et souverain de toutes choses, il est soumis à la destinée qui régit ce qui est mortel; supérieur à l'harmonie du monde, il est captif dans ses liens; mâle et femelle comme son père et supérieur au sommeil, il est dominé par le sommeil [2].

— Ce discours me charme, dit alors ma pensée. Et

---

1. Le mot ἁρμονία, qui exprime le lien général des choses, désigne ici le monde physique.
2. Je lis ici ὕπνου au lieu de ἀύπνου, qui est dans le texte; je crois qu'il y a dans ce passage une lacune ou une altération.

Poimandrès dit : — Voilà le mystère qui a été caché jusqu'à ce jour. La nature unie à l'homme a produit la plus étonnante des merveilles. Il était, je te l'ai dit, composé d'air et de feu, comme les sept princes de l'harmonie; la nature ne s'arrêta pas et produisit sept hommes, mâles et femelles, et d'un ordre élevé, répondant aux sept gouverneurs. — O Poimandrès, m'écriai-je, poursuis, ma curiosité redouble. — Fais donc silence, dit Poimandrès, car je n'ai pas achevé mon premier discours. — Je me tais, répondis-je.

La génération de ces sept hommes, comme je l'ai dit, eut donc lieu de cette manière. La terre était femelle [1], l'eau génératrice; le feu fournit la chaleur, l'air fournit le souffle, et la nature produisit les corps de forme humaine. L'homme reçut de la vie et de la lumière son âme et son intelligence; l'âme lui vint de la vie, l'intelligence lui vint de la lumière. Et tous les membres du monde sensible demeurèrent ainsi jusqu'à la complète évolution des principes et des genres. Maintenant, écoute le reste du discours que tu désires entendre. La période étant accomplie, le lien universel fut dénoué par la volonté de Dieu; car tous les animaux, d'abord androgynes, furent divisés en même temps que l'homme, et il se forma des mâles d'un

---

1. Je préfère θηλυκὴ γῆ ἦν à θηλυκὸν γὰρ ὁ ἀὴρ, que M. Parthey admet d'après Patrizzi.

côté, des femelles de l'autre. Aussitôt Dieu dit de sa parole sainte : Croissez en accroissement et multipliez en multitude [1], vous tous, mes ouvrages et mes créatures ; et que celui en qui est l'intelligence sache

---

1. Ici se trouve, dans un des manuscrits d'Hermès, la scholie suivante, publiée par Boissonade (Michael Psellos, *De operatione dæmonum*) et reproduite dans le Poemander de Parthey :

« De Psellos : Ce sorcier paraît avoir fort bien connu la sainte Écriture ; c'est de là qu'il est parti pour exposer la création du monde. Il n'a pas craint quelquefois de copier les expressions mêmes de Moyse, comme dans cette phrase : « Dieu dit : Croissez et multipliez, » qu'il a manifestement empruntée au récit mosaïque. Mais, au lieu de conserver la simplicité et la clarté vraiment divines de l'Ecriture, il se lance dans le pathos emphatique habituel aux sages de l'Hellénisme, dans des allégories, des divagations et des monstruosités, et s'éloigne de la bonne route ou en est détourné par Poïmandrès. En effet, il n'est pas difficile de voir quel était le Poïmandrès des Grecs ; c'est celui que parmi nous on appelle le *Prince du monde*, ou quelqu'un des siens. Car, dit [Basile], le Diable est voleur, il pille nos traditions, non pour détourner les siens de l'impiété, mais pour colorer et embellir leur fausse piété par des paroles et des pensées vraies, et la rendre ainsi vraisemblable et acceptable pour le grand nombre. Platon n'est pas dans le vrai, quand il dit que les Grecs, instruits par les oracles de Delphes, embellissent ce qu'ils prennent aux barbares. Il est plus exact de dire que les Grecs ne se donnent pas beaucoup de peine pour chercher la vérité, et qu'ils s'égarent surtout dans leurs opinions sur le divin. Et ce ne sont pas les nôtres qui le disent, ce sont les plus estimés parmi les Grecs ; on peut s'en convaincre en lisant la lettre dans laquelle Porphyre demande à l'Égyptien Anébo de lui apprendre la vérité, vu qu'il ne connaît que les opinions des Grecs. S'il y a eu quelque autre race barbare qui ait adoré le créateur et le roi de l'univers sous une forme traditionnelle et selon des rites nationaux, c'est ce que je ne puis dire, mais que la religion des Hébreux fut célèbre sur toute la terre et que leur législation fut antérieure à cet Hermès et à tout autre sage grec, c'est ce qu'établissent une foule de preuves. »

qu'il est immortel et que la cause de la mort est l'amour du corps, et qu'il connaisse tous les êtres.

A ces mots, sa providence unit les couples selon les lois nécessaires et harmoniques, et établit les générations. Et tous les êtres se multiplièrent par genres, et celui qui se connut lui-même arriva au bien parfait; mais celui qui, par une erreur de l'amour, a aimé le corps, celui-là demeure égaré dans les ténèbres, soumis par les sens aux conditions de la mort. — Quelle est donc, m'écriai-je, la faute si grande des ignorants, pour qu'ils soient privés de l'immortalité? — Il semble, répondit-il, que tu n'as pas compris ce que tu as entendu; ne t'avais-je pas dit de réfléchir? — Je réfléchis, dis-je, et je me souviens, et je te remercie. — Si tu as réfléchi, dis-moi pourquoi ceux qui sont dans la mort sont dignes de la mort. — C'est, répondis-je, que notre corps procède de cette obscurité lugubre d'où est sortie la nature humide; c'est par là que le corps est constitué dans le monde sensible, abreuvoir de la mort. — Tu as compris, dit-il; mais pourquoi celui qui réfléchit sur lui-même marche-t-il vers Dieu, comme le dit la parole divine? — Parce que, répondis-je, c'est de vie et de lumière qu'est constitué le père de toutes choses, de qui est né l'homme. — De bonnes paroles, dit-il; le Dieu et le père de qui l'homme est né est la lumière et la vie. Si donc tu sais que tu es sorti de la vie et de la lumière et que tu en es formé, tu marcheras vers la vie. Telles furent les paroles de Poimandrès.

— Apprends-moi donc encore, lui dis-je, ô Intelligence, comment je puis entrer dans la vie. — Que l'homme en qui est l'intelligence, répondit mon Dieu, se connaisse lui-même. — Tous les hommes, dis-je, n'ont donc pas d'intelligence? — De bonnes paroles, dit-il, pense à ce que tu dis. Moi, l'Intelligence, j'assiste les saints, les bons, les purs, les charitables, ceux qui vivent dans la piété. Ma puissance est pour eux un secours, et aussitôt ils connaissent toutes choses, et ils invoquent le père avec amour et lui adressent les actions de grâces, les bénédictions et les louanges qui lui sont dues, et avant même d'abandonner leur corps à la mort, ils détestent les sens dont ils connaissent les œuvres; ou plutôt, moi, l'Intelligence, je ne laisserai pas s'accomplir les œuvres du corps; comme un portier je fermerai la voie aux œuvres mauvaises et honteuses en écartant les désirs. Mais quant aux insensés, vicieux et méchants, envieux et avides, meurtriers et impies, je suis loin d'eux et je les livre au démon vengeur qui verse dans leurs sens un feu pénétrant, les pousse de plus en plus au mal pour aggraver leur châtiment, et sans trêve irrite leurs passions par d'insatiables désirs, les torture, invisible ennemi, et ravive en eux la flamme inextinguible.

— Tu m'as instruit de tout, dis-je, comme je le désirais, ô Intelligence; mais éclaire-moi encore sur la manière dont se fait l'ascension. — D'abord, dit Poimandrès, la dissolution du corps matériel en livre les éléments aux métamorphoses; la forme visible disparaît, le caractère, perdant sa force, est livré au démon, les sens retournent à leurs sources respectives et se confondent dans les énergies (du monde). Les passions et les désirs rentrent dans la nature irrationnelle; ce qui reste s'élève ainsi à travers l'harmonie, abandonnant à la première zône la puissance de croître et de décroître; à la seconde l'industrie du mal et la ruse (devenue) impuissante; à la troisième l'illusion (désormais) impuissante des désirs; à la quatrième la vanité du commandement qui ne peut plus être satisfaite; à la cinquième l'arrogance impie et l'audace téméraire; à la sixième l'attachement aux richesses, (maintenant) sans effet; à la septième le mensonge insidieux. Et, dépouillé ainsi de toutes les œuvres de l'harmonie (du monde), il arrive dans la huitième zone, ne gardant que sa puissance propre, et chante avec les êtres des hymnes en l'honneur du père. Ceux qui sont là se rejouissent de sa présence, et devenu semblable à eux, il entend la voix mélodieuse des puissances qui sont au-dessus de la huitième nature et qui chantent les louanges de Dieu. Et alors ils montent en ordre vers le père et s'abandonnent aux puissances, et devenus puissances, ils naissent en Dieu. Tel est le bien final de ceux qui possèdent la Gnose, devenir Dieu. Qu'attends-tu maintenant? tu as tout appris, tu n'as plus qu'à montrer la route aux hommes, afin que par toi Dieu sauve le genre humain.

Ayant ainsi parlé, Poimandrès se mêla aux puissances. Et moi, bénissant le père de toutes choses et lui rendant grâces, je me levai fortifié par lui, connaissant la nature de l'univers et la grande vision. Et je commençai à prêcher aux hommes la beauté de la religion et de la Gnose : O peuples, hommes nés de la terre, plongés dans l'ivresse, le sommeil et l'ignorance de Dieu, secouez vos torpeurs sensuelles, réveillez-vous de votre abrutissement !

Ils m'entendirent et se rassemblèrent autour de moi. Alors j'ajoutai : Pourquoi, ô hommes nés de la terre, vous abandonnez-vous à la mort, quand il vous est permis d'obtenir l'immortalité? Revenez à vous mêmes, vous qui marchez dans l'erreur, qui languissez dans l'ignorance; éloignez-vous de la lumière ténébreuse. prenez part à l'immortalité en renonçant à la corruption.

Et les uns, se moquant, se précipitaient dans la route de la mort; les autres, se jetant à mes pieds, me suppliaient de les instruire. Et moi, m'étant levé, je devins le guide du genre humain, lui enseignant par mes discours la voie du salut; je semai en eux les paroles de la sagesse et ils furent nourris de l'eau d'ambroisie (d'immortalité). Et le soir étant venu, les dernières lueurs du soleil commençant à disparaître, je les invitai à la prière. Et ayant accompli l'eucharistie (actions de grâces), chacun regagna sa couche. Et moi, j'écrivis en moi-même le récit des bienfaits de Poimandrès, et possédant l'objet de mes vœux, je me reposai plein de joie. Le sommeil du corps produisait la lucidité de l'âme, mes yeux fermés voyaient la vérité, ce silence fécond portait dans son sein le bien suprême, les paroles prononcées étaient des semences de biens. Voilà le bienfait que je reçus de mon intelligence, c'est-à-dire de Poimandrès, la raison souveraine; ainsi, par une inspiration divine, je possédai la vérité. C'est pourquoi de toute mon âme et de toutes mes forces je bénis le divin père :

Saint est Dieu le père de toutes choses. Saint est Dieu dont la volonté s'accomplit par ses propres puissances. Saint est Dieu qui veut être et qui est connu de ceux qui sont à lui. Tu es saint, toi qui as constitué les êtres par ta parole; tu es saint, toi dont toute la nature est l'image; tu es saint, toi que la nature n'a pas formé. Tu es saint et plus fort que toute puissance, tu es saint et plus grand que toute majesté, tu es saint et au-dessus de toute louange. Reçois le pur sacrifice verbal de l'âme et du cœur qui monte vers toi, ô inexpressible, ineffable, que le silence seul peut nommer. Ne permets pas que je m'égare, donne-moi la connaissance de notre essence, donne-moi la force, illumine de ta grâce ceux qui sont dans l'ignorance, les frères de ma race, tes enfants. Je crois en toi et je te rends témoignage, je marche dans la vie et la lumière. O père, sois béni; l'homme qui t'appartient veut partager ta sainteté, comme tu lui en as donné plein pouvoir.

II

DISCOURS UNIVERSEL D'HERMÈS A ASCLÈPIOS

HERMÈS.

Tout mobile, ô Asclèpios, n'est-il pas mu dans quelque chose et par quelque chose?

ASCLÈPIOS.

Sans doute.

HERMÈS.

Le mobile n'est-il pas nécessairement moins grand que le lieu du mouvement.

ASCLÈPIOS.

Nécessairement.

HERMES.

Le moteur n'est-il pas plus fort que le mobile?

ASCLÈPIOS.

Assurément.

HERMÈS.

Le lieu du mouvement n'a-t-il pas nécessairement une nature contraire à celle du mobile?

ASCLÈPIOS.

Oui, certes.

HERMÈS.

Ce monde est si grand qu'il n'y a pas de corps plus grand que lui.

ASCLÈPIOS.

J'en conviens.

HERMÈS.

Et il est solide, car il est rempli par un grand nombre de corps, ou plutôt par tous les corps qui existent.

ASCLÈPIOS.

Cela est vrai.

HERMÈS.

Le monde est-il un corps?

ASCLÈPIOS.

Oui.

HERMÈS.

Et est-il mobile?

ASCLÈPIOS.

Sans doute.

HERMÈS.

Quel doit donc être le lieu de son mouvement, et de quelle nature? Ne faut-il pas qu'il soit beaucoup plus grand que lemonde, pour que celui-ci puisse s'y mouvoir sans être retenu ni arrêté dans sa marche?

ASCLÈPIOS.

C'est quelque chose de bien grand, ô Trismégiste.

HERMÈS.

Et de quelle nature? D'une nature contraire, n'est-il pas vrai? Et le contraire du corps, n'est-ce pas l'incorporel?

ASCLÈPIOS.

J'en conviens.

HERMÈS.

Le lieu est donc incorporel. Mais l'incorporel est divin ou Dieu. J'appelle divin, non ce qui est engendré, mais ce qui est incréé. S'il est divin, il est essentiel; s'il est Dieu, il est au-dessus de l'essence. D'ailleurs, il est intelligible, et voici comment : Le premier Dieu est intelligible pour nous, non pour lui-même, car l'intelligible tombe sous la sensation de l'intelligent. Dieu n'est donc pas intelligible pour lui-même, car en lui le sujet pensant n'est pas autre que l'objet pensé. Pour nous il est différent, c'est pourquoi nous le concevons. Si l'espace est intelligible, il n'est pas Dieu, il est l'espace. S'il est Dieu, c'est, non comme espace, mais comme principe de l'étendue. Mais tout ce qui est mu se meut non dans le mobile, mais dans le stable. Le moteur est stable, car il ne peut partager le mouvement du mobile.

ASCLÈPIOS.

Comment donc, ô Trismégiste, voyons-nous ici le mouvement des mobiles partagé par leur moteur? Car tu disais que les sphères errantes étaient mues par la sphère fixe.

HERMÈS.

Ce n'est pas là un mouvement partagé, ô Asclèpios, mais un contre-mouvement. Ces sphères ne se meuvent pas dans le même sens, mais er sens contraire. Cette opposition offre au mouvement une résistance fixe; car la réaction des mouvements est l'immobilité; les sphères errantes étant mues en sens contraire de la sphère fixe, leur mouvement inverse est produit par la résistance qu'elles s'opposent entre elles, et il n'en peut être autrement. Tu vois ces Ourses, ces constellations qui ne se couchent ni ne se lèvent? Tournent-elles autour d'un point, ou sont-elles immobiles?

ASCLÈPIOS.

Elles sont mues, ô Trismégiste.

HERMÈS.

Quel est leur mouvement, ô Asclèpios?

ASCLÉPIOS.

Elles tournent sans cesse autour du même point.

HERMÈS.

Une révolution autour d'un point est un mouvement contenu par la fixité. Car la circulation empêche l'écart, et l'écart empêché se fixe dans la circulation. L'opposition de ces deux mouvements produit un état stable toujours maintenu par les résistances mutuelles. Je t'en donnerai un exemple pris dans les objets terrestres. Vois la natation de l'homme et des animaux, par exemple : la réaction des pieds et des mains rend l'homme immobile, et l'empêche d'être emporté dans le mouvement de l'eau et de se noyer.

ASCLÉPIOS.

Cette comparaison est très-claire, ô Trismégiste.

HERMÈS.

Tout mouvement est donc produit dans le repos et par le repos. Ainsi, le mouvement du monde et de tout animal matériel ne vient pas du dehors, mais il est produit du dedans au dehors par l'âme, par l'esprit ou quelque autre principe incorporel. Car un corps ne peut mouvoir ce qui est animé : il ne peut pas même mouvoir un corps inanimé.

ASCLÉPIOS.

Que veux-tu dire, ô Trismégiste? Le bois, la pierre

et tous les autres corps inanimés ne sont-ils pas des moteurs ?

HERMÈS.

Pas du tout, ô Asclèpios. Ce qui est au dedans du corps, ce qui meut l'objet inanimé, voilà le moteur commun du corps qui porte et de l'objet porté. Jamais un objet inanimé ne peut mouvoir un autre objet inanimé. Tout moteur est animé puisqu'il produit le mouvement. Aussi voit-on que l'âme est appesantie quand elle a deux objets à porter. Il est donc évident que tout mouvement est produit par quelque chose et dans quelque chose.

ASCLÈPIOS.

Mais le mouvement doit être produit dans le vide, ô Trismégiste.

HERMÈS.

Ne dis pas cela, Asclèpios. Il n'y a pas de vide dans l'univers. Le non-être seul est vide et étranger à l'existence. Mais l'être ne pourrait pas être s'il n'était plein d'existence. Ce qui est ne peut jamais être vide.

ASCLÈPIOS.

N'y a-t-il donc pas des choses vides, ô Trismégiste, par exemple un vase vide, un tonneau vide, un puits vide, un coffre et autres choses semblables ?

HERMÈS.

Quelle erreur, Asclèpios ! Tu prends pour vides des choses toutes pleines et toutes remplies.

ASCLÈPIOS.

Que veux-tu dire, Trismégiste ?

HERMÈS.

L'air n'est-il pas un corps ?

ASCLÈPIOS.

Oui, c'est un corps.

HERMÈS.

Ce corps ne traverse-t-il pas toutes choses, et ne remplit-il pas ce qu'il traverse ? Tout corps n'est-il pas composé de quatre éléments ? Tout ce que tu crois vide est donc plein d'air, et par conséquent des quatre éléments. Et en sens inverse, on peut dire que ce que tu crois plein est vide d'air, parce que la présence d'autres corps ne permet pas à l'air d'occuper la même place. Ainsi, les objets que tu appelles vides sont creux, et non pas vides, car ils existent et sont pleins d'air et de fluide.

ASCLÈPIOS.

Il n'y a rien à répondre à cela, ô Trismégiste ; l'air est un corps, et ce corps pénètre tout, remplit tout ce qu'il pénètre. Mais que disons-nous du lieu où se meut l'univers ?

HERMÈS.

Il est incorporel, ô Asclèpios.

ASCLÈPIOS.

Qu'est-ce donc que l'incorporel?

HERMÈS.

L'intelligence et la raison s'embrassant elles-mêmes, libres de tout corps, exemptes d'erreur, impassibles et intangibles, restant fixes en elles-mêmes, contenant tout, conservant tous les êtres. Ses rayons sont le bien, la vérité, le principe de la lumière, le principe de l'âme.

ASCLÈPIOS.

Qu'est-ce donc que Dieu?

HERMÈS.

Dieu n'est rien de tout cela, mais il est la cause de tout en général et de chaque être en particulier. Il n'a rien laissé au non-être; tout être vient de ce qui est, et non de ce qui n'est pas. Le néant ne peut devenir quelque chose; il est dans sa nature de ne pouvoir être. La nature de l'être, au contraire, est de ne pouvoir cesser d'être.

ASCLÈPIOS.

Comment donc définis-tu Dieu?

HERMÈS.

Dieu n'est pas l'intelligence, mais la cause de l'intelligence; il n'est pas l'esprit, mais la cause de l'esprit; il n'est pas la lumière, mais la cause de la lumière. Les deux noms sous lesquels il faut honorer Dieu ne conviennent qu'à lui seul, et à aucun autre. Aucun de ceux qu'on nomme Dieux, aucun des hommes ni des démons ne peut en aucune manière être appelé bon : ce titre ne convient qu'à Dieu seul; il est le bien et n'est pas autre chose. Tous les autres êtres sont en dehors de la nature du bien; ils sont corps et âme, et il n'y a pas place en eux pour le bien. Le bien égale en grandeur l'existence de tous les êtres corporels et incorporels, sensibles et intelligibles. Tel est le bien, tel est Dieu. Ne dis donc pas d'un autre être qu'il est bon, c'est une impiété; ne dis pas de Dieu qu'il est autre chose que le bien, c'est encore une impiété. Tout le monde emploie le mot de bien, mais tout le monde n'en comprend pas le sens; aussi tout le monde ne conçoit pas Dieu, et par suite de cette ignorance, on appelle bons les Dieux et quelques-uns des hommes, quoiqu'ils ne puissent ni être bons, ni le devenir. Tous les autres Dieux sont appelés immortels, et on leur donne le nom de Dieux comme une dignité. Mais pour Dieu le bien n'est pas une dignité, c'est sa nature. Dieu et le bien sont une seule et même chose et le principe de toutes les autres; car le propre de la bonté est de tout donner sans rien recevoir. Or, Dieu donne tout et ne reçoit rien. Dieu est donc le bien, et le bien est Dieu. Son autre nom est celui de Père, à cause de son rôle de créateur; car le propre du père est de créer. C'est pourquoi la plus haute fonction de la vie et la plus sacrée est la génération, et le plus grand malheur et la plus grande impiété est de quitter la vie humaine sans avoir d'enfant. Ceux qui manquent à ce devoir sont punis par les démons après la mort. Voici quelle est leur punition : leur âme est condamnée à entrer dans un corps qui n'est ni homme ni femme, condition maudite sous le soleil. Ainsi, ô Asclèpios, n'envie pas le sort de celui qui n'a pas d'enfant, mais plains son malheur en songeant à l'expiation qui l'attend.

Tels sont, ô Asclèpios, les premiers éléments de la connaissance de la nature.

(Stobée cite deux fragments de ce morceau dans ses *Eclogues physiques*, xix, 2, et xx, 2, édition Heeren.)

III

DISCOURS SACRÉ D'HERMÈS TRISMÉGISTE

Gloire de toutes choses, Dieu, le divin et la nature divine. Principe des êtres, Dieu, l'Intelligence, la nature et la matière. La sagesse manifeste l'univers, dont [1] le divin est le principe, la nature, l'énergie, la nécessité, la fin et le renouvellement.

Il y avait des ténèbres sans limites sur l'abîme, et l'eau, et un esprit subtil et intelligent, contenus dans le chaos par la puissance divine. Alors jaillit la lumière sainte, et sous le sable les éléments sortirent de l'essence humide, et tous les Dieux débrouillèrent la nature féconde. L'univers étant dans la confusion et

---

1 Je lis ὤν au lieu de ὦν, qui serait incorrect et inintelligible. Au reste, tout ce chapitre est plein d'incorrections et d'obscurité.

le désordre, les éléments légers s'élevèrent, et les plus lourds furent établis comme fondement sous le sable humide, toutes les choses étant séparées par le feu, et suspendues pour être soulevées par l'esprit. Et le ciel apparut en sept cercles, et les Dieux se manifestèrent sous la forme des astres avec tous leurs caractères, et les astres furent comptés avec les Dieux qui sont en eux. Et l'air enveloppa le cercle extérieur, porté dans son cours circulaire par l'esprit divin. Chaque Dieu, selon sa puissance, accomplit l'œuvre qui lui était prescrite. Et les bêtes à quatre pieds naquirent, et les reptiles, et les bêtes aquatiques, et les bêtes ailées, et toute graine féconde, et l'herbe et la verdure de toute fleur ayant en soi une semence de régénération.

Et ils semèrent aussi les générations humaines pour connaître les œuvres divines et témoigner de l'énergie de la nature, et la multitude des hommes pour régner sur tout ce qui est sous le ciel et connaître le bien, pour croître en grandeur et multiplier en multitude, et toute âme enveloppée de chair par la course des Dieux circulaires, pour contempler le ciel, la course des Dieux célestes, les œuvres divines et les énergies de la nature, et pour distinguer les biens, pour connaître la puissance divine, pour apprendre à discerner le bien et le mal, et découvrir tous les arts utiles. Leur vie et leur sagesse sont réglées dès l'origine par le cours des Dieux circulaires et viennent s'y résoudre.

Et il y aura de grands et mémorables travaux sur la terre, laissant la destruction dans la rénovation des temps. Et toute génération de chair animée et de graine de fruits, et toutes les œuvres périssables seront renouvelées par la nécessité et le renouvellement des Dieux, et la marche périodique et régulière de la nature. Car le divin est l'ordonnance du monde et son renouvellement naturel, et la nature est établie dans le divin.

IV

LE CRATÈRE, OU LA MONADE

HERMÈS TRISMÉGISTE A SON FILS TAT

HERMÈS.

L'ouvrier a fait le monde, non de ses mains, mais de sa parole. Il faut te le représenter comme présent et toujours existant, comme l'auteur de tout, l'un et le seul, qui a créé les êtres par sa volonté. Son corps n'est ni tangible, ni visible, ni mesurable, ni étendu, ni semblable à aucun autre corps. Il n'est ni le feu, ni l'eau, ni l'air, ni l'esprit, mais tout vient de lui. Étant bon, il a voulu créer le monde pour soi-même et orner la terre. Comme ornement du corps divin il a placé l'homme, animal immortel et mortel. L'homme l'emporte sur les animaux par la raison et l'intelligence; il est né pour contempler les œuvres de Dieu, les admirer et en connaître l'auteur. Dieu a distribué la raison à tous les hommes, mais non l'intelligence; ce n'est pas qu'il l'ait enviée à quelques-uns, car l'envie lui est étrangère, elle naît dans les âmes des hommes qui n'ont pas l'intelligence.

TAT.

Pourquoi donc, ô père, Dieu n'a-t-il pas distribué l'intelligence à tous?

HERMÈS.

Il a voulu, ô mon fils, l'établir au milieu des âmes comme un prix à conquérir.

TAT.

Et où l'a-t-il établie?

HERMÈS.

Il en a rempli un grand cratère et l'a fait porter par un messager, lui ordonnant de crier ceci aux cœurs des hommes : « Baptisez-vous, si vous le pouvez, dans le cratère, vous qui croyez que vous retournerez à celui qui l'a envoyé, vous qui savez pourquoi vous êtes nés. » Et ceux qui répondirent à cet appel et furent baptisés dans l'Intelligence, ceux-là possédèrent la Gnose et devinrent les initiés de l'Intelligence, les hommes parfaits. Ceux qui ne le comprirent pas possèdent la raison, mais non l'intelligence, et ignorent pour quoi et par qui ils ont été formés. Leurs sensations ressemblent à celles des animaux sans raison. Composés uniquement de passions et de désirs, ils n'admirent pas ce qui est digne d'être contemplé, ils se livrent aux plaisirs et aux appétits du corps et croient que c'est là le but de l'homme. Mais ceux qui ont reçu le don de Dieu, ceux-là, ô Tat, à considérer leurs œuvres, sont immortels et non plus mortels. Ils embrassent par l'intelligence ce qui est sur la terre et dans le ciel, et ce qu'il peut y avoir au-dessus du ciel. A la hauteur où ils sont parvenus, ils contemplent le bien, et ce spectacle leur fait considérer comme un malheur leur séjour ici-bas. Dédaignant toutes les choses corporelles et incorporelles, ils aspirent vers l'Un et le Seul. Tel est, ô Tat, la science de l'intelligence : contempler les choses divines et comprendre Dieu. Tel est le bienfait du divin cratère.

TAT.

Je veux aussi y être baptisé, ô père.

HERMÈS.

Si tu ne commences par haïr ton corps, ô mon fils, tu ne peux pas t'aimer toi-même. En t'aimant toi-même, tu auras l'intelligence, et alors tu obtiendras la science.

TAT.

Que veux-tu dire, ô père?

HERMÈS.

Il est impossible, ô mon fils, de s'attacher à la fois aux choses mortelles et aux choses divines. Les êtres sont corporels ou incorporels, et c'est par là que le mortel se distingue du divin; il faut choisir l'un ou l'autre, car on ne peut s'attacher aux deux à la fois. Lorsqu'on a fait un choix, celui qu'on abandonne manifeste l'énergie de l'autre; en choisissant le meilleur, on obtient d'abord une magnifique récompense, l'apothéose de l'homme, et on montre de plus sa piété envers Dieu. Un mauvais choix est la perte de l'homme, mais sans faire de tort à Dieu ; seulement, comme ces promeneurs oisifs qui embarrassent les chemins, on passe à travers le monde, entraîné par les plaisirs du corps.

Puisqu'il en est ainsi, ô Tat, le bien qui vient de Dieu est à notre disposition, nous n'avons plus qu'à le prendre sans retard. Le mal ne vient pas de Dieu, il vient de nous-mêmes qui le préférons au bien. Tu vois, ô mon fils, combien de corps il nous faut traverser, combien de chœurs de démons et de révolutions d'étoiles pour arriver jusqu'au Dieu seul et un. Le bien est inaccessible, infini et sans bornes; par lui-même il n'a pas de commencement, mais pour nous il semble en avoir un qui est la Gnose. La Gnose n'est pas précisément le principe du bien, mais c'est par elle que nous arrivons à lui. Prenons-la donc pour guide, nous avancerons à travers tous les obstacles. Il est difficile de quitter les choses présentes et accoutumées pour revenir aux voies anciennes. Les apparences nous charment, on refuse de croire à l'invisible; or, les choses mauvaises sont apparentes, le bien est invisible aux yeux, car il n'a ni forme ni figure; il est semblable à lui-même et différent de tout le reste. L'incorporel ne peut se manifester au corps. Voilà en quoi le semblable se distingue du différent, et en quoi le différent est inférieur au semblable.

L'unité, principe et racine de toutes choses, existe dans tout comme principe et racine. Il n'y a rien sans principe; le principe ne dérive de rien que de lui-même, puisque tout dérive de lui. Il est lui-même son principe, puisqu'il n'en a pas d'autre. L'unité qui est le principe, contient tous les nombres, et n'est contenu par aucun; elle les engendre tous et n'est engendrée par aucun autre. Tout ce qui est engendré est imparfait, divisible, susceptible d'augmentation ou de diminution. Le parfait n'a aucun de ces caractères. Ce qui peut s'accroître s'accroît par l'unité, et succombe à sa propre faiblesse lorsqu'il ne peut plus recevoir l'unité.

Voilà, ô Tat, l'image de Dieu, autant qu'on peut se la représenter. Si tu la contemples attentivement, et si tu la comprends par les yeux du cœur, crois-moi, mon fils, tu trouveras la route de l'ascension, ou plutôt cette image elle-même te conduira; car telle est la vertu de la contemplation, elle enchaîne et elle attire, comme l'aimant attire le fer.

(L'avant-dernier alinéa de ce morceau est cité par Stobée, *Ecl phys.*, xi, 15.)

V

LE DIEU INVISIBLE EST TRÈS-APPARENT

DISCOURS D'HERMÈS A SON FILS TAT

Je t'adresse ce discours, ô Tat, afin que tu sois initié au nom du Dieu supérieur. Si tu le comprends, ce qui semble invisible à la plupart sera pour toi très-apparent. S'il était apparent, il ne serait pas; toute apparence est créée, puisqu'elle a été manifestée; mais l'invisible est toujours, sans avoir besoin de manifestation. Il est toujours et rend toutes choses visibles. Invisible, parce qu'il est éternel, il fait tout apparaître, sans se montrer. Incréé, il manifeste toutes choses dans l'apparence; l'apparence n'appartient qu'aux choses engendrées; elle n'est pas autre chose que la naissance. Celui qui seul est incréé est donc par cela même irrévélé et invisible, mais, en manifestant toutes choses, il se révèle en elles et par elles, à ceux surtout auxquels il veut se révéler.

Ainsi, ô mon fils Tat, prie d'abord le seigneur et le père, le seul, l'unique d'où est sorti l'unique, afin qu'il te soit propice et que tu puisses comprendre ce Dieu. Il faut pour cela qu'un de ses rayons illumine ta pensée. C'est la pensée seule qui voit l'invisible, parce qu'elle est invisible elle-même. Si tu le peux, tu le verras par les yeux de l'intelligence, ô Tat, car le seigneur n'est pas avare, il se révèle dans l'univers entier. Tu peux le comprendre, le voir, le saisir de tes mains et contempler l'image de Dieu. Mais comment pourrait-il se manifester à tes yeux, si ce qui est en toi est invisible pour toi-même? Si tu veux le voir, pense au soleil, pense au cours de la lune, pense à l'ordre des astres. Qui maintient cet ordre? car tout ordre est déterminé par le nombre et la place. Le soleil est le plus grand des Dieux du ciel, tous les Dieux célestes le reconnaissent comme leur roi et leur chef; et cet astre, plus grand que la terre et la mer, laisse rouler au-dessus de lui des astres bien plus petits que lui. Quel respect, quelle crainte l'y oblige, ô mon fils? Les courses de chacun de ces astres dans le ciel sont différentes et inégales; qui a fixé à chacun d'eux la direction et la longueur de sa course? L'Ourse tourne sur elle-même et entraîne l'univers avec elle; qui s'en sert comme d'un instrument? Qui a fixé à la mer ses limites? Qui a posé les fondements de la terre?

Il y a donc, ô Tat, un créateur et un maître de tout cet univers. La place, le nombre, la mesure ne pourraient se conserver sans un créateur. L'ordre ne peut se faire sans une place et une mesure, il faut donc un maître, ô mon fils. Le désordre en a besoin pour arriver à l'ordre; il obéit à celui qui ne l'a pas encore ordonné. Si tu pouvais avoir des ailes, voler dans l'air, et là, entre la terre et le ciel, voir la solidité de la terre, la fluidité de la mer, le cours des fleuves, la légèreté de l'air, la subtilité du feu, le cours des astres et le mouvement du ciel qui les enveloppe, ô mon fils, le magnifique spectacle! Comme tu verrais en un instant se mouvoir l'immuable, apparaître l'invisible dans l'ordre et la beauté du monde.

Si tu veux contempler le créateur, même dans les choses mortelles, dans ce qui est sur la terre ou dans les profondeurs, réfléchis, ô mon fils, à la création de l'homme dans le ventre de sa mère; examine avec soin l'art de l'ouvrier, apprends à le connaître d'après la divine beauté de son œuvre. Qui a tourné la sphère des yeux? qui a percé l'ouverture des narines et des oreilles? qui a ouvert la bouche? qui a tendu et enlacé les nerfs? qui a tracé les canaux des veines? qui a durci les os? qui a enveloppé la chair de peau? qui a séparé les doigts et les membres? qui a élargi la base des pieds? qui a creusé les pores? qui a étendu la rate? qui a formé la pyramide du cœur? qui a dilaté les flancs? qui a élargi le foie? qui a formé les cavernes des poumons, la cavité du ventre? qui a mis en évidence les parties honorables et caché les autres? Vois combien d'art sur une seule matière, quel travail sur une seule œuvre; partout la beauté, partout la proportion, partout la variété. Qui a fait toutes ces choses? quelle est la mère, quel est le père, si ce n'est l'unique et invisible Dieu qui a tout créé par sa volonté?

Personne ne prétend qu'une statue ou un tableau peut exister sans un sculpteur ou un peintre, et cette création n'aurait pas de créateur? O aveuglement, ô impiété, ô ignorance! Garde-toi, mon fils Tat, de priver l'œuvre de l'ouvrier; donne plutôt à Dieu le nom qui lui convient le mieux, appelle-le le père de toutes choses, car il est l'unique, et sa fonction propre est d'être père; et si tu veux que j'emploie une expression hardie, son essence est d'engendrer et de créer. Et comme rien ne peut exister sans créateur, ainsi lui-même n'existerait pas s'il ne créait sans cesse, dans l'air, sur la terre, dans les profondeurs, dans l'univers, dans chaque partie de l'univers, dans ce qui existe et dans ce qui n'existe pas. Car il n'y a rien dans le monde entier qui ne soit lui, il est ce qui est et ce qui n'est pas, car ce qu'il est il l'a manifesté, ce qui n'est pas il le tient en lui-même.

Tel est le Dieu supérieur à son nom, invisible et apparent, qui se révèle à l'esprit, qui se révèle aux yeux, qui n'a pas de corps et qui a beaucoup de corps, ou plutôt tous les corps, car il n'est rien qui ne soit lui et tout est lui seul. C'est pourquoi il a tous les noms, car il est le père unique, et c'est pourquoi il n'a pas de nom, car il est le père de tout. Que peut-on dire de toi, que peut-on te dire? Où porterai-je mes regards pour te bénir, en haut, en bas, en dedans, en dehors? Nulle voie, nulle place qui soit hors de toi, il n'existe pas d'autres êtres, tout est en toi, tout vient de toi, tu donnes tout et tu ne reçois rien ; car tu possèdes tout et il n'y a rien qui ne t'appartienne.

Quand te louerai-je, ô père? car on ne peut saisir ni ton temps ni ton heure. Pour quoi te louerai-je? pour ce que tu as créé, ou pour ce que tu n'as pas créé? pour ce que tu révèles ou pour ce que tu caches? Comment te louerai-je? comme m'appartenant et ayant quelque chose en propre, ou comme étant un autre? car tu es tout ce que je puis être, tu es tout ce que je puis faire, tu es tout ce que je puis dire, car tu es tout et il n'est rien que tu ne sois! Tu es tout ce qui est né et tout ce qui n'est pas né, l'intelligence pensée, le père créateur, le Dieu agissant, le bien et l'auteur de toutes choses. Ce qu'il y a de plus subtil dans la matière est l'air, dans l'air l'âme, dans l'âme l'intelligence, dans l'intelligence Dieu [1].

---

1. On peut rapprocher de ce morceau certains passages du Baghavat-Gita : « Tu es l'indivisible, le suprême objet de la science, l'appui de cet univers, l'impérissable, l'éternel gardien de la loi. Tu es de toute éternité; je te vois sans commencement, sans milieu et sans fin..... Tu es le Dieu primitif, la connaissance et l'objet de la connaissance, le lieu du monde, et par toi, ô forme infinie, s'est développé l'univers. Tu es le père et l'aïeul des générations. Adoration à toi mille fois, et encore adoration, adoration à toi! Adoration par devant, adoration par derrière, adoration à toi de toutes parts, ô universel! Ta puissance et ta force sont infinies, tu embrasses tout, et tu es tout. » (XI, 18, 38, 40.)

VI

LE BIEN EST EN DIEU SEUL ET NULLE PART AILLEURS

Le bien, ô Asclèpios, n'est nulle part ailleurs qu'en Dieu seul, ou plutôt, le bien est toujours Dieu lui-même. C'est donc une essence immuable, incréée, présente partout, ayant en elle-même une activité stable, parfaite, complète et inépuisable. L'unité est le principe de tout, le bien est la source de tout. Quand je dis le bien, j'entends ce qui est entièrement et toujours bon[1]. Or, ce bien parfait ne se trouve qu'en Dieu seul, car il n'est rien qui lui manque et dont le désir puisse le rendre mauvais, il n'est rien qu'il puisse perdre et dont la perte puisse l'affliger; la tristesse est une forme

---

1. Je suis, pour cette phrase, la traduction de Ficin, qui me paraît plus claire que le texte.

du mal. Il n'est rien de plus fort que lui et qui puisse le vaincre, il n'est rien d'égal à lui et qui puisse lui nuire ou lui inspirer un désir. Il n'est rien qui puisse, en lui désobéissant, exciter sa colère, ni rien de plus sage qu'il puisse envier.

Tout cela étant étranger à son essence, il ne lui reste que le bien, et comme dans cette essence il n'y a rien de mauvais, le bien ne peut se trouver dans aucun autre. La diversité existe dans tous les êtres particuliers petits ou grands, et même dans le plus grand et le plus fort de tous les êtres vivants. Tout être créé est passible, la naissance même étant une passion Or, où il y a passion, le bien n'existe pas ; et là où est le bien il n'y a pas de passion, de même que le jour n'est pas la nuit et que la nuit n'est pas le jour. Le bien ne peut donc exister dans la création, mais seulement dans l'incréé. La matière de toutes choses participe du bien comme de l'existence, c'est en ce sens que le monde est bon, puisqu'il produit toutes choses ; il est bon en tant qu'il crée, en tout le reste il n'est pas bon, puisqu'il est passible, mobile, et qu'il produit des êtres passibles.

Dans l'homme, lorsqu'il s'agit du bien, c'est par comparaison avec le mal ; ici-bas tout ce qui n'est pas trop mauvais est bon, et le bien n'est que le moindre mal. Mais le bien ne peut être entièrement pur de mal ici-bas ; il s'altère par le mélange du mal, et alors il cesse d'être le bien et devient le mal.

Le bien n'existe donc qu'en Dieu seul, ou Dieu est le bien. Parmi les hommes, ô Asclèpios, le bien n'existe que de nom, nullement de fait. Le bien est incompatible avec un corps matériel, enveloppé de tous côtés par les maux, par les douleurs, par les désirs, par les colères, par les erreurs, par les opinions fausses. Mais le pire de tout, ô Asclèpios, c'est qu'on regarde ici-bas comme des biens chacun des maux qu'il faudrait éviter, les excès du ventre, l'erreur qui entraîne tous les maux et qui nous éloigne du bien.

Pour moi, je rends grâces à Dieu, qui a mis dans mon intelligence la connaissance du bien, puisque le bien lui-même ne peut exister dans le monde; car le monde est la plénitude du mal, Dieu est la plénitude du bien, ou le bien, la plénitude de Dieu. Le beau rayonne autour de l'essence, c'est même là peut-être qu'elle apparaît sous sa forme la plus transparente et la plus pure. Ne craignons pas de le dire, ô Asclèpios, l'essence de Dieu, si toutefois Dieu a une essence, c'est la beauté. Le beau et le bien ne peuvent se trouver dans le monde; tous les objets visibles ne sont que des images et comme des silhouettes. C'est au delà de ce qui tombe sous les sens qu'il faut chercher le beau et le bien, et l'œil ne peut les voir parce qu'il ne peut voir Dieu ; ils en sont les parties intégrantes, les caractères propres, inséparables et très-désirables, qu'il aime ou dont il est aimé.

Si tu peux comprendre Dieu, tu comprendras le beau et le bien, le pur rayonnement de Dieu, l'incomparable beauté, le bien sans égal, comme Dieu lui-même. Autant tu comprends Dieu, autant tu comprends le beau et le bien ; ils ne peuvent être communiqués aux autres êtres, parce qu'ils ne peuvent être séparés de Dieu. Quand tu cherches Dieu, tu cherches la beauté. La seule route qui y conduise est la piété unie à la Gnose. Les ignorants, ceux qui ne marchent pas dans la voie de la piété, osent appeler l'homme beau et bon, lui qui n'a pas vu, même en rêve, ce que c'est que le bien, lui que le mal enveloppe de toutes parts, qui regarde le mal comme un bien, s'en nourrit sans se rassasier, en redoute la perte et s'efforce non-seulement de le conserver, mais de l'augmenter. Ces choses que les hommes trouvent bonnes et belles, ô Asclèpios, nous ne pouvons ni les éviter, ni les haïr, car ce qu'il y a de plus dur, c'est que nous en avons besoin et que nous ne pouvons vivre sans elles.

VII

LE PLUS GRAND MAL POUR LES HOMMES

EST L'IGNORANCE DE DIEU

Où courez-vous, hommes ivres ? Vous avez bu le vin de l'ignorance, et vous ne pouvez pas le supporter, vous le rejetez déjà. Devenez sobres et ouvrez les yeux de votre cœur, sinon tous, du moins ceux qui le peuvent. Car le fléau de l'ignorance inonde toute la terre, corrompt l'âme enfermée dans le corps et l'empêche d'entrer dans le port du salut. Ne vous laissez pas emporter par le courant; revenez, si vous le pouvez, au port du salut ! Cherchez un pilote pour vous conduire vers les portes de la Gnose, où brille l'éclatante lumière, pure de ténèbres, où nul ne s'enivre, où tous sont sobres et tournent les yeux du cœur vers celui qui veut être contemplé, l'inouï, l'ineffable, invisible aux yeux, visible à l'intelligence et au cœur.

Avant tout, il faut déchirer cette robe que tu portes, ce vêtement d'ignorance, principe de la méchanceté, chaîne de corruption, enveloppe ténébreuse, mort vivante, cadavre sensible, tombeau que tu portes avec toi, voleur domestique, ennemi dans l'amour, jaloux dans la haine. Tel est le vêtement ennemi dont tu es revêtu; il t'attire en bas vers lui, de peur que le spectacle de la vérité et du bien ne te fasse haïr sa méchanceté, découvrir les embûches qu'il te dresse, obscurcissant pour toi ce qui nous semble clair, t'étouffant sous la matière, t'enivrant d'infâmes voluptés; afin que tu ne puisses entendre ce que tu dois entendre, voir ce que tu dois voir [1].

1. On peut rapprocher ce morceau de l'épître de saint Paul aux Romains, VII, 23, 24 : « Je vois une autre loi dans mes membres qui combat contre la loi de mon intelligence et qui me rend captif de la loi du péché, laquelle est dans mes membres. Malheureux homme! qui me délivrera de ce corps de mort? »

VIII

RIEN NE SE PERD

ET C'EST PAR ERREUR QUE LES CHANGEMENTS SONT APPELÉS MORT ET DESTRUCTION

Parlons maintenant, mon fils, de l'âme et du corps, de l'immortalité de l'âme, de la constitution du corps et de sa décomposition. Car la mort n'existe pas; le mot *mortel* est vide de sens, ou n'est autre chose que le mot *immortel* ayant perdu sa première syllabe. La mort serait la destruction, et rien ne se détruit dans le monde. Si le Monde est le second Dieu, un animal immortel, aucune partie d'un être vivant et immortel ne peut mourir. Or, tout fait partie du monde, surtout l'homme, qui est l'animal raisonnable. Le premier des êtres est l'éternel, l'incréé, le Dieu créateur de toutes choses. Le second est fait à son image ; c'est le Monde qu'il a engendré, qu'il conserve et qu'il nourrit : il a reçu l'immortalité de son père, il est donc toujours vivant. L'immortalité diffère de l'éternité : l'éternel n'a pas été engendré par un autre ; il s'est produit lui-même, ou plutôt il se crée éternellement. Qui dit éternel dit universel. Le père est éternel par lui-même, le monde a reçu du père la vie perpétuelle et l'immortalité.

De toute la matière qu'il avait sous sa puissance, le père fit le corps de l'univers, lui donna une forme sphérique, en fixa les attributs et le rendit immortel et éternellement matériel. Possédant la plénitude des formes, le père répandit les attributs dans la sphère et les y enferma comme dans un antre [1], voulant orner sa création de toutes les qualités. Il entoura d'immortalité le corps de l'univers, de peur que la matière, voulant se dissoudre, ne rentrât dans le désordre qui lui est naturel. Car lorsqu'elle était incorporelle, la matière était désordonnée. Elle en conserve même ici-bas une faible trace dans la faculté d'augmentation et dans celle de diminution que les hommes nomment la mort. Ce désordre ne se produit que dans les animaux terrestres ; les corps célestes gardent l'ordre

1. La comparaison du monde avec un antre est longuement développée par Porphyre dans *l'Antre des Nymphes*.

unique qu'ils ont reçu du père dès le principe et qui se conserve indissoluble par la restitution de chacun d'eux. La restitution maintient les corps terrestres, leur dissolution les restitue aux corps indissolubles, c'est-à-dire immortels, et ainsi il y a privation de sensation et non destruction des corps.

Le troisième animal est l'homme, fait à l'image du monde ; par la volonté du père, il possède, de plus que les autres animaux terrestres, l'intelligence ; il est en rapport par la sensation avec le second Dieu, par la pensée avec le premier, il perçoit l'un comme corporel, l'autre comme l'être incorporel, l'intelligence et le bien.

TAT.

Cet animal ne meurt donc pas ?

HERMÈS.

Parle bien, mon fils, et comprends ce que c'est que Dieu, le monde, l'animal immortel, l'animal sujet à la dissolution. Comprends que le monde vient de Dieu et est en Dieu, que l'homme vient du monde et est dans le monde. Le principe, la perfection et la permanence de toutes choses est Dieu.

IX

DE LA PENSÉE ET DE LA SENSATION

LE BEAU ET LE BIEN SONT EN DIEU SEUL ET NULLE PART AILLEURS

Hier, ô Asclèpios, j'ai donné un discours d'initiation. Maintenant je crois nécessaire de le faire suivre d'un autre, et de parler de la sensation. Il paraît exister entre la sensation et la pensée cette différence que l'une est matérielle, l'autre essentielle. Chez les autres animaux la sensation, chez l'homme la pensée est unie à la nature. La pensée diffère de l'intelligence comme la divinité diffère de Dieu; la divinité naît de Dieu, la pensée naît de l'intelligence; elle est sœur de la parole et l'une sert d'instrument à l'autre. Toute parole exprime une pensée et toute pensée se manifeste par la parole. La sensation et la pensée ont donc dans l'homme une influence réciproque et sont indissolublement unies. Il n'y a pas de pensée possible sans la sensation, ni de sensation sans la pensée. On peut cependant supposer une pensée sans sensation, comme les images fantastiques qu'on voit en songe; mais il me semble que les deux actions se produisent dans le rêve, et que la sensation excitée passe du sommeil à l'état de veille. L'homme se compose d'un corps et d'une âme. Quand les deux parties de la sensation sont d'accord, alors s'exprime la pensée conçue par l'intelligence. Car l'intelligence conçoit toutes les pensées, les bonnes lorsqu'elle est fécondée par Dieu, les autres sous quelque influence démoniaque. Aucune partie du monde n'est vide de démons, je parle de démons séparés de Dieu; celui qui entre en nous y sème le germe de sa propre énergie, et l'intelligence, recevant ce germe, conçoit les adultères, les meurtres, les parricides, les sacrilèges, les impiétés, les oppressions, les renversements dans les précipices et toutes les autres œuvres des mauvais démons.

Les semences de Dieu, peu nombreuses, mais grandes, belles et bonnes, sont la vertu, la tempérance et la piété. La piété est la connaissance de Dieu [1], celui qui

1. Phrase citée par Lactance, II, 15.

la possède est rempli de tous les biens ; il conçoit des pensées divines et différentes de celles de la foule. C'est pourquoi ceux qui sont dans la Gnose ne plaisent pas à la foule et la foule ne leur plaît pas. On les croit insensés, on se moque d'eux, ils sont haïs et méprisés; ils peuvent même être mis à mort; car, nous l'avons dit, il faut que la méchanceté habite ici-bas, c'est sa place. La terre est son séjour, et non pas le monde, comme le diront quelques blasphémateurs. Mais l'homme pieux est au-dessus de tout par la possession de la Gnose. Tout est bon pour lui, même ce qui serait mauvais pour les autres. Ses méditations rapportent tout à la Gnose, et, chose merveilleuse, seul il change les maux en bien.

Je reviens à mon discours sur la sensation. L'union intime de la sensation et de la pensée est le caractère de l'homme. Tous les hommes, comme je l'ai dit, ne jouissent pas de l'intelligence; les uns sont matériels, les autres essentiels. Les méchants sont matériels et reçoivent des démons la semence de leurs pensées; ceux qui sont unis en essence avec le bien sont sauvés par Dieu. Dieu est le créateur de toutes choses et fait toutes ses créations semblables à lui, mais ces créations bonnes sont stériles dans l'action [1]. Le mouvement

---

1. En lisant διάφορα au lieu de ἄφορα, il faudrait traduire : « sont différentes par l'action, » ce qui serait plus clair.

du monde fait naître des productions diverses, les unes souillées par le mal, les autres purifiées par le bien. Le monde, ô Asclèpios, possède une sensation et une pensée, non pas semblable à celle de l'homme ni aussi variée, mais supérieure et plus simple. Le monde n'a qu'un sentiment, qu'une pensée : créer toutes choses et les faire rentrer en lui-même. Il est l'instrument de la volonté de Dieu, et son rôle est de recevoir les semences divines, de les conserver, de produire toutes choses, de les dissoudre et de les renouveler. Comme un bon laboureur de la vie, il renouvelle ses productions en les transformant, il engendre toute vie, il porte tous les êtres vivants, il est à la fois le lieu et l'ouvrier de la vie.

Les corps diffèrent quant à la matière; les uns sont formés de terre, les autres d'eau, d'autres d'air, d'autres de feu. Tous sont composés, mais les uns le sont davantage, les autres sont plus simples; les premiers sont plus lourds, les seconds plus légers. La rapidité du mouvement du monde produit la variété des genres; sa respiration fréquente étend sur les corps des attributs multiples avec la plénitude uniforme de la vie. Dieu est le père du monde, le monde est le père de ce qui est en lui; le monde est le fils de Dieu, ce qui est dans le monde lui est soumis. C'est avec raison qu'on appelle le monde κόσμος, de κοσμέω, orner, car il orne

…ut et met tout en ordre par la variété des espèces, la
…e inépuisable, l'activité constante, la nécessité du
…ouvement, la combinaison des éléments et l'ordre
…es créations. On doit donc l'appeler κόσμος, c'est le
…om qui lui convient.

Dans tous les animaux, la sensation, la pensée vient
…u dehors, du milieu ambiant; le monde l'a reçue une
…ois pour toutes à sa naissance, il la tient de Dieu.
Dieu n'est pas privé de sentiment et de pensée, comme
…e croient quelques-uns; c'est un blasphème de la su-
…erstition. Tout ce qui existe, ô Asclèpios, est en
Dieu, produit par lui et dépendant de lui; ce qui agit
par les corps, ce qui meut par l'essence animée, ce
qui vivifie par l'esprit, ce qui sert de réceptacle aux
créations mortes, tout cela est en Dieu. Et je ne dis
pas seulement qu'il contient tout, mais que véritablement il est tout. Il ne tire rien du dehors, il fait tout
sortir de lui. Le sentiment, la pensée de Dieu, c'est le
mouvement éternel de l'univers; jamais en aucun
temps il ne périra un être quelconque, c'est-à-dire
une partie de Dieu, car Dieu contient tous les êtres,
rien n'est hors de lui et il n'est hors de rien.

Ces choses, ô Asclèpios, sont vraies pour qui les
comprend; l'ignorant n'y croit pas, car l'intelligence
est la foi; ne pas croire c'est ne pas comprendre. Ma
parole atteint la vérité, l'intelligence est grande, et

peut, lorsqu'on lui montre la route, arriver à la vérité. Lorsqu'elle médite sur toutes choses, les trouvant d'accord avec les interprétations de la parole, elle croit et se repose dans cette foi bienheureuse. Ceux qui comprennent les paroles divines ont la foi. ceux qui ne comprennent pas sont incrédules. Voilà ce que j'avais à dire sur le sentiment et la pensée.

X

LA CLE

HERMÈS TRISMÉGISTE A SON FILS TAT

Je t'ai adressé mon sermon d'hier, ô Asclépios, il est juste d'adresser celui d'aujourd'hui à Tat, d'autant plus que c'est le résumé des généralités que je lui ai exposées. Dieu, le père et le bien, ô Tat, ont une même nature, ou plutôt une même énergie, car le mot de nature (φύσις), qui signifie aussi croissance, s'applique aux créations de la volonté de Dieu, changeantes ou permanentes, mobiles ou immuables, c'est-à-dire divines ou humaines; il faut le comprendre ici.

L'énergie de Dieu est la volonté; son essence est de vouloir que l'univers soit; car Dieu, le père ou le bien

n'est que l'existence de ce qui n'est pas encore. Ce[tte]
existence des êtres, voilà Dieu, voilà le père, voilà [le]
bien, ce n'est pas autre chose. Le monde ou le sole[il]
père de ce qui participe à l'être, n'est pas cep[endant]
pour les vivants la cause du bien et de la [v]ie; s[on]
action est l'effet nécessaire de la volonté du bien, sa[ns]
laquelle rien ne pourrait exister ni devenir. C'est [le]
père qui est la cause de ses enfants, de leur naissan[ce]
et de leur nourriture; le bien agit par le moyen [du]
soleil; le bien est le principe créateur. Aucun aut[re]
ne peut avoir ce caractère, de ne rien recevoir et [de]
vouloir l'existence de toutes choses. Je ne dis pas [de]
tout produire, ô Tat, car l'action créatrice est inte[r]
mittente; tantôt elle crée, tantôt elle ne crée pas; el[le]
varie en qualité et en quantité : tantôt elle produ[it]
telles et telles choses, tantôt leurs contraires. Ma[is]
Dieu est le père et le bien parce qu'il est l'existen[ce]
universelle; c'est ainsi qu'on peut le considérer. Vo[ilà]
ce qu'il veut être et ce qu'il est; il a son but en lu[i]
même et il est le but de tout le reste. Le propre d[u]
bien est d'être connu; voilà le bien, ô Tat.

TAT.

Tu nous as conduits, ô père, à la contemplation d[u]
bien et du beau, et cette contemplation a presqu[e]
sanctifié l'œil de mon intelligence, car elle n'est p[as]
comme les rayons de feu du soleil qui éblouissent

font fermer les yeux; au contraire, la contemplation du bien augmente d'autant plus la puissance du regard qu'on est plus capable de recevoir les flots de la splendeur idéale. C'est une clarté vive et pénétrante, inoffensive et pleine d'immortalité. Ceux qui peuvent s'en abreuver entrent souvent, en quittant le corps, dans la vision bienheureuse, comme nos ancêtres Ouranos et Kronos [1]. Puissions-nous leur ressembler, ô père!

HERMÈS.

Souhaitons-le, mon fils. Mais maintenant cette vision est au-dessus de nos forces; les yeux de notre intelligence ne peuvent pas encore contempler la beauté incorruptible et incompréhensible du bien. Tu la verras quand tu n'auras rien à dire d'elle; car la Gnose, la contemplation, c'est le silence et le repos de toute sensation. Celui qui y est parvenu ne peut plus penser à autre chose, ni rien regarder, ni entendre parler de rien, pas même mouvoir son corps Il n'y a plus pour lui de sensation corporelle ni de mouvement; la splendeur qui inonde toute sa pensée et toute son âme l'arrache aux liens du corps et le transforme tout entier dans l'essence de Dieu. L'âme hu-

---

1. Lactance, I, II, fait allusion à ce passage.

maine arrive à l'apothéose lorsqu'elle a contemplé la beauté du bien.

TAT.

Qu'entends-tu par l'apothéose, mon père?

HERMÈS.

Toute âme partielle, mon fils, est sujette à des changements successifs.

TAT.

Que signifie *partielle?*

HERMÈS.

N'as-tu pas appris, dans les *généralités*, que de l'âme unique de l'univers sortent toutes les âmes qui se répandent et sont distribuées dans toutes les parties du monde? Ces âmes traversent de nombreux changements, soit heureux, soit contraires. Les âmes rampantes passent dans les êtres aquatiques, celles des animaux aquatiques dans ceux qui habitent la terre, celles des animaux terrestres dans les volatiles, les âmes aériennes dans les hommes; les âmes humaines parviennent à l'immortalité en devenant des démons. Ensuite elles entrent dans le chœur des Dieux immobiles; car il y a deux chœurs de Dieux, les uns errants, les autres fixes; celui-ci est le dernier degré de l'initiation glorieuse de l'âme. Mais quand l'âme, après être entrée dans un corps humain, reste mauvaise, elle ne goûte pas l'immortalité et ne participe pas au bien. Elle retourne en arrière et redescend vers les reptiles. Telle est la punition de l'âme mauvaise, et le mal de l'âme c'est l'ignorance. L'âme aveuglée, ne connaissant rien des êtres, ni leur nature, ni le bien, est enveloppée dans les passions corporelles. La malheureuse, se méconnaissant elle-même, est asservie à des corps étrangers et abjects; elle porte le fardeau du corps; au lieu de commander, elle obéit. Voilà le mal de l'âme. Au contraire, la vertu de l'âme, c'est la Gnose; car celui qui connaît est bon, pieux et déjà divin.

TAT.

Quel est-il, ô père?

HERMÈS.

Celui qui ne prononce ni n'écoute beaucoup de paroles; passer son temps à discuter, mon fils, c'est lutter contre les ombres, car Dieu, le père, le bien, n'est ni parlé, ni entendu. Les êtres ont des sensations parce qu'ils ne peuvent exister sans elles; mais la connaissance (Gnose) diffère beaucoup de la sensation. Celle-ci est une influence qu'on subit, la connaissance est la fin de la science, et la science est un don de Dieu. Car toute science est incorporelle et emploie pour instrument l'intelligence, comme l'intelligence emploie le corps. Ainsi l'une et l'autre se servent d'un corps, soit intellectuel, soit matériel; car tout doit résulter de l'opposition des contraires, et il ne peut en être autrement.

TAT.

Quel est donc ce Dieu matériel?

HERMÈS.

Le monde, qui est beau mais non pas bon, car il est matériel et passible. Il est le premier des passibles, mais le second des êtres, et ne se suffit pas à lui même. Il est né, quoiqu'il soit toujours, mais il est dans la naissance, et il devient perpétuellement. Le devenir est un changement en qualité et en quantité ; tout mouvement matériel est une naissance. L'intelligence met la matière en mouvement et voici comment : le monde est une sphère, c'est-à-dire une tête ; au dessus de la tête rien n'est matériel, comme au-dessous des pieds rien n'est intellectuel, tout est matière. L'intelligence est sphérique, comme la tête. Tout ce qui touche à la membrane de cette tête où est placée l'âme est immortel, comme ayant un corps enveloppé d'âme et plus d'âme que de corps[1]. Mais ce qui est loin de cette membrane, là où tout a plus de corps que d'âme, est mortel. L'univers est un animal composé de matière et d'intelligence. Le monde est le premier des vivants (animaux), l'homme est le second

---

1. Je lis πλείω au lieu de πλήρη.

après le monde, et le premier des mortels ; comme les autres animaux, il est animé. Non-seulement il n'est pas bon, mais il est mauvais, comme étant mortel. Le monde n'est pas bon, puisqu'il est mobile ; mais, étant immortel, il n'est pas mauvais. L'homme, à la fois mobile et mortel, est mauvais.

Voici comment est constituée l'âme de l'homme : l'intelligence est dans la raison, la raison dans l'âme, l'âme dans l'esprit, l'esprit dans le corps. L'esprit, pénétrant par les veines, les artères et le sang, fait mouvoir l'animal et le porte pour ainsi dire. Aussi quelques-uns ont-ils cru que le sang était l'âme ; c'est mal connaître la nature ; il faut savoir que l'esprit doit d'abord retourner dans l'âme, et qu'alors le sang se coagule, les veines et les artères se vident et l'animal périt. Telle est la mort du corps ; tout dépend d'un seul principe et ce principe sort de l'unité ; il est mis en mouvement, puis redevient principe, mais l'unité est fixe et immuable. Il y a donc trois choses à considérer : d'abord Dieu, le père, le bien, puis le monde, et enfin l'homme. Dieu contient le monde, le monde contient l'homme. Le monde est le fils de Dieu, l'homme est comme le rejeton du monde. Dieu n'ignore pas l'homme, il le connaît au contraire et veut être connu de lui. Le seul salut de l'homme est la connaissance de Dieu ; c'est la voie de l'ascension vers l'Olympe; c'est par là seulement que l'âme devient bonne, non pas tantôt bonne, tantôt mauvaise, mais nécessairement bonne.

TAT.

Que veux-tu dire, ô Trismégiste?

HERMÈS.

Contemple, mon fils, l'âme de l'enfant; sa séparation n'est pas encore accomplie; son corps est petit et n'a pas encore reçu un plein développement. Elle est belle à voir, non encore souillée par les passions du corps, encore presque attachée à l'âme du monde. Mais quand le corps s'est développé et la retient dans sa masse, la séparation s'accomplit, l'oubli se produit en elle, elle cesse de participer au beau et au bien. Cet oubli devient le vice. La même chose arrive à ceux qui sortent du corps. L'âme rentre en elle-même, l'esprit se retire dans le sang, l'âme dans l'esprit. Mais l'intelligence, purifiée et affranchie de ses enveloppes, divine par sa nature, prend un corps de feu et parcourt l'espace, abandonnant l'âme au jugement et à la punition méritée.

TAT.

Que veux-tu dire, ô père? L'intelligence se sépare de l'âme et l'âme de l'esprit, puisque tu as dit que l'âme était l'enveloppe de l'intelligence, et l'esprit l'enveloppe de l'âme.

HERMÈS.

Il faut, mon fils, que l'auditeur suive la pensée de celui qui parle et qu'il s'y associe; l'oreille doit être plus fine que la voix. Ce système d'enveloppes existe dans le corps terrestre. L'intelligence toute nue ne pourrait s'établir dans un corps de terre, et ce corps passible ne pourrait contenir une telle immortalité ni porter une telle vertu. L'intelligence prend l'âme pour enveloppe; l'âme, qui est divine elle-même, s'enveloppe d'esprit, et l'esprit se répand dans l'animal. Quand l'intelligence quitte le corps terrestre, elle prend aussitôt sa tunique de feu, qu'elle ne pouvait garder lorsqu'elle habitait ce corps de terre; car la terre ne supporte pas le feu dont une seule étincelle suffirait pour la brûler. C'est pour cela que l'eau entoure la terre et lui forme un rempart qui la protége contre la flamme du feu. Mais l'intelligence, la plus subtile des pensées divines, a pour corps le plus subtil des éléments, le feu. Elle le prend pour instrument de son action créatrice. L'intelligence universelle emploie tous les éléments, celle de l'homme seulement les éléments terrestres. Privée du feu, elle ne peut construire des œuvres divines, soumise qu'elle est aux conditions de l'humanité. Les âmes humaines, non pas toutes, mais les âmes pieuses, sont démoniaques et divines. Une fois séparée du corps, et après avoir soutenu la lutte de la piété, qui consiste à connaître Dieu et à ne nuire à personne, une telle âme devient toute intelligence. Mais l'âme impie reste dans son essence propre et se punit elle-même en cherchant pour y entrer un corps terrestre, un corps humain, car un autre corps ne peut recevoir une âme humaine, elle ne saurait tomber dans le corps d'un animal sans raison; une loi divine préserve l'âme humaine d'une telle injure.

TAT.

Comment donc est-elle punie, mon père ?

HERMÈS.

Y a-t-il un plus grand châtiment que l'impiété, mon fils ? Y a-t-il une flamme plus dévorante ? Quelle morsure peut déchirer le corps autant que l'impiété déchire l'âme ? Ne vois-tu pas ce que souffre l'âme impie, criant et hurlant : « Je brûle, je cuis ! que dire, que faire, malheureuse, au milieu des maux qui me dévorent ? infortunée, je ne vois rien, je n'entends rien ! » Voilà les cris de l'âme châtiée; mais elle n'entre pas dans le corps des bêtes, comme on le croit généralement et comme tu le crois peut être toi-même, mon fils; c'est là une grave erreur. Le châtiment de l'âme est tout autre. Quand l'intelligence est devenue démon, et que, d'après les ordres de Dieu, elle a pris un corps de feu, elle entre dans l'âme impie et la flagelle du fouet de ses péchés. L'âme impie se précipite alors dans les meurtres, les injures, les blasphèmes, les violences de toutes sortes et toutes les méchancetés humaines. Mais en entrant dans l'âme pieuse, l'intelligence la conduit à la lumière de la Gnose. Une telle âme n'est jamais rassasiée d'hymnes et de bénédictions pour tous les hommes; toutes ses actions, toutes ses paroles sont des bienfaits; elle est l'image de son père. Il faut donc rendre grâces à Dieu, mon fils, et lui demander une bonne intelligence.

L'âme change de condition en mieux, mais non en pire. Il y a une communion entre les âmes; celles des Dieux communiquent avec celles des hommes, celles-ci avec celles des animaux. Les plus forts prennent soin des plus faibles, les Dieux des hommes, les hommes des animaux sans raison, et Dieu de tous, car il surpasse tout le reste et tout lui est inférieur. Le monde est soumis à Dieu, l'homme au monde, les animaux à l'homme, et Dieu est au-dessus de tout et embrasse tout. Les rayons de Dieu sont les énergies, les rayons du monde sont les créations, les rayons de l'homme sont les arts et les sciences. Les énergies agissent sur l'homme à travers le monde et par ses rayons créateurs; les créations agissent par les éléments, l'homme par les arts et les sciences. Telle est l'économie universelle, conséquence de l'unité, dont l'intelligence pénètre toutes choses. Car rien n'est plus divin et plus puissant que l'intelligence. Elle unit les Dieux aux hommes et les hommes aux Dieux. C'est elle qui est le bon démon; l'âme bienheureuse en est remplie, l'âme malheureuse en est vide.

TAT.

Que veux-tu dire, mon père?

HERMÈS.

Tu crois donc, mon fils, que toute âme a une bonne intelligence? Car c'est de celle-là que je parle, et non de celle qui est au service de l'âme et qui sert d'instrument à la justice. L'âme sans intelligence ne pourrait ni parler, ni agir. Souvent l'intelligence quitte l'âme, et dans cet état, l'âme ne voit rien, n'entend rien, et ressemble à un animal sans raison. Tel est le pouvoir de l'intelligence. Mais elle ne soutient pas l'âme vicieuse et la laisse attachée au corps, qui l'entraîne en bas. Une telle âme, mon fils, n'a pas d'intelligence, et dans cette condition, un homme ne peut plus s'appeler un homme. Car l'homme est un animal divin qui doit être comparé, non aux autres animaux terrestres, mais à ceux du ciel qu'on nomme les Dieux. Ou plutôt, ne craignons pas de dire la vérité, l'homme véritable est au-dessus d'eux ou tout au moins leur égal. Car aucun des Dieux célestes ne quitte sa sphère pour venir sur la terre, tandis que l'homme monte dans le ciel et le mesure. Il sait ce qu'il y a en haut, ce qu'il y a en bas; il connaît tout avec exactitude, et, ce qui vaut mieux, c'est qu'il n'a pas besoin de quitter la terre pour s'élever. Telle est la grandeur de sa condition. Ainsi, osons dire que l'homme est un Dieu mortel et qu'un Dieu céleste est un homme immortel.

Ainsi, toutes les choses sont gouvernées par le monde et par l'homme, et au-dessus de tout est l'Un.

(Cinq fragments de ce morceau sont cités par Stobée, *Ecl. phys*, LII, 44; L, 9; LI, 3; LII, 45; L, 8.)

XI

L'INTELLIGENCE A HERMÈS

L'INTELLIGENCE.

Mets fin à tes discours, Trismégiste Hermès, et rappelle-toi ce qui a été dit. Je ne tarderai pas à m'expliquer.

HERMÈS.

Les opinions sur l'univers et sur Dieu sont nombreuses et différentes, et je ne connais pas la vérité. Éclaire-moi, ô maître, car je n'en croirai que ta révélation.

L'INTELLIGENCE.

Apprends, mon fils, ce que c'est que Dieu et l'univers. Dieu, l'éternité, le monde, le temps, la génération (*le devenir*); Dieu fait l'éternité, l'éternité fait le monde, le monde fait le temps, le temps fait la génération. Dieu a pour essence, en quelque sorte, le bien, le beau, le bonheur, la sagesse. L'essence de l'éternité est l'identité, celle du monde est l'ordre, celle du temps est le changement, celle de la génération est la vie et la mort. Les énergies de Dieu sont l'intelligence et l'âme, celles de l'éternité la permanence et l'immortalité, celles du monde la composition et la décomposition, celles du temps l'augmentation et la diminution, celle de la génération est la qualité. L'éternité est en Dieu, le monde dans l'éternité, le temps dans le monde, la génération dans le temps. L'éternité se tient fixe en Dieu, le monde se meut dans l'éternité, le temps s'accomplit dans le monde, la génération se produit dans le temps. La puissance de Dieu est l'éternité, l'œuvre de l'éternité est le monde, qui n'a pas été produit une fois, mais qui est toujours produit par l'éternité. Aussi ne périra-t-il jamais, car l'éternité est impérissable, et rien ne se perd dans le monde, parce que le monde est enveloppé par l'éternité.

HERMÈS.

Et la sagesse de Dieu, quelle est-elle?

L'INTELLIGENCE.

Le bien, le beau, le bonheur, toute vertu et l'éternité. En pénétrant la matière, l'éternité lui donne l'immortalité et la permanence, car sa génération dépend de l'éternité, comme l'éternité dépend de Dieu. La génération et le temps sont de deux natures différentes dans le ciel et sur la terre, immuables et incorruptibles dans le ciel, mobiles et périssables sur la terre. L'âme de l'éternité est Dieu, l'âme du monde est l'éternité, l'âme de la terre est le ciel. Dieu est dans l'intelligence, l'intelligence dans l'âme, l'âme dans la matière, et tout cela à travers l'éternité. L'âme remplit ce corps universel qui contient tous les corps; l'intelligence et Dieu remplissent l'âme. Remplissant l'intérieur, enveloppant l'extérieur, l'âme vivifie l'univers : au dehors, ce grand et parfait animal, le monde; au dedans, tous les êtres vivants. Là haut, dans le ciel, elle demeure dans l'identité; ici-bas, sur la terre, elle transforme la génération. L'éternité soutient le monde par la nécessité, par la providence, par la nature; peu importe l'explication qu'on en peut donner. Dieu agit dans tout l'univers. Son énergie est une puissance souveraine à laquelle rien d'humain ou de divin ne peut se comparer. Ne crois donc pas, Hermès, que rien, ni en bas, ni en haut, soit semblable à Dieu; tu serais hors de la vérité. Rien ne ressemble au dissemblable, au seul, à l'unique. Et ne crois pas qu'un autre partage sa puissance. A quel autre attribuer la vie, l'immortalité, le changement de qualité ? Que ferait-il autre chose? Car Dieu n'est pas oisif, autrement tout serait en repos, puisque Dieu remplit tout. L'inertie n'existe ni dans le monde, ni nulle part, ni dans le créateur, ni dans la création; c'est un mot vide. Il faut que toutes choses deviennent, et toujours et partout. Car le créateur est dans tout, il n'a pas de résidence particulière; il ne crée pas une chose ou l'autre, mais toutes; sa puissance créatrice ne demeure pas dans les êtres qu'il crée, ils restent sous sa dépendance.

Contemple par moi le monde qui s'offre à tes regards, considère avec soin sa beauté, son corps impérissable, plus ancien que tout, sa vigueur toujours rajeunie et toujours croissante. Regarde aussi les sept mondes disposés dans un ordre éternel, poursuivant éternellement leurs courses différentes. La lumière partout, le feu nulle part, car de la concorde et de la combinaison des contraires et des dissemblables est née la lumière allumée par l'énergie du Dieu générateur de tout bien, chef de tout ordre, conducteur des sept mondes. La lune, qui leur sert d'avant-garde, instrument de la naissance, transformant la matière inférieure. La terre, centre immobile de ce monde magnifique, nourrice et aliment de tout ce qu'elle porte. Contemple la multitude des êtres vivants, mortels et immortels, et la lune qui marque la limite entre les uns et les autres; et l'âme qui remplit tout, qui met tout en mouvement dans le ciel et sur la terre, sans pousser la gauche sur la droite, ni la droite sur la gauche, ni le haut sur le bas, ni le bas sur le haut.

Que tout cela ait été engendré, ô mon cher Hermès, je n'ai pas besoin de te le dire; car ce sont des corps, ils ont une âme, ils sont en mouvement. Pour concourir à l'unité, il leur faut un guide. Il existe donc, et il est absolument unique; car les mouvements sont différents et multiples, les corps sont dissemblables, et pourtant la vitesse totale est une; il ne peut donc y avoir deux ou plusieurs créateurs, car plusieurs ne maintiendraient pas l'unité d'ordre. Il y aurait jalousie et lutte entre le plus faible et le plus fort. Et si l'un des deux était créateur des êtres changeants et mortels, il voudrait créer des êtres immortels, et réciproquement. Suppose qu'ils soient deux : la matière est une, l'âme est une, qui dirigera la création? S'ils possèdent quelque chose à deux, qui en aura la plus grande part? Comprends donc que tout corps vivant est composé d'âme et de matière, qu'il soit immortel, mortel ou privé de raison. Tous les corps vivants sont animés, ceux qui ne vivent pas ne sont que matière. De même l'âme seule, entre les mains du créateur, est cause de la vie. Le principe de toute vie produit des êtres immortels [1]. Comment donc les animaux mortels diffèrent-ils les uns des autres? Comment l'être immortel, qui fait l'immortalité, ne ferait-il pas les animaux?

Il y a donc évidemment un créateur, et il est très-clair qu'il est un, car l'âme est une, la matière est une, la vie est une, la matière est une. Et qui peut-il être, si ce n'est le Dieu unique? Quel autre pourrait créer les êtres animés, sinon Dieu seul? Quoi! lorsqu'il n'y a qu'un monde, un soleil, une lune, une divinité, tu voudrais que Dieu fût multiple! N'est-ce donc pas le même qui agit de plusieurs manières? Quoi d'étonnant que Dieu fasse la vie, l'âme, l'immortalité, le changement, quand toi-même tu fais tant d'actions différentes? Car tu vois, tu parles, tu entends, tu perçois les odeurs, les saveurs, tu touches les objets, tu marches, tu penses, tu respires. Et il n'y a pas un être qui voit, un autre qui parle, un autre qui touche, un autre qui flaire, un autre qui marche, un autre qui pense et un autre qui respire; c'est le même qui fait tout cela. Si quelqu'une de ces fonctions se reposait, l'animal vivant ne serait plus; de même, si Dieu se reposait de ses fonctions divines, ce qui ne peut se supposer, il ne serait plus Dieu. Car s'il est démontré que rien ne peut être inerte et oisif, à plus forte raison

1. La distinction des interlocuteurs, adoptée par M. Parthey d'après Tiedmann, n'est pas nécessaire.

Dieu. Si on pouvait supposer quelque chose qu'il ne fît pas, il serait incomplet. Mais il n'est pas oisif, il est complet, donc il fait tout.

Prête-moi encore ton attention, Hermès, tu comprendras mieux que l'œuvre de Dieu est une, c'est de faire naître ce qui naît, ce qui est né et ce qui naîtra. Cette œuvre, ô mon cher, c'est la vie, c'est le beau, c'est le bien, c'est Dieu. Si tu veux comprendre par un exemple, vois ce qui t'arrive quand tu veux engendrer; sauf une différence, c'est qu'il n'y a pas pour lui de plaisir, car personne n'est associé à son œuvre; il est à la fois le créateur et la création. S'il se séparait de son œuvre, tout s'écroulerait, tout périrait fatalement, car la vie se serait retirée. Mais si tout est vivant, et si la vie est une, Dieu est donc un. Et si tout est vivant, dans le ciel et sur la terre, si dans tout il y a une vie unique qui est Dieu, tout vient donc de Dieu.

La vie est l'union de l'intelligence et de l'âme; la mort n'est pas la destruction de ce qui était uni, mais la rupture de l'unité. [L'image de Dieu est l'éternité, de l'éternité le monde, du monde le soleil, du soleil l'homme] [1]. Les peuples appellent mort la transformation, parce que le corps se décompose et que la

---

[1] Cette phrase doit avoir été transposée par un copiste.

vie cesse d'être apparente. Mais, de la même manière, mon cher Hermès, tu peux entendre dire que le monde lui-même se transforme continuellement; chaque jour quelque partie de lui disparaît sans que jamais il se décompose. Ces révolutions et ces disparitions sont les passions (les phases) du monde. La révolution est un retour, la disparition un renouvellement. Le monde a toutes les formes; elles ne sont pas hors de lui, il se transforme en elles. Mais si le monde a toutes les formes, que sera son créateur? Il ne peut être sans forme, et si lui-même les a toutes, il sera semblable au monde. S'il a une seule forme, il sera en cela inférieur au monde. Que dirons-nous donc de lui, pour ne rien dire d'imparfait? Car on ne peut rien penser d'incomplet sur Dieu. Il a une seule forme, qui lui est propre, qui ne se montre pas aux yeux du corps et qui les manifeste toutes par les corps. Et ne t'étonne pas qu'il y ait une forme incorporelle. Il en est ainsi de la forme d'un discours ou des marges d'un manuscrit, qui dépassent les lignes et sont lisses et égales.

Réfléchis sur une parole plus hardie et plus vraie; de même que l'homme ne peut vivre sans la vie, ainsi Dieu ne peut vivre sans faire le bien. La vie et le mouvement de Dieu c'est de faire mouvoir et de faire vivre. Quelques paroles ont un sens particulier; ainsi, réfléchis à ce que je te dis : Tout est en Dieu, non comme ce qui est placé dans un lieu, car le lieu est corporel et immobile, et les choses qui sont en place n'ont pas de mouvement. Il en est dans l'incorporel autrement que dans l'apparence. Songe qu'il enveloppe tout, songe que rien n'est plus rapide, plus vaste, plus fort que l'incorporel; il dépasse tout en capacité, en vitesse, en puissance. Réfléchis d'après toi-même; ordonne à ton âme d'aller en Inde, et elle y est plus vite que ton ordre; ordonne-lui d'aller vers l'Océan, et elle y sera aussitôt, non en passant d'un lieu à un autre, mais instantanément. Ordonne-lui de monter dans le ciel et elle n'aura pas besoin d'avoir des ailes; rien ne l'arrêtera, ni le feu du soleil, ni l'éther, ni le tourbillon, ni les corps des astres; elle traversera tout et volera jusqu'au dernier corps. Veux-tu franchir cette limite et contempler ce qui est hors du monde, s'il y a quelque chose, tu le peux. Vois quelle puissance, quelle vitesse tu possèdes. Et ce que tu peux, Dieu ne le pourrait pas?

Conçois Dieu comme ayant en lui-même toutes ses pensées, le monde tout entier. Si tu ne peux t'égaler à Dieu, tu ne peux le comprendre. Le semblable comprend le semblable. Augmente-toi d'une grandeur immense, dépasse tous les corps, traverse tous les temps, deviens l'éternité et tu comprendras Dieu. Rien ne t'empêche de te supposer immortel et con-

naissant tout, les arts, les sciences, les mœurs de
tous les animaux. Élève-toi au-dessus de toute hauteur, descends au-dessous de toute profondeur; rassemble en toi toutes les sensations des choses créées,
de l'eau, du feu, du sec, de l'humide. Suppose que tu
es à la fois partout, sur la terre, dans la mer, dans le
ciel; que tu n'es jamais né, que tu es encore embryon,
que tu es jeune, vieux, mort, au-delà de la mort.
Comprends tout à la fois : les temps, les lieux, les choses, les qualités, les quantités, et tu comprendras
Dieu. Mais si tu enfermes ton âme dans le corps, si tu
l'abaisses et si tu dis : Je ne comprends rien, je ne
puis rien, je ne sais ni ce que je suis, ni ce que je serai, qu'as-tu de commun avec Dieu? Si tu es mauvais
et attaché au corps, que peux-tu comprendre des
bonnes et belles choses? La perfection du mal c'est de
méconnaître le divin ; mais pouvoir le connaître, et le
vouloir, et l'espérer, c'est le moyen d'arriver au bien
par une route directe, unie et facile. En la suivant tu
le rencontreras partout, tu le verras partout, dans le
lieu et à l'heure où tu t'y attends le moins, dans la
veille, dans le sommeil, en mer, en voyage, la nuit, le
jour, en parlant, en gardant le silence. Car il n'est
rien qui ne soit l'image de Dieu.

HERMÈS.

Dieu est-il invisible?

L'INTELLIGENCE.

Ne dis pas cela; qui est plus apparent que lui? S'il a tout créé, c'est pour que tu puisses le voir à travers toutes choses. C'est là le bien de Dieu, c'est là sa vertu, d'apparaître dans tout. Rien n'est invisible même parmi les incorporels. L'intelligence se voit dans la pensée, Dieu dans la création.

Voilà ce que j'avais à te révéler, ô Trismégiste; quant au reste, réfléchis-y en toi-même, tu ne t'égareras pas.

XII

DE L'INTELLIGENCE COMMUNE

HERMÈS TRISMÉGISTE A SON FILS TAT

L'intelligence, ô Tat, appartient à l'essence même de Dieu, si toutefois Dieu a une essence, ce que lui seul peut savoir exactement. L'intelligence n'est donc pas séparée de la nature de Dieu, elle lui est unie comme au soleil sa lumière. Cette intelligence est le Dieu qui est en nous, c'est par elle que certains hommes sont des Dieux et que leur humanité est voisine de la divinité. Le bon démon dit, en effet, que les Dieux sont des hommes immortels et que les hommes sont des Dieux mortels. Dans les animaux sans raison l'intelligence est la nature; car où il y a âme il y a intelligence, de même que là où est la vie, là aussi est une âme. Mais dans les animaux sans raison, l'âme est une vie privée d'intelligence. L'intelligence est le guide bienfaisant des âmes humaines, elle les conduit vers leur bien. Chez les animaux elle agit dans le sens de leur nature, chez l'homme en sens contraire. Car dès que l'âme est entrée dans un corps, elle est vivifiée par la douleur et le plaisir, qui sont comme des effluves émanés du corps et où l'âme descend et se plonge. L'intelligence, découvrant sa splendeur aux âmes qu'elle gouverne, lutte contre leurs tendances, de même qu'un bon médecin emploie le feu et le fer pour combattre les maladies du corps et y ramener la santé. C'est ainsi que l'intelligence afflige l'âme en l'arrachant au plaisir qui est la source de toutes ses maladies. La grande maladie de l'âme c'est l'éloignement de Dieu; c'est l'erreur qui entraîne tous les maux sans aucun bien. L'intelligence la combat et ramène l'âme au bien, comme le médecin rend la santé au corps. Les âmes humaines qui n'ont pas l'intelligence pour guide sont dans le même état que celles des animaux sans raison. L'intelligence les abandonne aux passions, qui les entraînent par l'appât du désir vers l'irrationnel, comme l'instinct irréfléchi des animaux. Leurs colères et leurs appétits, également aveugles, les poussent vers le mal sans qu'elles en soient jamais rassasiées. Contre ce débordement du mal Dieu a établi une digue, un châtiment, qui est la loi.

TAT.

Ceci, mon père, semble contredire ce que tu m'as dit précédemment au sujet de la destinée. Si tel ou tel est fatalement destiné à commettre un adultère, un sacrilége, ou quelque autre crime, pourquoi est-il puni, lorsqu'il a agi d'après une nécessité fatale?

HERMÈS.

Tout est soumis à la destinée, mon fils, et dans les choses corporelles rien n'arrive en dehors d'elle, ni bien ni mal. Il est fatal que celui qui a mal fait soit puni, et il agit afin de subir la punition de son acte. Mais laissons la question du mal et de la destinée, que nous avons traitée ailleurs. Nous parlons maintenant de l'intelligence, de sa puissance, de ses effets, différents dans l'homme et dans les animaux sans raison, sur lesquels son action bienfaisante ne s'exerce pas, tandis que chez l'homme elle éteint les passions et les désirs. Mais parmi les hommes il faut distinguer les raisonnables de ceux qui sont sans raison. Tous les hommes sont soumis à la destinée, à la nature, au devenir et au changement, qui sont le principe et la fin de la destinée, et tous les hommes souffrent ce qui leur est destiné. Mais les raisonnables, qui sont, comme nous l'avons dit, guidés par l'intelligence, ne souffrent pas ce que souffrent les autres; ils sont étrangers au mal, et, n'étant pas mauvais, ne souffrent pas de mal.

TAT.

Que veux-tu dire, ô père?

HERMÈS.

L'adultère n'est-il pas mauvais, le meurtrier n'est-il pas mauvais? Mais le sage, n'ayant pas commis d'adultère, souffrira, mais comme adultère; n'ayant pas tué, il souffrira, mais comme meurtrier[1]. Il est impossible d'échapper aux conditions du changement comme à celle de la naissance, mais celui qui a l'intelligence peut éviter le vice. Aussi, mon fils, ai-je souvent entendu dire à un bon démon, et s'il avait écrit il aurait rendu un grand service aux hommes; car lui seul, mon fils, comme le Dieu premier né, savait tout et prononçait des paroles divines; je l'ai donc entendu dire que tout est un, et surtout les corps intelligibles; que nous vivons en puissance, en acte et en éternité; aussi la bonne intelligence (de chacun) ressemble à son âme. Cela étant ainsi, rien n'est séparé des intelligibles; ainsi l'intelligence, principe de toutes choses et âme de Dieu, peut faire tout ce qu'elle veut. Réfléchis donc et rapporte cette parole à la question que

1. Cette phrase me semble obscure; il y a peut-être une incorrection ou une lacune.

tu me posais au sujet de la fatalité de l'intelligence. Car, en mettant de côté les paroles qui prêtent à la discussion, tu trouveras, mon fils, que l'intelligence, âme de Dieu, domine vraiment toutes choses, la destinée, la loi et tout le reste. Rien ne lui est impossible, ni de placer l'âme au-dessus de la destinée, ni de la soumettre à la destinée en la rendant indifférente aux accidents. C'est ainsi que parlait ce bon démon.

TAT.

C'étaient des paroles divines, vraies et utiles ; mais, encore une explication : Tu as dit que dans les animaux sans raison l'intelligence agissait conformément à la nature et dans le sens de leurs appétits. Mais les appétits des animaux sans raison sont, ce me semble, des passions ; l'intelligence est donc une passion, puisqu'elle se confond avec les passions ?

HERMÈS.

Bien, mon fils, ton objection est sérieuse et j'y dois répondre. Tout ce qu'il y a d'incorporel dans le corps est passif, et c'est là proprement ce qu'on nomme passion. Car tout moteur est incorporel et tout mobile est corporel. L'incorporel est mu par l'intelligence, et le mouvement est une passion. Le mobile, ce qui commande et ce qui obéit, sont donc également passifs. Mais en se séparant du corps, l'intelligence échappe à la passion. Ou plutôt, mon fils, il n'y a rien d'impassible, tout est passif. Mais la passion diffère du passif : l'une agit, l'autre subit. Les corps mêmes ont une énergie propre, qu'ils soient mobiles ou immobiles, c'est toujours une passion. Mais l'incorporel est toujours agité, et par conséquent passif. Ne te laisse donc pas troubler par les mots; action ou passion c'est tout un, mais il n'y a pas de mal à se servir de l'expression la plus noble.

TAT.

Cette explication est très-claire, mon père.

HERMÈS.

Remarque en outre, mon fils, que l'homme a reçu de Dieu, de plus que tous les animaux mortels, deux dons égaux à l'immortalité, savoir : l'intelligence et la raison ; et outre cela, il possède la raison énonciative (le langage). S'il fait de ces dons un emploi convenable, il ne différera en rien des immortels; sortant du corps, il s'élèvera, conduit par l'intelligence et la parole, vers le chœur des bienheureux et des Dieux.

TAT.

Les autres animaux n'ont donc pas l'usage de la parole, mon père?

HERMÈS.

Non, mon fils, ils ont seulement la voix. La parole et la voix sont deux choses très-différentes. La parole est commune à tous les hommes, la voix est différente dans chaque genre d'animaux.

TAT.

Mais, mon père, le langage diffère aussi chez les hommes d'une nation à l'autre.

HERMÈS.

Le langage est différent, mais l'homme est le même; c'est pourquoi la raison parlée est une, et par la traduction on voit qu'elle est la même en Égypte, en Perse, en Grèce. Il me semble, mon fils, que tu méconnais la vertu et la grandeur de la parole. Le Dieu bienheureux, le bon démon, a dit que l'âme est dans le corps, l'intelligence dans l'âme, le verbe (raison parlée) dans l'intelligence, et que Dieu est le père de tout cela. Le verbe est donc l'image de l'intelligence, l'intelligence est l'image de Dieu, le corps est l'image de l'idée, et l'idée l'image de l'âme. La partie la plus subtile de la matière est l'air, de l'air l'âme, de l'âme l'intelligence, de l'intelligence Dieu [1]. Dieu enveloppe et pénètre tout, l'intelligence enveloppe l'âme, l'âme enveloppe l'air, l'air enveloppe la matière. La nécessité, la providence et la nature sont les instruments du monde et de l'ordre matériel. Chacun des intelligibles est une essence, et leur essence est l'identité.

1. La même phrase se retrouve à la fin du morceau V. *Le Dieu invisible est très-apparent.*

Chacun des corps qui composent l'univers est multiple; car les corps composés ayant en eux l'identité et se transformant les uns dans les autres conservent l'identité intacte. Dans tous les autres corps composés est le nombre de chacun, car sans le nombre il ne peut y avoir ni composition, ni combinaison, ni dissolution. Les unités engendrent les nombres et l'augmentent, et, en se séparant, rentrent en elles-mêmes. La matière est une, et le monde tout entier, ce grand Dieu, image du Dieu suprême, uni à lui, gardien de l'ordre établi par la volonté du père, est la plénitude de la vie. Et il n'y a rien en lui, dans toute l'éternité de la constitution qu'il a reçue du père, il n'y a rien, ni dans l'ensemble ni dans aucune de ses parties, qui ne soit vivant. Rien de mort n'a été, n'est et ne sera dans le monde. Le père a voulu qu'il fût vivant tant qu'il durera. Il est donc nécessairement un Dieu. Comment dans un Dieu, dans l'image de l'univers, dans la plénitude de la vie, pourrait-il y avoir des choses mortes ? Un cadavre, c'est ce qui se corrompt, ce qui se détruit; comment une partie de l'incorruptible pourrait-elle être corrompue, comment pourrait-il périr quelque chose de Dieu ?

TAT.

Les êtres vivants qui sont en lui et qui sont des parties de lui ne meurent donc pas, mon père ?

HERMÈS.

Ne dis pas cela, mon fils, c'est une expression fausse; rien ne meurt, mais ce qui était composé se divise. Cette division n'est pas une mort, c'est l'analyse d'une combinaison; mais le but de cette analyse n'est pas la destruction, c'est le renouvellement. Quelle est en effet l'énergie de la vie? n'est-ce pas le mouvement? Et qu'y a-t-il d'immobile dans le monde? Rien, mon fils.

TAT.

La terre même ne le paraît pas immobile, mon père?

HERMÈS.

Non, mon fils, il y a en elle beaucoup de mouvements en même temps qu'elle est stable. Ne serait-il pas absurde de la supposer immobile, elle, la nourrice universelle, qui fait tout naître et tout grandir? Il ne peut y avoir de production sans mouvement. C'est une question ridicule de demander si la quatrième partie du monde est inerte, car un corps immobile ne signifie rien autre chose que l'inertie. Sache donc, mon fils, que tout ce qui est dans le monde, sans exception, est le siège d'un mouvement, soit d'augmentation, soit de diminution. Or, tout ce qui se meut est vivant, et la vie universelle est une transformation nécessaire. Dans son ensemble, le monde ne change pas, mon fils, mais toutes ses parties se transforment. Rien ne se détruit ou ne se perd, mais il y a une confusion dans les mots; ce n'est pas la naissance qui est la vie, c'est la sensation; ce n'est pas le changement qui est la mort, c'est l'oubli. S'il en est ainsi, tout est immortel, la matière, la vie, l'intelligence, le souffle, l'âme, tout ce qui constitue l'être vivant. Tout animal est donc immortel par l'intelligence, et surtout l'homme qui est capable de recevoir Dieu et qui participe à son essence. Car il est le seul animal qui soit en communication avec Dieu, la nuit par les songes, le jour par les symboles (présages). Dieu lui annonce l'avenir par toutes sortes de voies, par les oiseaux, par les entrailles, par le souffle, par le chêne. L'homme peut donc dire qu'il connaît le passé, le présent et l'avenir.

Considère encore ceci, mon fils, que chacun des autres animaux ne vit que dans une partie du monde : les animaux aquatiques dans l'eau, les animaux terrestres sur la terre, les volatiles dans l'air; tandis que l'homme use de tous les éléments, la terre, l'eau, l'air, le feu. Il voit même le ciel et le touche par cette sensation.

Dieu enveloppe tout et pénètre tout, car il est l'action et la puissance, et il n'y a rien de difficile à concevoir Dieu, mon fils. Mais si tu veux le contempler, mon fils, regarde l'ordre et la beauté du monde, la nécessité qui préside à ses manifestations, la providence qui règle ce qui a été et ce qui devient; vois la vie remplissant la matière, et le mouvement de ce grand Dieu avec tous les autres Dieux bons et beaux, et avec les démons et les hommes.

TAT.

Mais ce sont de pures énergies, mon père?

HERMÈS.

Si ce sont des énergies, qui les fait agir si ce n'est Dieu? Ignores-tu que si le ciel, la terre, l'eau et l'air font partie du monde, de même la vie et l'immortalité font partie de Dieu, et l'énergie, et le souffle, et la nécessité, et la providence, et la nature, et l'âme, et l'intelligence, et la permanence de toutes ces choses qu'on nomme le bien? Il n'y a rien dans ce qui est ou dans ce qui se produit où Dieu ne soit pas.

TAT.

Il est donc dans la matière, mon père?

HERMÈS.

La matière, mon fils, est hors de Dieu, si tu veux lui attribuer un lieu spécial; mais la matière qui n'est pas mise en œuvre est-elle autre chose qu'une masse confuse? Et si elle est mise en œuvre n'est-ce pas par des énergies, et nous avons dit que les énergies sont des parties de Dieu. De qui les vivants reçoivent-ils la vie et les immortels l'immortalité? Qui produit les transformations? Que ce soit matière, corps ou essence, sache que ce sont là des énergies de Dieu, énergie matérielle dans la matière, énergie corporelle dans les corps, énergie essentielle dans l'essence. Tout cet ensemble est Dieu, et dans l'univers il n'est rien qui ne soit Dieu. Ainsi il n'y a ni grandeur, ni lien, ni qualité, ni forme, ni temps au-delà de Dieu, car il est tout, il pénètre tout, il enveloppe tout. Adore cette parole et prosterne-toi, mon fils, et rends à Dieu le seul culte qui lui convienne, qui est de n'être pas mauvais.

XIII

DE LA RENAISSANCE ET DE LA RÈGLE DU SILENCE

SERMON SECRET SUR LA MONTAGNE

TAT.

Dans les discours généraux, mon père, tu as parlé par énigme sur la divinité, et tu n'as pas révélé le sens de tes paroles quand tu as dit que nul ne pouvait être sauvé sans renaître. Je m'adressai à toi en suppliant après les paroles que tu m'avais dites dans le passage de la montagne, désirant apprendre la parole de la renaissance, qui m'est plus inconnue que tout le reste, et tu m'as dit que tu me la transmettrais quand je serais devenu étranger au monde; je me préparai donc à rendre ma pensée étrangère à l'illusion du monde. Conduis-moi maintenant selon ta promesse à l'initiation dernière de la renaissance, soit par la voix, soit par un chemin caché. J'ignore, ô Trismégiste, de quelle matière, de quelle matrice, de quelle semence l'homme est né.

HERMÈS.

O mon fils, la sagesse idéale est dans le silence, et la semence est le véritable bien.

TAT.

Qui la sème, mon père, car j'ai besoin de tout apprendre ?

HERMÈS.

La volonté de Dieu, mon fils.

TAT.

Et d'où vient l'engendré, mon père ? Étant privé de l'essence intelligible qui est en moi, autre sera le Dieu engendré, le fils de Dieu.

HERMÈS.

Le tout dans le tout, composé de toutes les forces.

TAT.

C'est une énigme, mon père, et tu ne me parles pas comme un père parle à son fils.

HERMÈS.

Ce genre de vérité ne s'apprend pas, mon fils, on s'en souvient quand Dieu le veut.

TAT.

Tes paroles sont impossibles et arrachées par la force, mon père; je veux te répondre à mon tour. Suis-je un étranger, le fils d'une autre race? Ne me repousse pas, mon père, je suis ton véritable fils; explique-moi le mode de la renaissance.

HERMÈS.

Que te dirais-je, mon fils? Je n'ai rien à te dire que ceci : une vision ineffable s'est produite en moi. Par la miséricorde de Dieu, je suis sorti de moi-même, j'ai revêtu un corps immortel, je ne suis plus le même, je suis né en intelligence. Cela ne s'apprend pas par cet élément modelé à l'aide duquel on voit, et c'est pourquoi je ne m'inquiète plus de ma première forme composée, ni si je suis coloré, tangible et mesurable. Je suis étranger à tout cela. Tu me vois avec tes yeux et tu penses à un corps et à une forme visibles, ce n'est pas avec ces yeux-là que l'on me voit maintenant, mon fils.

TAT.

Tu me rends fou, tu me fais perdre la raison, mon père; je ne me vois plus moi-même maintenant.

HERMÈS.

Puisses-tu, mon fils, sortir de toi-même sans dormir, comme on est en dormant transporté dans le rêve!

TAT.

Dis-moi encore ceci : quel est le générateur de la renaissance?

HERMÈS.

Le fils de Dieu, l'homme un, par la volonté de Dieu.

TAT.

Maintenant, mon père, tu m'as rendu muet, je ne sais que penser, car je te vois toujours de la même grandeur et avec la même figure.

HERMÈS.

Tu te trompes même en cela, car les choses mortelles changent d'aspect tous les jours, le temps les augmente ou les diminue, elles ne sont que mensonge.

TAT.

Qu'est-ce donc qui est vrai, ô Trismégiste?

HERMÈS.

Ce qui n'est pas troublé, mon fils, ce qui n'a ni limites, ni couleur, ni forme : l'immuable, le nu, le lumineux; ce qui se comprend soi-même; l'inaltérable, le bien, l'incorporel.

TAT.

En vérité, je perds l'esprit, mon père. Il me semblait que tu m'avais rendu sage, et cette pensée annule mes sensations.

HERMÈS.

Il en est ainsi, mon fils; [les sens perçoivent] ce qui s'élève comme le feu, ce qui descend comme la terre, coule comme l'eau, souffle comme l'air; [mais] comment pourrais-tu saisir par les sens ce qui n'est ni solide, ni liquide, ni dur, ni mou, ce qui se conçoit seulement en puissance et en énergie. Pour comprendre la naissance en Dieu, il te faut l'intelligence seule.

TAT.

J'en suis donc incapable, mon père?

HERMÈS.

Ne désespère pas, mon fils, ton désir s'accomplira, ta volonté aura son effet: endors les sensations corporelles, et tu naîtras en Dieu; purifie-toi des bourreaux aveugles de la matière.

TAT.

J'ai donc des bourreaux en moi, mon père?

HERMÈS.

Ils ne sont pas en petit nombre, mon fils, ils sont redoutables et nombreux.

TAT.

Je ne les connais pas, mon père?

HERMÈS.

Le premier est l'ignorance, le second est la tristesse, le troisième l'intempérance, le quatrième la concupiscence, le cinquième l'injustice, le sixième l'avarice, le septième l'erreur, le huitième l'envie, le neuvième la ruse, le dixième la colère, le onzième la témérité, le douzième la méchanceté. Ils sont douze et en ont sous leurs ordres un plus grand nombre encore. Par a prison des sens, ils soumettent l'homme intérieur aux passions des sens. Ils s'éloignent peu à peu de celui que Dieu a pris en pitié, et voilà en quoi consistent le mode et la raison de la renaissance. Et maintenant, mon fils, silence et louange à Dieu, sa miséricorde ne nous abandonnera pas. Réjouis-toi maintenant, mon fils, purifié par les puissances de Dieu dans l'articulation de la parole. La connaissance de Dieu (Gnose) est entrée en nous, et aussitôt l'ignorance a disparu. La connaissance de la joie nous arrive, et devant elle, mon fils, la tristesse fuira vers ceux qui peuvent encore l'éprouver. La puissance que j'évoque après la joie, c'est la tempérance; ô charmante vertu! Hâtons-nous de l'accueillir, mon fils, son arrivée chasse l'intempérance. En quatrième lieu j'évoque la continence, la force opposée à la concupiscence. Ce degré, mon fils, est le siége de la justice; vois comme elle a chassé l'injustice sans combat. Nous sommes justifiés, mon fils, l'injustice est partie. J'évoque la sixième puissance, la communauté, qui vient en nous pour lutter contre l'avarice. Quand celle-ci est partie, j'évoque la vérité, l'erreur fuit et la réalité paraît. Vois, mon fils, la plénitude de bien qui suit l'apparition de la vérité; car l'envie s'éloigne de nous, et par la vérité le bien nous arrive avec la vie et la lumière, et il ne reste plus en nous de bourreaux de ténèbres, tous se retirent vaincus. Tu connais, mon fils, la voie de la régénération. Quand la décade est complétée, mon fils, la naissance idéale est accomplie, le douzième bourreau est chassé et nous naissons à la contemplation. Celui qui obtient de la miséricorde divine la naissance en Dieu, est affranchi des sensations corporelles, reconnaît les éléments divins qui le composent et jouit d'un bonheur parfait.

TAT.

Fortifié par Dieu, mon père, je contemple, non par les yeux, mais par l'énergie intellectuelle des puissances. Je suis dans le ciel, sur la terre, dans l'eau, dans l'air; je suis dans les animaux, dans les plantes, dans l'utérus, avant l'utérus, après l'utérus, partout. Mais, dis-moi encore ceci : comment les bourreaux des ténèbres, qui sont au nombre de douze, sont-ils chassés par les dix puissances? Quel est le mode, ô Trismégiste?

HERMÈS.

Cette tente que nous avons traversée, mon fils, est formée par le cercle zodiacal, qui se compose de signes au nombre de douze, d'une seule nature et de toutes sortes de formes. Il existe là des couples destinés à égarer l'homme et qui se confondent dans leur action. La témérité est inséparable de la colère, elles ne peuvent être distinguées. Il est donc naturel et conforme à la droite raison qu'elles disparaissent ensemble, chassées par les dix puissances, c'est-à-dire par la décade; car la décade, mon fils, est génératrice de l'âme. La vie et la lumière sont unies là où naît l'unité de l'esprit. L'unité contient donc rationnellement la décade, et la décade contient l'unité.

TAT.

Mon père, je vois l'univers et moi-même dans l'intelligence.

HERMÈS.

Voilà la renaissance, mon fils, détourner sa pensée du corps aux trois dimensions, selon ce discours sur la renaissance, que j'ai commenté, afin que nous ne soyons pas des diables (ennemis) de l'univers pour la foule à qui Dieu ne veut pas [le révéler].

TAT.

Dis-moi, mon père, ce corps composé de puissances se décompose-t-il jamais?

HERMÈS.

Ne dis pas cela, mon fils, ne dis pas de choses impossibles, ce serait une erreur et une impiété de l'œil de ton intelligence. Le corps sensible de la nature est loin de la génération essentielle. L'un est décomposable, l'autre ne l'est pas; l'un est mortel, l'autre immortel. Ignores-tu que tu es devenu Dieu et fils de l'Un ainsi que moi?

TAT.

Je voudrais, ô père! la bénédiction de l'hymne que tu as promis de me faire entendre quand je serais arrivé à l'ogdoade des puissances.

HERMÈS.

Selon l'ogdoade révélée par Poimandrès, tu te hâtes avec raison, mon fils, de sortir de la tente, car tu es purifié. Poimandrès, l'intelligence souveraine, ne m'a rien transmis de plus que ce qui est écrit, sachant que je pourrais par moi-même comprendre et entendre tout ce que je voudrais et voir toutes choses, et il m'a prescrit de faire ce qui est beau. C'est pourquoi toutes les puissances qui sont en moi le chanteront.

TAT.

Je veux, mon père, entendre cela et le comprendre.

HERMÈS.

Repose-toi, mon fils, et entends la bénédiction parfaite, l'hymne de régénération que je n'ai pas voulu révéler ainsi facilement, si ce n'est à toi, à la fin de tout. Car il ne s'enseigne pas, il se cache dans le silence. Ainsi, mon fils, tiens-toi dans un lieu découvert, et regardant vers le vent du sud, prosterne-toi au coucher du soleil, et de même à son lever du côté du vent d'est. Écoute donc, mon fils.

Hymne mystique.

Que toute la nature du monde écoute cet hymne. Ouvre-toi, terre, que tout le réservoir des pluies s'ouvre pour moi, que les arbres ne s'agitent plus. Je vais chanter le Seigneur de la création, le Tout, l'Unique. Ouvrez-vous, cieux; vents, apaisez-vous; que le cercle immortel de Dieu reçoive ma parole, car je vais chanter le créateur de l'univers, celui qui a affermi la terre, qui a suspendu le ciel, qui a ordonné à l'eau douce de sortir de l'Océan et de se répandre sur la terre habitée et inhabitée, pour la nourriture et l'usage de tous les hommes; qui a ordonné au feu de briller sur toutes les actions des hommes et des Dieux. Donnons tous ensemble la bénédiction à celui qui est au-dessus du ciel, au créateur de toute la nature. Il est l'œil de l'intelligence, qu'il reçoive la bénédiction de mes puissances. Chantez l'Un et le Tout, puissances qui êtes en moi; chantez selon ma volonté, toutes mes puissances. Gnose sainte, illuminé par toi, je chante par toi la lumière idéale, je me réjouis dans la joie de l'intelligence. Toutes mes puissances, chantez avec moi; chante, ô ma continence; ma justice, chante par moi la justice; ma communauté, chante le Tout; vérité, chante par moi la vérité; bien, chante le bien; vie et lumière, de nous à vous monte la bénédiction. Je te bénis père, énergie de mes puissances; je te bénis Dieu, puissance de mes énergies. Ton verbe te chante par moi, reçois par moi l'universel dans le verbe, le sacrifice verbal. Voilà ce que crient les puissances qui sont en moi. Elles te chantent, toi, l'universel, elles accomplissent ta volonté. Sauve l'universel qui est en nous, ô vie; illumine, ô lumière, esprit Dieu ! Car l'intelligence fait naître ta parole, créateur qui portes l'esprit! Tu es Dieu, et l'homme qui t'appartient crie ces choses à travers le feu, l'air, la terre, l'eau, l'esprit, à travers tes créations. J'ai trouvé la bénédiction dans ton éternité. Ce que je cherche, je l'ai obtenu de ta sagesse; je sais que par ta volonté j'ai prononcé cette bénédiction.

TAT.

O mon père, je t'ai placé dans mon monde.

HERMÈS.

Dis : dans l'intelligible, mon fils.

TAT.

Dans l'intelligible, mon père, je le puis. Ton hymne et ta bénédiction ont illuminé mon intelligence; je veux, moi aussi, envoyer de ma propre pensée une bénédiction à Dieu.

HERMÈS.

Ne le fais pas à la légère, mon fils.

TAT.

Dans l'intelligence, mon père, ce que je contemple, je te le dis, ô principe de la génération; moi, Tat, j'envoie à Dieu le sacrifice verbal. Dieu, tu es le père, tu es le seigneur, tu es l'intelligence; reçois le sacrifice verbal que tu veux de moi, car tout ce que tu veux s'accomplit.

HERMÈS.

Toi, mon fils, envoie au Dieu père de toutes choses le sacrifice qui lui convient; mais ajoute, mon fils : par le verbe.

TAT.

Je te remercie, mon père, de m'en avertir.

HERMÈS.

Je me réjouis, mon fils, que tu aies reçu les bons fruits de la vérité, les germes immortels. Apprends de moi à célébrer le silence de la vertu, sans révéler à personne la régénération que je t'ai transmise, de peur que nous ne soyons regardés comme des diables. Car chacun de nous a médité, moi parlant, toi écoutant. Tu as connu intellectuellement toi-même et notre père.

XIV

HERMÈS TRISMÉGISTE A ASCLEPIOS, SAGESSE

En ton absence, mon fils Tat a voulu être instruit de la nature des êtres; je n'ai pas passé outre, parce qu'il est mon fils et à cause de sa jeunesse, et, arrivant aux connaissances particulières, j'ai été obligé de m'étendre, pour lui en rendre l'explication plus facilement abordable. Mais j'ai voulu t'envoyer un extrait de ce qui a été dit de plus important, avec une interprétation plus mystique, vu ton âge plus avancé et ta science de la nature.

Tout ce qui se manifeste a eu un commencement, une naissance, et est né, non de soi-même, mais d'autre chose. Les choses créées sont nombreuses, ou plutôt, toute chose apparente, différente et non semblable, naît d'autre chose. Il y a donc quelqu'un qui les fait et qui lui-même est incréé et antérieur à toute création. Je dis que tout ce qui est né est né d'un autre, et qu'aucun être créé ne peut être antérieur à tous les autres, mais seulement l'incréé. Il est supérieur en force, un et seul vraiment sage en toutes choses, puisque rien ne l'a précédé. De lui dépendent la multitude, la grandeur, la différence des êtres créés, la continuité de la création et son énergie. En outre, les créatures sont visibles, mais lui est invisible. Il faut donc le concevoir par l'intelligence; le comprendre c'est l'admirer; qui l'admire arrive à la béatitude par la connaissance de son vénérable père.

Car il n'y a rien de meilleur qu'un père. Quel est-il, et comment le connaîtrons-nous? Faut-il le désigner par le nom de Dieu, ou par ceux de créateur ou de père, ou par ces trois noms à la fois? *Dieu* répond à sa puissance, *créateur* à son activité, *père* à sa bonté. Sa puissance est distincte de ses créatures, son énergie réside dans l'universalité de sa création. Laissons donc de côté le bavardage et les mots vides, et concevons deux termes : l'engendré et le créateur; entre eux il n'y a pas place pour un troisième. Chaque fois que tu réfléchis sur l'univers et que tu en entends parler, souviens-toi de ces deux termes, et pense qu'ils sont tout ce qui existe, sans qu'on puisse rien laisser hors d'eux, soit en haut, soit en bas, soit dans le divin, soit dans le changeant, soit dans les profondeurs. Ces deux termes, l'engendré et le créateur, comprennent tout l'univers, et sont inséparables l'un de l'autre, car il ne peut exister de créateur sans création, ni de création sans créateur. Chacun d'eux est défini par sa fonction, et ne peut pas plus s'abstraire de l'autre que de lui-même.

Si le créateur n'est pas autre que celui qui crée, fonction unique, simple et non complexe, il se crée nécessairement lui-même, car c'est en créant qu'il devient créateur. De même l'engendré naît nécessairement d'un autre; sans créateur l'engendré ne peut naître ni exister. Chacun d'eux perdrait sa propre nature s'il était séparé de l'autre. Si donc on reconnaît l'existence de deux termes, l'un créé, l'autre créant, leur union est indissoluble; l'un précède, l'autre suit; le premier est le Dieu créateur, le second est l'engendré, quel qu'il soit. Et ne crains pas que la gloire de Dieu soit abaissée par la variété de la création; son unique gloire est de produire, et cette fonction est pour ainsi dire son corps. Mais rien de mauvais ni de laid ne peut être regardé comme son œuvre. Ces accidents sont des conséquences attachées à la création comme la rouille à l'airain ou la crasse au corps. Ce n'est pas le forgeron qui fait la rouille, ni les parents qui font la crasse, ni Dieu qui fait le mal; mais, par la durée et les vicissitudes des choses créées, ces efflorescences s'y produisent, et c'est pour cela que Dieu a fait le changement, comme pour purifier la création.

Le même peintre peut faire le ciel et les Dieux, la terre, la mer, les hommes et les animaux de toute espèce, les êtres immortels et les plantes, et Dieu ne pourrait pas créer tout cela ? O folie et ignorance de la nature divine ! Cette opinion est la pire de toutes. Se prétendre plein de religion et de piété et refuser à Dieu la création de toutes choses, c'est ne pas même le connaître, et c'est joindre à cette ignorance une souveraine impiété, car c'est le croire soumis à l'orgueil, à l'impuissance, à l'ignorance et à l'envie. Car s'il ne crée pas tout, c'est par orgueil qu'il ne crée pas, ou parce qu'il ne peut pas ou ne sait pas, ou parce qu'il envierait l'existence à ses créatures; c'est une impiété de le penser. Car Dieu n'a qu'une seule passion, le bien, et la bonté exclut l'orgueil, l'impuissance et le reste. Voilà ce qu'est Dieu, le bien ayant toute puissance de tout créer. Toute créature est engendrée par Dieu, c'est-à-dire par le bien et la toute-puissance créatrice. Si tu veux savoir comment Dieu produit et comment naît la création, tu le peux; tu en as la plus belle et la plus ressemblante image dans un laboureur jetant des semences dans la terre, ici de l'orge, là du blé, ailleurs quelque autre graine ; vois-le planter une vigne, un pommier, un figuier et d'autres arbres. C'est ainsi que Dieu sème au ciel l'immortalité, sur terre le changement, partout le mouvement et la vie. Ces principes ne sont pas nombreux, ils sont faciles à compter. Il y en a quatre en tout, et ce sont eux, Dieu lui-même, et la création, qui constituent tout ce qui existe.

(Un fragment de ce morceau est cité par Cyrille, *Contre Julien*, l. II.)

LIVRE II

LIVRE II

DISCOURS D'INITIATION

ou

ASCLÈPIOS

I

[Cet Asclèpios est pour moi le soleil][1]. C'est un Dieu qui t'amène à nous, ô Asclèpios, pour te faire assister à un sermon divin, à celui qui sera le plus vraiment religieux de tous ceux que nous avons faits jusqu'ici, ou qui nous ont été inspirés d'en haut. En le comprenant, tu seras en possession de tous les biens, si toutefois il y a plusieurs biens, et s'il n'est pas plus vrai

---

1. Cette phrase doit être une note insérée dans le texte par un copiste.

qu'il n'y en a qu'un seul qui les contient tous. Car chacun d'eux est lié à un autre, tous dérivent d'un seul et n'en font qu'un, tant leurs liens réciproques en rendent la séparation impossible. C'est ce que tu comprendras en prêtant attention à ce que nous allons dire. Mais d'abord, Asclèpios, retire-toi un instant, et va chercher un nouvel auditeur de nos discours.

Asclèpios suggéra l'idée d'appeler Ammon.

Rien ne s'oppose, dit Trismégiste, à la présence d'Ammon parmi nous. Je n'ai pas oublié que je lui ai adressé, comme à un fils chéri, beaucoup d'écrits sur la nature, et d'autres relatifs à l'enseignement exotérique. Mais c'est ton nom, Asclèpios, que j'inscrirai en tête du présent traité; et n'appelle personne autre qu'Ammon, car un sermon sur les matières les plus saintes de la religion serait profané par un auditoire trop nombreux; c'est une impiété de livrer à la connaissance du grand nombre un traité tout rempli de la majesté divine.

Ammon entra dans le sanctuaire, et compléta ce quatuor sacré, rempli de la présence de Dieu. L'invitation au silence religieux sortit de la bouche d'Hermès, et, devant les âmes attentives et suspendues à ses paroles, le divin Amour [1] commença en ces termes :

---

1. L'assimilation d'Hermès avec Eros est conforme à leurs carac-

HERMÈS.

O Asclèpios, toute âme humaine est immortelle, mais cette immortalité n'est pas uniforme, elle varie dans le mode et dans le temps.

ASCLÈPIOS.

C'est que les âmes, ô Trismégiste, ne sont pas toutes d'une même qualité.

HERMÈS.

Que tu comprends vite la raison des choses, Asclèpios! Je n'ai pas encore dit que tout est un et que l'unité est tout, parce que toutes choses étaient dans le créateur avant la création, et on peut l'appeler le tout, puisque toutes choses sont ses membres. Souviens-toi donc, dans toute cette discussion, de celui qui est un et tout, du créateur de toutes choses.

Tout descend du ciel sur la terre, dans l'eau, dans l'air. Le feu seul est vivifiant, parce qu'il tend vers le haut; ce qui tend vers le bas lui est subordonné. Ce qui descend d'en haut est générateur, ce qui émane et s'élève est nourrissant. La terre seule, appuyée sur elle-même, est le réceptacle de toutes choses et reconstitue les genres qu'elle reçoit. Cet ensemble, qui contient tout et qui est tout, met en mouvement l'âme et le monde, tout ce que comprend la nature.

tètes théologiques; cependant je ne l'ai pas rencontrée ailleurs qu'ici.

Dans l'unité multiple de la vie universelle, les espèces innombrables, distinguées par leurs différences, sont unies cependant de telle sorte que l'ensemble est un, et que tout procède de l'unité. Or, cet ensemble, qui constitue le monde, est formé de quatre éléments : le feu, l'eau, la terre, l'air; un seul monde, une seule âme, un seul Dieu. Maintenant, prête-moi toute la puissance et toute la pénétration de ta pensée, car l'idée de la divinité, qui ne peut être conçue que par une assistance divine, ressemble à un fleuve rapide qui se précipite avec impétuosité; aussi dépasse-t-elle souvent l'attention des auditeurs, et même de celui qui enseigne.

II

Le ciel, Dieu visible, gouverne tous les corps; leur accroissement et leur déclin son réglés par le soleil et la lune; mais celui qui dirige le ciel, l'âme elle-même et tout ce qui existe dans le monde, est le Dieu créateur lui-même. Des hauteurs où il règne descendent de nombreux effluves qui se répandent dans le monde, dans toutes les âmes générales et spéciales, et dans la nature des choses. Le monde a été préparé par Dieu pour recevoir toutes les formes particulières. Réalisant ces formes par la nature, il a mené le monde jusqu'au ciel par les quatre éléments. Tout est conforme aux vues de Dieu, mais ce qui dépend d'en haut a été partagé en espèces de la manière suivante: Les genres de toutes choses suivent leurs espèces, de telle sorte que le genre est un tout, l'espèce est une partie du genre. Ainsi les Dieux forment un genre, les démons aussi. De même les hommes, les oiseaux et tous les êtres que le monde contient constituent des genres produisant des espèces semblables à eux.[1] Il y a un autre genre, dénué de sensation, mais non pas d'âme[2]; c'est celui de tous les êtres qui entretiennent leur vie au moyen de racines fixées dans la terre; les espèces de ce genre sont répandues partout.

Le ciel est plein de Dieu. Les genres dont nous avons parlé habitent jusqu'au lieu des êtres dont les espèces sont immortelles. Car l'espèce est une partie du genre, par exemple l'homme de l'humanité, et chacune suit la qualité de son genre. De là vient, quoique tous les genres soient immortels, que les espèces ne sont pas toutes immortelles. La divinité forme un genre dont toutes les espèces sont immortelles comme lui. Dans les autres êtres, l'éternité n'appartient qu'au genre; il meurt dans ses espèces et se conserve par la fécondité reproductrice. Il y a donc des espèces mortelles; ainsi l'homme est mortel, l'humanité est immortelle. Cependant les espèces de tous les genres se mêlent à tous les genres. Il en est de primitives; d'autres sont produites par celles-ci, par les Dieux, par les démons,

---

1. En français, quoique l'espèce soit une subdivision du genre, ces deux mots se prennent souvent l'un pour l'autre dans le langage ordinaire; ici, le genre est une collection, l'espèce un individu.

2. Il appelle *âme* ce que nous nommons la vie.

par les hommes, et toutes sont semblables à leurs
genres respectifs. Car les corps ne peuvent être formés que par la volonté divine, les espèces ne peuvent
être figurées sans le secours des démons, l'éducation
et l'entretien des animaux ne peut se faire sans les
hommes. Tous les démons qui, sortant de leur genre,
se sont par hasard unis en espèce à une espèce du
genre divin sont regardés comme voisins et consorts
des Dieux. Les espèces de démons qui conservent le
caractère de leur genre, et qu'on nomme proprement
les démons, aiment ce qui se rapporte à l'homme.
L'espèce humaine est semblable, ou même supérieure,
car l'espèce du genre humain est multiple et variée,
et produite par le concours dont il a été question plus
haut. Elle est le lien nécessaire de la plupart des
autres espèces et de presque toutes. L'homme, qui se
réunit aux Dieux par l'intelligence, qu'il partage avec
eux, et par la piété, est voisin de Dieu. Celui qui s'unit
aux démons se rapproche d'eux. Ceux qui se contentent
de la médiocrité humaine restent partie du genre humain ; les autres espèces d'hommes seront voisines
des genres aux espèces desquels ils se seront unis.

III

C'est donc, ô Asclèpios, une grande merveille que l'homme, un animal digne de respect et d'adoration. Car il passe dans la nature divine comme si lui-même était Dieu, il connaît la race des démons, et, sachant qu'il se rattache à la même origine, il méprise la partie humaine de son être pour ne s'attacher qu'à l'élément divin. Que la nature humaine est heureusement constituée et voisine des Dieux ! En s'unissant au divin, l'homme dédaigne ce qu'il y a en lui de terrestre, il se rattache par un lien de charité à tous les autres êtres, et par là il se sent nécessaire à l'ordre universel. Il contemple le ciel, et dans cet heureux milieu où il est placé il aime ce qui est au-dessous de lui, il est aimé de ce qui est au-dessus. Il cultive la terre, il emprunte la rapidité des éléments ; sa pensée pénétrante descend dans les profondeurs de la mer. Tout est clair pour lui ; le ciel ne lui semble plus trop haut, car la science l'en rapproche ; la lucidité de son esprit n'est pas offusquée par les épais brouillards de l'air, la pesanteur de la terre n'est pas un obstacle à son travail, la hauteur des eaux profondes ne trouble pas sa vue; il embrasse tout et reste partout le même.

Tous les êtres appartenant à la classe animée ont des (membres qui sont comme des) racines allant de haut en bas; chez les êtres inanimés au contraire, une seule racine allant de bas en haut supporte toute une forêt de branches. Certains êtres se nourrissent de deux éléments, d'autres d'un seul. Il y a deux sortes d'aliments pour les deux parties de l'animal, pour l'âme et pour le corps. L'âme du monde se nourrit par une agitation perpétuelle. Les corps se développent au moyen de l'eau et de la terre, aliments du monde inférieur. Le souffle qui remplit tout, se mêle à tout et vivifie tout, ajoute le sentiment à l'intelligence que, par un privilége unique, l'homme emprunte au cinquième élément, à l'éther. Dans l'homme le sentiment est élevé jusqu'à la connaissance de l'ordre divin.

Puisque je suis amené à parler du sentiment, je vous en exposerai tout à l'heure la fonction, grande et sainte comme dans la divinité elle-même. Mais terminons d'abord l'explication commencée. Je parlais de cette union avec les Dieux, privilége qu'ils n'ont accordé qu'à l'humanité. Quelques hommes seulement ont le bonheur de s'élever jusqu'à cette perception du divin qui n'existe qu'en Dieu et dans l'intelligence humaine.

ASCLÈPIOS.

Les hommes ne sentent donc pas tous de la même manière, ô Trismégiste?

HERMÈS.

Tous n'ont pas, ô Asclèpios, la vraie intelligence. Ils sont trompés lorsqu'ils se laissent entraîner à la suite de l'image sans chercher la véritable raison des choses. C'est ainsi que le mal se produit dans l'homme et que le premier de tous les êtres descend presque à la condition des brutes. Mais je vous parlerai du sentiment et de tout ce qui s'y rattache quand je m'expliquerai sur l'esprit. Car l'homme seul est un animal double. L'une des deux parties qui le composent est simple et, comme disent les Grecs, *essentielle*, c'est-à-dire formée à la ressemblance divine. La partie que les Grecs appellent *cosmique*, c'est-à-dire appartenant au monde, est quadruple et constitue le corps, qui, dans l'homme, sert d'enveloppe à l'élément divin. Cet élément divin et ce qui s'y rattache, les sens de l'intelligence pure, s'abritent derrière le rempart du corps.

IV

ASCLÈPIOS.

Pourquoi donc fallait-il, ô Trismégiste, que l'homme fût placé dans le monde, au lieu de jouir de la suprême béatitude dans la partie divine de son être ?

HERMÈS.

Ta question est naturelle, ô Asclèpios, et je prie Dieu de m'aider à y répondre, car tout dépend de sa volonté, surtout les grandes choses qui sont en ce moment l'objet de nos recherches ; écoute-moi donc, Asclèpios. [1] Le seigneur et l'auteur de toutes choses, que nous appelons Dieu, créa un second Dieu, visible et sensible ; je l'appelle ainsi non parce qu'il sent lui-même, car ce n'est pas ici le lieu de traiter cette

---

1. Le passage suivant jusqu'à : *il voulut donc*, etc., est cité par Lactance, IV, 6. Il n'y a que de très-légères différences entre le texte de cette citation et la version latine.

question, mais parce qu'il est perçu par les sens. Ayant donc créé cet être unique, qui tient le premier rang parmi les créatures et le second après lui, il le trouva beau et rempli de tous les biens, et il l'aima comme son propre enfant. Il voulut donc qu'un autre pût contempler cet être si grand et si parfait, qu'il avait tiré de lui même, et à cet effet il créa l'homme, doué de raison et d'intelligence. La volonté de Dieu, c'est l'accomplissement absolu ; vouloir et accomplir, c'est pour lui l'œuvre d'un même instant. Et comme il savait que l'essentiel ne pouvait connaître toutes choses sans être enveloppé par le monde, il lui donna un corps pour demeure. Il voulut qu'il eût deux natures, il les unit intimement et les mêla dans une juste mesure.

C'est ainsi qu'il forma l'homme d'esprit et de corps, d'une nature éternelle et d'une nature mortelle, afin qu'un animal ainsi constitué pût, en raison de sa double origine, admirer et prier ce qui est céleste et éternel, cultiver et gouverner ce qui est sur la terre [1] ; je parle ici des choses mortelles, non pas des deux éléments soumis à l'homme, la terre et l'eau, mais des choses qui viennent de l'homme, sont en lui ou dépendent de lui, comme la culture du sol, les pâtura-

1. La phrase précédente est citée par Lactance, VII, 13. Il y a dans la version latine de légères différences qui rendent le sens plus clair.

ges, la construction, les ports, la navigation, les communications, les échanges réciproques qui sont le lien le plus fort entre les hommes. La terre et l'eau forment une part du monde, et cette part terrestre est entretenue par les arts et les sciences, sans lesquelles le monde serait imparfait aux yeux de Dieu. Or, ce qui plaît à Dieu est nécessaire, et l'effet accompagne sa volonté ; on ne peut croire que ce qui lui a plu cesse de lui plaire, car il savait d'avance ce qui serait et ce qui lui plairait.

V

Mais je m'aperçois, ô Asclèpios, que tu as hâte de savoir comment le ciel et ceux qui l'habitent peuvent être l'objet du choix et du culte de l'homme; apprends-le donc, ô Asclèpios. Choisir le Dieu du ciel et tous ceux qui sont en lui, c'est leur rendre de fréquents hommages; or, de tous les êtres animés, divins et humains, l'homme seul est en état de les rendre. L'admiration, l'adoration, les louanges, les hommages de l'homme réjouissent le ciel et les célestes, et le chœur des Muses a été envoyé au milieu des hommes par la grande divinité pour que le monde terrestre ne fût pas privé de la douce culture des hymnes, ou plutôt, pour que la voix humaine célébrât celui qui seul est tout, puisqu'il est le père de toutes choses, et pour que les suaves harmonies de la terre s'unissent toujours aux célestes concerts. Quelques hommes peu nombreux et doués d'une intelligence pure sont chargés de cette sainte fonction de regarder le ciel. Ceux chez qui la confusion des deux natures enchaîne l'intelligence sous la masse du corps sont préposés à l'entretien des éléments inférieurs. L'homme n'est donc pas abaissé pour avoir une partie mortelle, au contraire cette mortalité augmente ses aptitudes et sa puissance ; ses doubles fonctions ne lui sont accessibles que par sa double nature ; il est constitué de manière à embrasser à la fois le terrestre et le divin. Je souhaite, ô Asclèpios, que tu apportes à cette explication toute l'attention et toute l'ardeur de ton esprit, car plusieurs manquent de foi au sujet de ces choses. Et maintenant, je vais développer des principes vrais, pour l'instruction des plus saintes intelligences.

VI

Le maître de l'éternité est le premier Dieu, le monde est le second, l'homme est le troisième. Dieu, créateur du monde et de tout ce qu'il contient, gouverne tout cet ensemble et le soumet au gouvernement de l'homme. Celui-ci en fait l'objet de son activité propre, de sorte que le monde et l'homme sont l'ornement l'un de l'autre, et c'est avec raison que le monde en grec s'appelle κόσμος. L'homme se connaît et connaît le monde ; il doit donc distinguer ce qui est en rapport avec lui, ce qui est à son usage et ce qui a droit à son culte ; en adressant à Dieu ses louanges et ses actions de grâces, il doit vénérer le monde, qui en est l'image, et se souvenir que lui-même est la seconde image de Dieu ; car Dieu a deux images, le monde et l'homme. La nature de l'homme étant complexe, cette part de lui qui se compose d'âme, de sentiment, d'esprit et de raison, est divine, et des éléments supérieurs semble pouvoir monter au ciel; tandis que la partie cosmique, mondaine, formée de feu, d'eau, de terre et d'air, est mortelle et reste sur la terre, afin que ce qui est emprunté au monde lui soit restitué. C'est ainsi que l'humanité se compose d'une partie divine et d'une partie mortelle, le corps. La règle de cet être double, qui est l'homme, est la religion, qui a pour conséquence la bonté. La perfection est atteinte quand la vertu de l'homme le préserve des désirs et lui fait mépriser tout ce qui lui est étranger. Car les choses terrestres, dont le corps désire la possession, sont étrangères à toutes les parties de la divine pensée. On peut les appeler des possessions, car elles ne sont pas nées avec nous, elles ont été acquises plus tard. Elles sont donc étrangères à l'homme, et le corps lui-même nous est étranger, de sorte qu'il faut mépriser et l'objet du désir et ce qui nous rend accessibles au désir.

Donner à la raison la direction de l'âme, tel est le devoir de l'homme afin que la contemplation du divin lui fasse prendre en mépris et en dédain cette partie mortelle qui lui a été unie pour la conservation du monde inférieur. Pour que l'homme fût complet dans ses deux parties, remarque que chacune d'elles possède quatre subdivisions binaires, les deux mains et les deux pieds, qui, avec les autres organes du corps, le mettent en rapport avec le monde inférieur ou terrestre; et, d'autre part, quatre facultés : le sentiment, l'âme, la mémoire et la prévoyance, qui lui permettent de connaitre et de percevoir les choses divines. Il peut donc embrasser dans ses investigations les différences, les qualités, les effets, les quantités. Mais s'il est trop entravé par le poids du corps, il ne peut pénétrer la véritable raison des choses.

Quand l'homme, ainsi formé et constitué, ayant reçu pour fonction du Dieu suprême le gouvernement du monde et le culte de la divinité, s'est bien acquitté de cette double tâche et a obéi à la volonté divine, quelle doit être sa récompense? Car si le monde est l'œuvre de Dieu, celui qui, par ses soins, en entretient et en augmente la beauté, est l'auxiliaire de la volonté divine, employant son corps et son travail de chaque jour au service de l'œuvre sortie des mains de Dieu. Quelle peut être sa récompense, si ce n'est celle qu'ont obtenue nos ancêtres? Qu'il plaise à la bonté divine de nous l'accorder aussi; tous nos vœux et toutes nos prières tendent à l'obtenir; puissions-nous, délivrés de la prison du corps et de nos chaînes mortelles, être rendus, purs et sanctifiés, à la partie divine de notre nature.

ASCLÈPIOS.

Ce que tu dis est juste et vrai, ô Trismégiste. Tel est le prix de la piété envers Dieu, des soins donnés à l'entretien du monde. Mais le retour au ciel est refusé à ceux qui ont vécu dans l'impiété; une peine leur est imposée à laquelle échappent les âmes saintes : la migration dans d'autres corps. La suite de ce discours nous amène, ô Trismégiste, à l'espérance d'une éternité future de l'âme, conséquence de sa vie dans le monde. Mais cet avenir est difficile à croire pour les uns, pour les autres c'est une fable, pour d'autres peut-être un sujet de moqueries. Car c'est une douce chose que de jouir de ce qu'on possède dans la vie corporelle. Voilà le mal qui, comme on dit, tourne la tête à l'âme, l'attache à sa partie mortelle, l'empêche de connaître sa partie divine et lui envie l'immortalité. Car, je te le dis par une inspiration prophétique, nul après nous ne choisira la voie simple de la philosophie, qui est tout entière dans l'application à la connaissance du divin et dans la sainte religion. La plupart l'égarent dans des questions différentes. Comment donc y rattachent-ils une philosophie qui ne doit pas y être comprise, ou comment y mêlent-ils des questions diverses?

HERMÈS.

O Asclèpios, ils y mêlent, à force de subtilités, diverses sciences qui n'y sont pas comprises, l'arithmétique, la musique, la géométrie. Mais la pure philosophie, dont l'objet propre est la divine religion, ne doit s'occuper des autres sciences que pour admirer les phases régulières des astres, leurs positions et leurs courses réglées par les nombres. Qu'elle admire aussi les dimensions de la terre, les qualités, les quantités, la profondeur de la mer, la puissance du feu, et connaisse les effets de toutes ces choses et la nature; qu'elle adore l'art, et l'ouvrier et sa divine intelligence. Quant à la musique, on la connaît quand on connaît la raison et la divine ordonnance des choses. Car cet ordre qui classe chacune d'elles dans l'unité de l'ensemble est vraiment un admirable concert et une divine mélodie.

ASCLÉPIOS.

Que seront donc les hommes après nous ?

HERMÈS.

Trompés par les subtilités des sophistes, ils se détourneront de la vraie, pure et sainte philosophie. Adorer la divinité dans la simplicité de la pensée et de l'âme, vénérer ses œuvres, bénir sa volonté qui seule est la plénitude du bien, voilà la seule philosophie qui ne soit pas viciée par l'inutile curiosité de l'esprit. C'en est assez sur ce sujet.

VII

Commençons à parler de l'esprit et autres choses semblables. Il y avait Dieu et Hylè, c'est ainsi que les Grecs appellent la matière ou substance du monde. L'esprit était avec le monde, mais non de la même manière qu'avec Dieu. Ces choses dont se compose le monde ne sont pas Dieu, aussi n'existaient-elles point avant leur naissance, mais elles étaient déjà dans ce qui devait les produire. Car en dehors de la création il n'y a pas seulement ce qui n'est pas encore né, mais ce qui est privé de fécondité génératrice et ne peut rien faire naître. Tout ce qui a la puissance d'engendrer contient en germe tout ce qui peut en naître, car il est facile à ce qui est né de soi de faire naître ce qui produit tout. Donc le Dieu éternel ne peut et n'a pu naître; il est, il a été, il sera toujours. La nature de Dieu est d'être son propre principe. Mais la matière ou la nature du monde et l'esprit, quoique paraissant nés dès l'origine, possèdent la puissance de naître et de procréer, la force féconde. Car le commencement est dans la qualité de la nature qui possède en elle-même la puissance de conception et de production. Elle est donc sans intervention étrangère, principe de création. Il en est autrement de ce qui possède seulement la force de conception par le mélange avec une autre nature. Le lieu du monde et de tout ce qu'il contient semble n'être pas né, et il a en lui toute la nature en puissance. J'appelle lieu ce qui contient toutes choses, car elles n'auraient pu être sans avoir un lieu pour les contenir. Tout ce qui existe a besoin d'une place; ni qualités, ni quantités, ni positions, ni effets ne pourraient se distinguer dans des choses qui ne seraient nulle part. Ainsi le monde, quoiqu'il ne soit pas né, a en lui le principe de toute naissance, puisqu'il offre à toutes choses un sein propre à leur conception. Il est donc la somme de qualités et de matière susceptible d'être créée, quoique non créée encore.

La matière, étant féconde en toute qualité, peut aussi engendrer le mal. J'écarte donc, ô Asclèpios et Ammon, la question posée par plusieurs : « Dieu pouvait-il retrancher le mal de la nature des choses? » Il n'y a absolument rien à leur répondre; mais pour vous je poursuivrai le discours commencé et je donnerai des explications. Ils disent que Dieu aurait dû préserver le monde du mal; or, le mal est dans le monde comme un membre qui en fait partie. Le souverain Dieu y a pourvu autant qu'il était raisonnable et possible, quand il a daigné accorder à l'humanité le sentiment, la science et l'intelligence. Par ces facultés qui nous placent au-dessus des autres animaux, nous pouvons seuls échapper aux piéges du mal et aux vices. L'homme sage et garanti par l'intelligence divine sait s'en préserver dès qu'il les voit et avant de s'y être laissé entraîner. Le fondement de la science est la souveraine bonté. L'esprit gouverne et fait vivre tout ce qui est dans le monde ; c'est un instrument ou une machine qu'emploie la volonté du souverain Dieu. Ainsi nous devons comprendre, par la seule intelligence, le suprême intelligible qu'on nomme Dieu. Par lui est dirigé cet autre Dieu sensible qui comprend tous les lieux, toutes les substances, la matière de tout ce qui engendre et produit, en un mot, tout ce qui est.

Quant à l'esprit, il fait mouvoir ou gouverne tous les êtres particuliers qui sont dans le monde, selon la nature que Dieu leur a assignée. La matière, Hylè, ou le monde, est le réceptacle, le mouvement, la répétition de toutes les choses que Dieu gouverne, dispensant à chacune d'elles ce qui lui est nécessaire, les remplissant d'esprit selon leurs qualités. La forme du monde est celle d'une sphère creuse, ayant en elle-même la cause de sa qualité ou de sa forme entièrement invisible ; si, choisissant un point quelconque de sa surface, on voulait en regarder le fond, on ne pourrait rien voir. Elle ne paraît visible que par les formes spéciales dont les images semblent gravées sur elle ; elle se montre en effigie, mais en réalité elle est toujours invisible pour elle-même. C'est pourquoi le centre, la partie inférieure de la sphère, si toutefois c'est un lieu, s'appelle en grec ἅδης, invisible, de εἰδεῖν voir, parce qu'on ne peut voir le centre d'une sphère. Aussi les espèces ou apparences s'appellent-elles idées, ἰδέαι, parce que ce sont les formes de l'invisible. Ce fond de la sphère, que les Grecs appellent Adès, parce qu'il est invisible, les latins le nomment Enfer, à cause de sa position inférieure. Tels sont les principes primordiaux, les sources premières de toutes choses. Tout est en eux ou par eux, ou vient d'eux.

ASCLÉPIOS.

Ces principes sont donc, ô Trismégiste, la substance universelle de toutes les apparences particulières ?

HERMÈS.

Le monde nourrit les corps, l'esprit nourrit les

âmes; la pensée, don céleste qui est l'heureux privilége de l'humanité, nourrit l'intelligence; mais un petit nombre seulement ont une intelligence capable de recevoir un tel bienfait. C'est une lumière qui illumine l'intelligence comme le soleil illumine le monde et plus encore, car la lumière du soleil est souvent interceptée par la lune, ou par la terre quand vient la nuit; mais quand la pensée a pénétré une fois dans l'âme humaine, elle se mêle intimement à sa nature, et l'intelligence ne peut plus être obscurcie par aucun brouillard. C'est pourquoi on a dit avec raison que les âmes des Dieux sont des intelligences; pour moi, je ne dis pas cela de tous, mais des grands Dieux supérieurs.

VIII

ASCLEPIOS.

Quels sont, ô Trismégiste, les principes primordiaux des choses ?

HERMÈS.

Je te révèle de grands et divins mystères, et au début de cette initiation j'implore la faveur du ciel. Il y a plusieurs classes de Dieux, et dans tous il y a une partie intelligible. Ce n'est pas qu'on suppose qu'ils ne tombent pas sous nos sens ; nous les percevons, au contraire, mieux encore que ceux qu'on nomme visibles, comme cette discussion te l'enseignera. Tu le reconnaîtras si tu y apportes toute ton attention, car cet ordre d'idées si sublime, si divin, si élevé au-dessus de l'intelligence de l'homme, exige une attention soutenue, sans laquelle les paroles s'envolent et traversent l'esprit, ou plutôt remontent à leur source et s'y perdent.

Il y a donc des Dieux supérieurs à toutes les apparences; après eux viennent les Dieux dont l'essence est le principe; ces Dieux sensibles, conformément à leur double origine, manifestent toutes choses par la nature sensible, chacun d'eux éclairant ses œuvres les unes par les autres. L'*Ousiarque* du ciel, ou de tout ce qui est compris sous ce nom, est Zeus, car c'est par le ciel que Zeus donne la vie à toutes choses. L'*Ousiarque* du soleil est la lumière, car c'est par le disque du soleil que nous recevons le bienfait de la lumière. Les trente-six Horoscopes des étoiles fixes ont pour Ousiarque, ou prince, celui qu'on nomme *Pantomorphos*, ou omniforme, parce qu'il donne des formes diverses aux diverses espèces. Les sept planètes, ou sphères errantes, ont pour ousiarques la Fortune et la Destinée, qui maintiennent l'éternelle stabilité des lois de la nature à travers les transformations incessantes et l'éternelle agitation. L'air est l'instrument, la machine par laquelle tout se produit; son ousiarque [1]..... Ainsi du centre aux parties extrêmes tout se meut, et les rapports s'établissent d'après les analogies naturelles : ce qui est mortel se rapproche de ce qui est mortel,

---

1. La fin de cette phrase me paraît altérée et n'a aucun sens.

ce qui est sensible de ce qui est sensible. La direction suprême appartient au maître suprême, de sorte que la diversité se résout dans l'unité. Car toutes choses dépendent de l'unité ou en découlent, et comme elles semblent distantes les unes des autres, on croit qu'elles sont plusieurs, mais dans leur ensemble elles ne forment qu'un principe ou deux. Ces deux principes, d'où tout procède et par qui tout existe, sont la matière dont les choses sont formées et la volonté de celui qui les diversifie.

ASCLÈPIOS.

Quelle est la raison de ceci, ô Trismégiste?

HERMÈS.

La voici, Asclèpios : Dieu, le père, le seigneur universel, ou quel que soit le nom encore plus saint et plus religieux qu'on pourra lui donner, et qui, à cause de notre intelligence, doit être sacré entre nous; mais en considérant sa divinité, nous ne pouvons le définir par aucun de ces noms. Car cette voix est un son provenant de la percussion de l'air et déclarant toute volonté de l'homme, ou la perception que son esprit a reçu par les sens. Ce nom, composé d'un nombre déterminé de syllabes pour servir de lien entre la voix et l'oreille, et de plus la sensation, le souffle, l'air, tout ce qui y est contenu, tout ce qui s'y rattache, voilà tout ce qu'exprime le nom de Dieu, et je ne crois pas qu'un nom, quelque complexe qu'il soit, puisse désigner le principe de toute majesté, le père et le maître de toutes choses. Mais il est nécessaire de lui donner un seul nom, ou plutôt tous les noms, puisqu'il est un et tout; il faut, ou dire que toutes choses sont son nom, ou le nommer des noms de toutes choses. Lui donc qui est seul et tout, possédant la pleine et entière fécondité des deux sexes, toujours fécondé par sa propre volonté, enfante tout ce qu'il a voulu procréer. Sa volonté est la bonté universelle, la même bonté qui existe en toutes choses. La nature est née de sa divinité, afin que toutes choses soient comme elles sont, comme elles ont été, et que la nature suffise à faire naître d'elle tout ce qui naîtra dans l'avenir. Voilà, ô Asclèpios, pourquoi et comment toutes choses ont les deux sexes.

ASCLÈPIOS.

Tu le dis donc de Dieu, ô Trismégiste?

HERMÈS.

Non-seulement de Dieu, mais de tous les êtres animés et inanimés. Car il est impossible que quelqu'une des choses qui existent soit stérile. Supprimons la fécondité de toutes les choses qui existent, il sera impossible qu'elles soient toujours ce qu'elles sont. Car je dis que cette [loi de génération] est contenue dans la nature, dans l'intelligence, dans le monde, et conserve tout ce qui est né. Les deux sexes sont pleins de procréation, et leur union, ou plutôt leur unification incompréhensible peut être appelé Éros (Cupidon), ou Aphrodite (Vénus), ou de ces deux noms à la fois. Si l'esprit conçoit quelque chose de plus vrai et de plus clair que toute vérité, c'est ce devoir de procréer que le Dieu de l'universelle nature a imposé à jamais à tous les êtres, et auquel il a attaché la suprême charité, la joie, la gaieté, le désir et le divin amour. Il faudrait montrer la puissance et la nécessité de cette loi si chacun ne pouvait la reconnaître et l'observer par le sentiment intérieur. Considère, en effet, qu'au moment où la vie descend du cerveau, les deux natures se confondent, et l'une saisit avidement et cache en elle-même la semence de l'autre. A ce moment, par l'effet de cet enchaînement mutuel, les femelles reçoivent la vertu des mâles, et les mâles reposent sur le corps des femelles. Ce mystère si doux et si nécessaire s'accomplit en secret, de peur que la divinité des deux natures ne fût contrainte de rougir devant les railleries des ignorants, si l'union des sexes était exposée aux regards irréligieux. Or, les hommes pieux ne sont pas nombreux dans le monde, ils sont même rares et on pourrait facilement les compter. Dans la plupart la malice demeure par défaut de prudence et de science des choses de l'univers.

L'intelligence de la divine religion, base de toutes choses, fait mépriser tous les vices qui sont dans le monde, et en fournit le remède; mais quand l'ignorance se prolonge, les vices se développent et font à l'âme une blessure incurable. Infectée par les vices, l'âme est comme gonflée de poisons et ne peut être guérie que par la science et l'intelligence. Poursuivons donc cet enseignement, dût-il ne profiter qu'à un petit nombre, et apprends pourquoi à l'homme seul Dieu a donné une part de son intelligence et de sa science. Écoute donc, ô Asclèpios.

Dieu, le père et le seigneur, après les Dieux forma les hommes par l'union en proportions égales de la partie corruptible du monde et de sa partie divine, et il arriva que les défauts du monde restèrent mêlés au corps. Le besoin de nourriture, qui nous est commun avec tous les animaux, nous soumet aux désirs et à tous les autres vices de l'âme. Les Dieux, formés de la partie la plus pure de la nature, n'ont pas besoin du secours du raisonnement et de l'étude; l'immortalité et l'éternelle jeunesse sont pour eux la sagesse et la science. Cependant, en vue de l'unité d'ordre, et afin qu'ils ne fussent point étrangers à ces choses, Dieu leur a donné pour raison et pour intelligence la loi éternelle de la nécessité. Seul entre tous les animaux, pour éviter ou vaincre les maux du corps, l'homme a le secours de la raison et de l'intelligence, et l'espoir de l'immortalité. L'homme, créé bon et pouvant être immortel, a été formé de deux natures, l'une divine et l'autre mortelle, et en le formant ainsi, la volonté divine l'a rendu supérieur aux Dieux qui n'ont que la nature immortelle, aussi bien qu'à tous les êtres mortels. C'est pourquoi l'homme, uni par un lien étroit avec les Dieux, leur rend un culte religieux, et les Dieux, à leur tour, veillent sur les choses humaines avec une douce affection. Mais je ne parle ici que des hommes pieux; quant aux méchants, je n'en veux rien dire, pour ne pas souiller, en m'arrêtant sur eux, la sainteté de ce discours.

IX

Et puisque nous sommes amenés à parler de la parenté et de la ressemblance des hommes et des Dieux, connais, ô Asclèpios, le pouvoir et la force de l'homme. Comme le seigneur et le père, ou, ce qui est le terme le plus élevé, Dieu, est le créateur des Dieux célestes, ainsi l'homme est créateur des Dieux qui sont dans les temples, contents de la proximité de l'homme, et non-seulement sont illuminés, mais encore illuminent. Cela en même temps profite à l'homme et affermit les Dieux. Admires-tu, ô Asclèpios, ou manques-tu de foi comme plusieurs?

ASCLÈPIOS.

Je suis confondu, ô Trismégiste; mais, m'accordant volontiers à tes paroles, je juge très-heureux l'homme qui a obtenu une telle félicité.

HERMÈS.

Certes, il mérite qu'on l'admire, celui qui est le plus grand de tous les Dieux. Car leur race est formée de la partie la plus pure de la nature, sans mélange d'autres éléments, et leurs signes visibles ne sont pour ainsi dire que des têtes (les astres). Mais l'espèce de Dieux que forme l'humanité est composée de deux natures, l'une divine, qui est la première et de beaucoup la plus pure; l'autre qui appartient à l'homme, c'est la matière dont sont fabriqués ces Dieux, qui n'ont pas seulement des têtes, mais des corps entiers avec tous leurs membres. Ainsi l'humanité, se souvenant de sa nature et de son origine, persévère en cela dans l'imitation de la divinité : car de même que le père et le seigneur a fait les Dieux éternels semblables à lui-même, ainsi l'humanité a fait ses Dieux à sa propre ressemblance.

ASCLÈPIOS.

Veux-tu dire les statues, ô Trismégiste ?

HERMÈS.

Oui, les statues, ô Asclèpios; vois-tu comme tu manques de foi? Les statues animées, pleines de sentiment et d'aspiration, qui font tant et de si grandes choses; les statues prophétiques, qui prédisent l'avenir par les songes et toutes sortes d'autres voies, qui nous frappent de maladies ou guérissent nos douleurs selon nos mérites. Ignores-tu, ô Asclèpios, que l'Égypte est l'image du ciel, ou plutôt, qu'elle est la projection ici-bas de toute l'ordonnance des choses célestes? S'il faut dire la vérité, notre terre est le temple du monde. Cependant, comme les sages doivent tout prévoir, il est une chose qu'il faut que vous sachiez : un temps viendra où il semblera que les Égyptiens ont en vain observé le culte des Dieux avec tant de piété, et que toutes leurs saintes invocations ont été stériles et inexaucées. La divinité quittera la terre et remontera au ciel, abandonnant l'Égypte, son antique séjour, et la laissant veuve de religion, privée de la présence des Dieux. Des étrangers remplissant le pays et la terre, non-seulement on négligera les choses saintes, mais, ce qui est plus dur encore, la religion, la piété, le culte des Dieux seront proscrits et punis par les lois. Alors, cette terre sanctifiée par tant de chapelles et de temples sera couverte de tombeaux et de morts. O Égypte, Égypte! il ne restera de tes religions que de vagues récits que la postérité ne croira plus, des mots gravés sur la pierre et racontant la piété. Le Scythe ou l'Indien, ou quelque autre voisin barbare habitera l'Égypte. Le divin remontera au ciel, l'humanité abandonnée mourra tout entière, et l'Égypte sera déserte et veuve d'hommes et de Dieux.

Je m'adresse, à toi, fleuve très-saint, et je t'annonce l'avenir. Des flots de sang, souillant tes ondes divines, déborderont tes rivages, le nombre des morts surpassera celui des vivants, et s'il reste quelques habitants, Égyptiens seulement par la langue, ils seront étrangers par les mœurs. Tu pleures, ô Asclèpios! Il y aura des choses plus tristes encore. L'Égypte elle-même tombera dans l'apostasie, le pire des maux. Elle, autrefois la terre sainte, aimée des Dieux pour sa dévotion à leur culte; elle sera la perversion des saints, l'école de l'impiété, le modèle de toutes les violences. Alors, plein du dégoût des choses, l'homme n'aura plus pour le monde ni admiration ni amour. Il se détournera de cette œuvre parfaite, la meilleure qui soit dans le présent comme dans le passé et l'avenir. Dans l'ennui et la fatigue des âmes, il n'y aura plus que dédain pour ce vaste univers, cette œuvre immuable de Dieu, cette construction glorieuse et parfaite, ensemble multiple de formes et d'images, où la volonté de Dieu, prodigue de merveilles, a tout rassemblé dans un spectacle unique, dans une synthèse harmonieuse, digne à jamais de vénération, de louange et d'amour. On préférera les ténèbres à la lumière, on trouvera la mort meilleure que la vie, personne ne regardera le ciel.

L'homme religieux passera pour un fou, l'impie

pour un sage, les furieux pour des braves, les plus mauvais pour les meilleurs. L'âme et toutes les questions qui s'y rattachent, — est-elle née mortelle, peut-elle espérer conquérir l'immortalité?— tout ce que je vous ai exposé ici, on ne fera qu'en rire, on n'y verra que vanité. Il y aura même, croyez-moi, danger de mort pour qui gardera la religion de l'intelligence. On établira des droits nouveaux, une loi nouvelle, pas une parole, pas une croyance sainte, religieuse, digne du ciel et des choses célestes. Déplorable divorce des Dieux et des hommes! il ne reste plus que les mauvais anges, ils se mêlent à la misérable humanité, leur main est sur elle, ils la poussent à toutes les audaces mauvaises, aux guerres, aux rapines, aux mensonges, à tout ce qui est contraire à la nature des âmes. La terre n'aura plus d'équilibre, la mer ne sera plus navigable, le cours régulier des astres sera troublé dans le ciel. Toute voix divine sera condamnée au silence, les fruits de la terre se corrompront et elle cessera d'être féconde; l'air lui-même s'engourdira dans une lugubre torpeur. Telle sera la vieillesse du monde, irréligion et désordre, confusion de toute règle et de tout bien.

Quand toutes ces choses seront accomplies, ô Asclèpios, alors le seigneur et le père, le souverain Dieu qui gouverne l'unité du monde, voyant les mœurs et les actions des hommes, corrigera ces maux par un acte de sa volonté et de sa bonté divine; pour mettre un terme à l'erreur et à la corruption générale, il noiera le monde dans un déluge, ou le consumera par le feu, ou le détruira par des guerres et des épidémies, et il rendra au monde sa beauté première [1], afin que le monde semble encore digne d'être admiré et adoré, et qu'un concert de louanges et de bénédictions célèbre encore le Dieu qui a créé et restauré un si bel ouvrage. Cette renaissance du monde, ce rétablissement de toutes les bonnes choses, cette restitution sainte et religieuse de la nature aura lieu après le temps fixé par la volonté divine et partout éternelle, sans commencement et toujours la même.

ASCLÈPIOS.

En effet, la nature de Dieu est volonté réfléchie, bonté souveraine et sagesse, ô Trismégiste.

HERMÈS.

O Asclèpios, la volonté naît de la réflexion, et vouloir même est un acte de volonté. Car il ne veut rien au hasard, celui qui est la plénitude de toutes choses et qui possède tout ce qu'il veut. Mais tout ce qu'il

---

[1]. Tout le commencement de cette phrase est cité par Lactance, vii, 18. Cette citation est accompagnée d'une allusion au passage qui précède, allusion que Lactance reproduit d'une manière encore plus précise dans son *Epitome*, 8.

veut est bon et il a tout ce qu'il veut; tout ce qui est bon il le pense et il le veut. Tel est Dieu, et le monde est l'image de sa bonté.

ASCLÈPIOS.

Le monde est-il bon, ô Trismégiste?

HERMÈS.

Oui, le monde est bon, ô Asclèpios, comme je te l'enseignerai. De même que Dieu accorde à tous les êtres et à toutes les classes qui sont dans le monde les biens de toutes sortes, c'est-à-dire la pensée, l'âme et la vie, ainsi le monde partage et distribue tout ce qui semble bon aux mortels, les périodes alternées, les fruits de chaque saison, la naissance, l'accroissement, la maturité et autres choses semblables. Et c'est ainsi que Dieu est assis au-dessus du sommet du ciel, présent partout et voyant tout. Car il y a au-delà du ciel un lieu sans étoiles, en dehors de toutes choses corporelles. Entre le ciel et la terre règne le dispensateur de la vie que nous appelons Jupiter (Zeus). Sur la terre et la mer règne Jupiter Plutonius (Zeus souterrain, Sarapis?) qui nourrit tous les animaux mortels, les plantes et les arbres qui portent des fruits sur la terre. Ceux qui doivent dominer la terre seront envoyés et établis à l'extrémité de l'Égypte, dans une ville qui sera bâtie vers l'occident et où, par mer et par terre, affluera toute la race mortelle.

ASCLÉPIOS.

Mais où sont-ils maintenant, ô Trismégiste ?

HERMÈS.

Ils sont établis dans une grande cité, sur la montagne de Libye. Et en voilà assez.

X

Il nous faut parler maintenant de l'immortel et du mortel. La multitude, ignorante de la raison des choses, est troublée par l'attente et la crainte de la mort. La mort arrive par la dissolution du corps, fatigué de son travail. Quand le nombre qui maintient l'unité est complet, car le lien du corps est un nombre, le corps meurt. Cela arrive quand il ne peut plus supporter les charges de la vie. Voilà donc ce qu'est la mort, la dissolution du corps et la fin des sensations corporelles [1]. Il est superflu de s'en inquiéter. Mais il est une autre loi nécessaire que méprise l'ignorance ou l'incrédulité humaine.

---

1. La phrase précédente est citée dans Stobée, *Florileg.*, serm. LXIX.

ASCLÈPIOS.

Quelle est cette loi qu'on ignore ou à laquelle on ne croit pas ?

HERMÈS.

Écoute, ô Asclèpios. Quand l'âme s'est séparée du corps, elle passe, pour être jugée selon ses mérites, sous la puissance suprême du démon ; s'il la trouve pieuse et juste, il lui permet de demeurer dans le séjour qui lui appartient ; mais s'il la voit souillée de taches et de vices, il la précipite de haut en bas et la livre aux tempêtes et aux tourbillons contraires de l'air, du feu et de l'eau. Sans cesse agitée entre le ciel et la terre par les flots du monde, elle sera entraînée de côté et d'autre dans d'éternelles peines[1] ; son immortalité donne une éternelle durée au jugement porté contre elle. Tu comprends combien nous devons craindre et redouter un sort pareil. Ceux qui refusent d'y croire seront forcément convaincus alors, non par des paroles, mais par des exemples, non par des menaces, mais par les peines qu'ils souffriront.

---

1. Ce passage rappelle un fragment d'Empédocle cité par Plutarque : « La force éthérée les poursuit vers la mer, la mer les vomit sur les rivages, la terre à son tour les renvoie au soleil infatigable, qui les chasse dans les tourbillons de l'éther, et l'un les rend à l'autre, et tous en ont horreur. »

ASCLÈPIOS.

Les fautes des hommes, ô Trismégiste, ne sont donc pas punies seulement par la loi humaine?

HERMÈS.

O Asclèpios, tout ce qui est terrestre est mortel. Ceux qui vivent selon la condition corporelle, et qui manquent pendant la vie aux lois imposées à cette condition, sont soumis après la mort à des châtiments d'autant plus sévères que plusieurs des fautes qu'ils ont commises ont pu rester cachées; la prescience universelle de Dieu rendra la punition proportionnelle aux fautes.

ASCLÈPIOS.

Quels sont ceux qui méritent les plus grandes peines, ô Trimégiste?

HERMÈS.

Ceux qui, condamnés par les lois humaines, périssent de mort violente, en sorte qu'ils semblent, non pas avoir payé leur dette à la nature, mais avoir reçu le prix de leurs actes. L'homme juste, au contraire, trouve dans la religion et la piété un grand secours, et Dieu le garantit contre tous les maux. Le père et seigneur de toutes choses, qui seul est tout, se manifeste volontiers à tous; non qu'il montre en quel lieu il réside, ni quelle est sa qualité ou sa grandeur, mais il éclaire l'homme par la seule intelligence, qui dissipe les ténèbres de l'erreur et découvre les lumières de la vérité. Par elle l'homme s'unit à l'intelligence divine; en aspirant à elle, il se délivre de la partie mortelle de sa nature et conçoit l'espérance de l'immortalité. Telle est la différence des bons et des méchants. Celui qu'éclairent la piété, la religion, la sagesse, le culte et la vénération de Dieu, voit, comme avec les yeux, la vraie raison des choses, et, par la confiance de sa foi, l'emporte autant sur les autres hommes que le soleil sur les autres astres du ciel. Car si le soleil illumine le reste des étoiles, ce n'est pas tant par sa grandeur et sa puissance que par sa divinité et sa sainteté. Il faut voir en lui, ô Asclèpios, un second Dieu qui gouverne le reste du monde et en éclaire tous les habitants, animés ou inanimés.

Si le monde est un animal qui est, qui a été et qui sera toujours vivant, rien en lui n'est mortel. Chacune de ses parties est vivante; car dans un seul et même animal toujours vivant il n'y a pas de place pour la mort. Ainsi Dieu est rempli de vie et d'éternité, puisqu'il vit nécessairement toujours; le soleil est éternel comme le monde, il gouverne à jamais les êtres vivants, il est la source et le distributeur de toute vitalité. Dieu est donc le gouverneur éternel de tout ce qui reçoit la vie et de tout ce qui la donne, le dispensateur éternel de la vie du monde. Or, il a dispensé une fois la vie à tous les vivants par une loi éternelle que je vais expliquer : Le mouvement du monde est la vie de l'éternité; le lieu où il se meut est l'éternité de la vie. Il ne s'arrêtera jamais; il ne se corrompra jamais; la permanence de la vie éternelle l'entoure et le protége comme un rempart. Il dispense la vie à tout ce qui est en lui; il est le lien de tout ce qui est ordonné sous le soleil. L'effet de son mouvement est double; il est vivifié par l'éternité qui l'enveloppe, et il vivifie à son tour tout ce qu'il contient, diversifiant toutes choses selon des nombres et des temps fixes et déterminés. Par l'action du soleil et des étoiles, tout est classé dans le temps d'après une loi divine. Le temps terrestre se distingue par l'état de l'atmosphère, par les alternatives de chaleur et de froid; le temps céleste par les révolutions des astres qui reviennent périodiquement aux mêmes lieux. Le monde est le réceptacle du temps, dont la course et le mouvement entretiennent la vie. L'ordre et le temps produisent le renouvellement de tout ce qui est dans le monde, par des périodes alternées.

XI

Puisque tel est l'état de l'univers, il n'y a rien de fixe, rien de stable, rien d'immobile dans la nature, ni dans le ciel, ni sur la terre. Car Dieu seul, et justement seul, est totalement plein et parfait en soi, de soi et autour de soi. Lui-même est sa ferme stabilité; il ne peut être mû par une impulsion quelconque, puisque tout est en lui et que lui seul est tout. A moins qu'on n'ose dire que son mouvement est dans l'éternité; mais c'est, au contraire, cette éternité elle-même qui est immobile, puisque tout le mouvement des temps revient à elle et prend en elle sa forme. Dieu a donc été et est à jamais stable; avec lui est l'éternité immobile, ayant en soi le monde incréé, qu'on peut appeler sensible (?). Le monde, image de Dieu, est l'imitation de l'éternité. Le temps, malgré son perpétuel mouvement, possède, par ses retours nécessaires

sur lui-même, la force et la nature de la stabilité.
Ainsi, quoique l'éternité soit fixe et immobile, cependant, comme le mouvement du temps se replie dans
l'éternité, et que cette mobilité est la condition du
temps, il semble que l'éternité, immobile par elle-
même, se meuve par le moyen du temps qui est en
elle et qui contient tout mouvement. Il en résulte que
la stabilité de l'éternité se meut, et que la mobilité
du temps devient stable par la loi fixe de sa course.
Ainsi on peut croire que Dieu se meut en lui-même
dans son immobilité. L'agitation immobile de sa stabilité est dans sa grandeur; la loi de la grandeur est
une agitation immobile.

Ce qui ne tombe pas sous les sens, l'infini, l'incompréhensible, l'inappréciable, ne peut être ni soutenu,
ni porté, ni recherché. On ne peut dire d'où il vient,
où il va, où il est, comment il est, ni qui il est. Il est
porté en sa stabilité suprême, et sa stabilité est en lui,
soit Dieu, soit l'éternité, soit l'un et l'autre, soit l'un
dans l'autre, soit l'un et l'autre dans tous les deux.
L'éternité est dans le temps indéfini, et le temps, qui
peut se définir par le nombre, l'alternative, le retour
périodique, est éternel. Ainsi l'un et l'autre paraissent
infinis et éternels. La stabilité, étant un point fixe qui
sert de base au mouvement, doit, en raison de cette
fixité, occuper le premier rang. Dieu, avec l'éternité,

est le principe de toutes choses; le monde, qui est mobile, ne peut être mis en première ligne. En lui la mobilité vient avant la stabilité, par cette loi d'agitation éternelle dans une fermeté immobile. Tout le sentiment de la divinité est donc immobile et se meut dans sa stabilité; il est saint, incorruptible, éternel, et pour le définir mieux encore, il est l'éternité, consistant dans la vérité du Dieu suprême, la plénitude de toute sensation et de toute science, consistant pour ainsi dire en Dieu. Le sentiment du monde est le réceptacle de toutes les choses sensibles, des espèces et des sciences. Le sentiment humain consiste dans la mémoire, par laquelle l'homme se souvient de tous ses actes.

Le sentiment de la divinité descend jusqu'à l'animal humain. Dieu n'a pas voulu répandre sur tous les êtres ce sens suprême et divin, de peur d'en abaisser la grandeur en le mêlant à d'autres animaux. L'intelligence du sens humain, quelles qu'en soient l'intensité et la force, est tout entière dans la mémoire du passé; c'est par cette ténacité de la mémoire que l'homme est devenu le roi de la terre. L'intelligence de la nature et de la qualité, le sens du monde, peut se découvrir par les choses sensibles qui sont dans le monde. L'éternité, qui tient le second rang, son sens est donné et sa qualité se connaît d'après le monde sensible. Mais l'intelligence de la nature divine, la connaissance du souverain Dieu, est la seule vérité, et on ne peut découvrir cette vérité, ni même son ombre, dans ce monde plein de mensonges, d'apparences changeantes et d'erreurs.

Tu vois, ô Asclèpios, à quelles hauteurs nous osons atteindre. Je te rends grâces, Dieu suprême! qui m'as illuminé des rayons de ta divinité. Pour vous, ô Tat, Asclèpios et Ammon, gardez ces divins mystères dans le secret de vos cœurs et couvrez-les de silence. L'intelligence diffère du sentiment en ce que notre intelligence parvient par l'application à comprendre et à connaître la nature du monde. L'intelligence du monde arrive jusqu'à la connaissance de l'éternité et des Dieux hypercosmiques. Nous autres hommes, c'est comme à travers un brouillard que nous voyons ce qui est dans le ciel, autant que le permet la condition du sens humain. Nos efforts sont bien faibles pour découvrir de si grands biens; mais, quand nous y parvenons, nous en sommes récompensés par la félicité de la conscience.

XII

Quant au vide, auquel la plupart attachent tant d'importance, mon avis est qu'il n'existe pas, qu'il n'a jamais pu exister et qu'il n'existera jamais. Car tous les membres du monde sont parfaitement pleins, comme le monde lui-même est parfait et plein de corps différant de qualité et de forme, ayant leur apparence et leur grandeur : l'un plus grand, l'autre plus petit; l'un plus solide, l'autre plus ténu. Les plus grands et les plus forts se voient facilement; les plus petits et les plus ténus sont difficiles à apercevoir ou tout à fait invisibles. Nous ne connaissons leur existence que par le toucher; aussi plusieurs les regardent-ils non comme des corps, mais comme des espaces vides, ce qui est impossible. Si on dit qu'il y a quelque chose hors du monde, ce que je ne crois pas, ce sera un espace rempli de choses intelligibles et analõgues à sa divinité, de sorte que même le monde qu'on appelle sensible soit rempli de corps et d'êtres en rapport avec sa nature et sa qualité. Nous n'en voyons pas toutes les faces; les unes sont très-grandes, les autres sont très-petites, ou nous semblent telles par l'effet de l'éloignement ou par l'imperfection de notre vue; leur extrême ténuité peut même faire croire à plusieurs qu'elles n'existent pas. Je parle des démons, que je crois habiter avec nous, et des héros qui habitent au-dessus de nous, entre la terre et la partie la plus pure de l'air, où il n'y a ni nuages ni aucune trace d'agitation.

On ne peut donc pas dire, ô Asclèpios, que rien soit vide, à moins qu'on ne dise de quoi telle ou telle chose est vide; par exemple, vide de feu, d'eau, ou autre chose semblable. S'il arrive même que ceci ou cela, petit ou grand, soit vide d'objets de ce genre, rien ne peut être vide de souffle ou d'air. On en peut dire autant du lieu; ce mot seul ne peut se comprendre si on ne l'applique pas à quelque chose. En ôtant le terme principal, on mutile le sens; aussi dit-on avec raison : le lieu de l'eau, le lieu du feu ou autre chose semblable. Comme il est impossible qu'il y ait quelque chose de vide, on ne peut comprendre un lieu seul. Si on suppose un lieu sans ce qu'il contient, ce doit être un lieu vide, ce qui selon moi n'existe pas dans le monde.

Si rien n'est vide, on ne voit pas ce que serait le lieu en soi, si on n'y ajoute une longueur, une largeur, une profondeur, comme les corps humains ont des signes qui les distinguent.

Cela étant ainsi, ô Asclèpios, et vous qui êtes présents, sachez que le monde intelligible, c'est-à-dire Dieu, qui n'est perçu que par le regard de l'intelligence, est incorporel, et qu'il ne peut se mêler à sa nature rien de corporel, rien qui puisse être défini par la qualité, la quantité ou le nombre, car il n'y a rien de pareil en lui. Ce monde, qu'on nomme sensible, est le réceptacle de toutes les apparences sensibles, des qualités des corps, et tout cet ensemble ne peut exister sans Dieu. Car Dieu est tout, et tout vient de lui et dépend de sa volonté ; il renferme tout ce qui est bon, convenable, sage, inimitable, sensible pour lui seul, intelligible pour lui seul. Hors de lui rien n'a été, rien n'est, rien ne sera ; car tout vient de lui, est en lui et par lui : les qualités multiples, les plus grandes quantités, les grandeurs qui dépassent toute mesure, les espèces de toutes formes. Si tu comprends ces choses, ô Asclèpios, tu rendras grâces à Dieu ; en observant l'ensemble, tu comprendras clairement que ce monde sensible et tout ce qu'il contient est enveloppé comme d'un vêtement par le monde supérieur. O Asclèpios, les êtres de tout genre, mortels, immortels, raisonnables, animés, inanimés, à quelque classe qu'ils appartiennent, offrent l'image de leur classe, et quoique chacun d'eux ait la forme générale de son genre, cependant tous ont entre eux des différences. Ainsi le genre humain est uniforme et on peut définir l'homme par son type; cependant les hommes, sous cette forme unique, sont dissemblables. Car l'espèce (le caractère individuel) qui vient de Dieu est incorporelle, comme tout ce qui est compris par l'intelligence. Puisque les deux éléments qui déterminent la forme sont les corps et les incorporels, il est impossible qu'il naisse une forme entièrement semblable à une autre, à des distances de temps et de lieu différentes. Les formes changent autant de fois que l'heure a de moments dans le cercle mobile où est ce Dieu omniforme dont nous avons parlé. L'espèce (l'individualité) persiste en produisant autant d'images d'elle-même que la révolution du monde a d'instants. Le monde change dans sa révolution, mais l'espèce n'a ni période ni changements. Ainsi les formes de chaque genre sont permanentes et dissemblables dans le même type.

ASCLÈPIOS.

Le monde change-t-il aussi d'apparence, ô Trismégiste?

HERMÈS.

On dirait que tu as dormi pendant cette explication. Qu'est-ce que le monde, de quoi se compose-t-il, sinon de tout ce qui naît? Tu veux donc parler du ciel, de la terre et des éléments, car les autres êtres changent fréquemment d'apparence? Le ciel, pluvieux ou sec, chaud ou froid, clair ou couvert de nuages, voilà autant de changements successifs d'aspect dans l'apparente uniformité du ciel. La terre change continuellement d'aspect, et lorsqu'elle fait naître ses fruits et lorsqu'elle les nourrit, lorsquelle porte des produits si divers de qualité, de quantité : ici du repos, là du mouvement, et toute cette variété d'arbres, de fleurs, de graines, de propriétés, d'odeurs, de saveurs, de formes. Le feu a aussi ses transformations multiples et divines, car le soleil et la lune ont toutes sortes d'aspects comparables à cette multitude d'images que reproduisent nos miroirs. Mais en voilà assez sur ce sujet.

XIII

Revenons à l'homme et au don divin de la raison qui a fait appeler l'homme un animal raisonnable. Parmi toutes les merveilles que nous avons observées dans l'homme, celle qui commande surtout l'admiration c'est que l'homme ait pu trouver la nature divine et la mettre en œuvre. Nos ancêtres qui [1] [s'égaraient dans l'incrédulité] sur ce qui touche aux Dieux [ne] tournant [pas] leur esprit vers le culte et la religion divine, trouvèrent l'art de faire des Dieux, et, l'ayant trouvé, ils y mêlèrent une vertu convenable tirée de la nature du monde. Comme ils ne pouvaient faire des âmes, ils évoquèrent celles des démons ou des anges et les fixèrent dans les saintes images et les divins

1. Je mets entre crochets des mots qui sont en contradiction évidente avec le sens général, et qu'il faut, je crois, attribuer à un copiste chrétien.

mystères, seul moyen de donner aux idoles la puissance de faire du bien ou du mal. Ainsi, ton aïeul, ô Asclèpios, le premier inventeur de la médecine, a un temple sur la montagne de Libye, au bords du fleuve des crocodiles, où est couché ce qui en lui appartenait au monde, c'est-à-dire son corps ; le reste, la meilleure partie de lui, ou plutôt lui-même, car le principe du sentiment et de la vie est l'homme tout entier, est remonté au ciel. Maintenant il porte secours aux hommes dans leurs maladies, après leur avoir enseigné l'art de guérir. Hermès, mon aïeul, dont je porte le nom, établi dans la patrie à qui son nom a été aussi donné, exauce ceux qui y viennent de toutes parts pour obtenir de lui aide et salut. Que de biens répand sur les hommes Isis, épouse d'Osiris, lorsqu'elle leur est propice ; que de maux lorsqu'elle est irritée ! Car les Dieux terrestres et mondains sont accessibles à la colère, parce qu'ils sont formés et composés par les hommes en dehors de la nature. De là vient en Égypte le culte rendu aux animaux qu'ils ont consacrés pendant leur vie ; chaque ville honore l'âme de celui qui lui a donné des lois et dont elle garde le nom. Et c'est pour cela, ô Asclèpios, que ce qui est adoré par les uns ne reçoit aucun culte des autres, ce qui cause souvent des guerres entre les villes de l'Égypte.

ASCLÈPIOS.

Quelle est la qualité de ces Dieux qu'on nomme terrestres ?

HERMÈS.

Elle consiste dans la vertu divine qui existe naturellement dans les herbes, les pierres, les aromates ; c'est pourquoi ils aiment les sacrifices fréquents, les hymnes et les louanges, une douce musique rappelant l'harmonie céleste ; et ce souvenir du ciel, conforme à leur céleste nature, les attire et les retient dans les idoles et leur fait supporter un long séjour parmi les hommes. C'est ainsi que l'homme fait des Dieux ; et ne crois pas, ô Asclèpios, que ces Dieux terrestres agissent au hasard. Pendant que les Dieux célestes habitent les hauteurs du ciel, gardant chacun le rang qu'il a reçu, nos Dieux ont leurs fonctions particulières ; ils annoncent l'avenir par les sorts et la divination, ils veillent, chacun à sa manière, aux choses qui dépendent de leur providence spéciale et viennent à notre aide comme des auxiliaires, des parents et des amis.

XIV

ASCLÉPIOS.

Quelle est donc, ô Trismégiste, la part d'action de la destinée? Si les Dieux du ciel règlent l'ensemble, si les Dieux de la terre règlent les choses particulières, qu'appelle-t-on la destinée?

HERMÈS.

O Asclèpios, c'est la nécessité générale, l'enchaînement des événements liés entre eux. C'est ou la cause créatrice, ou le Dieu suprême, ou le second Dieu créé par Dieu, ou la science de toutes les choses du ciel et de la terre établie sur les lois divines. La destinée et la nécessité sont liées entre elles par un lien indissoluble; la destinée produit les commencements de toutes choses, la nécessité les pousse à l'effet qui découle de leurs débuts. La conséquence de cela est l'ordre, c'est-à-dire une disposition de tous les événements dans le temps; car rien ne s'accomplit sans ordre. De là résulte la perfection du monde; car le monde a l'ordre pour base, c'est dans l'ordre qu'il consiste tout entier. Ces trois principes, la destinée ou fatalité, la nécessité et l'ordre, dérivent de la volonté de Dieu, qui gouverne le monde par sa loi et par sa raison divine. Ces principes n'ont donc aucune volonté propre; inflexibles et étrangers à toute bienveillance comme à toute colère, ils ne sont que les instruments de la raison éternelle, qui est immobile, invariable et indissoluble. Ainsi la destinée vient la première et, comme une terre ensemencée, contient les événements futurs; la nécessité suit et les pousse à leur accomplissement. En troisième lieu, l'ordre maintient le tissu des choses qu'établissent la destinée et la nécessité. C'est donc là l'éternité sans commencement ni fin, maintenue dans un moment éternel par sa loi immuable. Elle s'élève et retombe alternativement, et, selon la différence des temps, ce qui avait disparu reparaît. Car telle est la condition du mouvement circulaire : tout s'enchaîne sans qu'on puisse déterminer le commencement, et il semble que toutes choses se précèdent et se suivent sans cesse. Quant à l'accident et au sort, ils sont mêlés à toutes les choses du monde.

XV

Nous avons parlé de tout, autant qu'il est donné à l'homme et autant que Dieu nous l'a permis ; il ne nous reste plus qu'à bénir Dieu et à revenir aux soins du corps, après avoir rassasié notre intelligence en traitant des choses divines.

Et sortant du sanctuaire, ils se mirent à prier Dieu en regardant vers le midi, car c'est de ce côté qu'on doit se tourner au déclin du soleil, de même que quand il se lève on doit se tourner vers l'orient. Tandis qu'ils prononçaient déjà leurs prières, Asclèpios dit à voix basse : « O Tat, invitons notre père à faire accompagner nos prières d'encens et de parfums. » Trismégiste l'entendit et s'en émut : « Non, non, dit-il, Asclèpios, c'est presque un sacrilége que de brûler l'encens ou un autre parfum pendant la prière ; rien ne manque à celui qui est tout et qui contient tout. Rendons grâces et adorons ; le parfum suprême, c'est l'action de grâces des mortels à Dieu.

« Nous te rendons grâces, ô souverain très-haut ; par ta grâce nous avons reçu la lumière de ta connaissance ; nom saint et vénérable, nom unique par lequel Dieu seul doit être béni selon la religion paternelle ! Puisque tu daignes nous accorder à tous la piété paternelle, la religion, l'amour et les plus doux bienfaits, quand tu nous donnes le sens, la raison, l'intelligence : le sens pour te connaître, la raison pour te chercher, l'intelligence pour avoir le bonheur de te comprendre. Sauvés par ta puissance divine, réjouissons-nous de ce que tu te montres à nous tout entier ; réjouissons-nous de ce que tu daignes, dès notre séjour dans ce corps, nous consacrer à l'éternité. La seule joie de l'homme c'est la connaissance de ta grandeur. Nous t'avons connue, très-grande lumière, toi qui n'es sensible qu'à la seule intelligence. Nous t'avons comprise, ô vraie voie de la vie ! ô source féconde de toutes les naissances ! Nous t'avons connue, ô plénitude génératrice de toute la nature ! nous t'avons connue, ô permanence éternelle ! Dans toute cette prière, adorant le bien de ta bonté, nous ne te demandons que de vouloir nous faire persévérer dans l'amour de ta connaissance, afin que nous ne quittions jamais ce genre de vie. Pleins de ce désir, nous allons prendre un repas pur et sans viandes d'animaux. »

LIVRE III

LIVRE III

FRAGMENTS DU LIVRE SACRÉ

INTITULÉ :

LA VIERGE DU MONDE [1]

I

..... Ayant ainsi parlé, Isis verse d'abord à Hôros le doux breuvage d'immortalité que les âmes reçoivent des Dieux, et commence ainsi le discours très-sacré :

Le ciel couronné d'étoiles est superposé à l'universelle nature, ô mon fils Hôros, et il ne lui manque rien de ce qui compose l'ensemble du monde. Il faut donc que la nature entière soit ornée et complétée par

1. Κόρη κόσμου; le mot κόρη signifie *vierge* ou *prunelle*.

ce qui est au-dessus d'elle, car cette ordonnance ne pouvait aller du bas vers le haut. La suprématie des plus grands mystères sur les plus petits est nécesaire. L'ordre céleste l'emporte sur l'ordre terrestre comme étant absolument fixe et inaccessible à l'idée de la mort. C'est pourquoi les choses d'en bas gémirent saisies de crainte devant la merveilleuse beauté et l'éternelle permanence du monde supérieur. Car c'était un spectacle digne de contemplation et de désir, que ces magnificences du ciel, révélations du Dieu encore inconnu, et cette somptueuse majesté de la nuit, éclairée d'une lumière pénétrante quoique inférieure à celle du soleil, et tous ces autres mystères qui se meuvent dans le ciel en périodes cadencées, réglant et entretenant les choses d'ici-bas par d'occultes influences. Et tant que l'ouvrier universel ne mettait pas de terme à cette crainte incessante, à ces recherches inquiètes, l'ignorance enveloppait l'univers. Mais lorsqu'il jugea bon de se révéler au monde, il souffla aux Dieux l'enthousiasme de l'amour, et il versa dans leur pensée la splendeur que contenait sa poitrine, pour leur inspirer d'abord la volonté de chercher, puis le désir de trouver, et enfin la puissance de redresser.

Or, mon enfant merveilleux, Hôros, ce n'était pas dans la race mortelle que cela pouvait arriver, car elle n'existait pas encore, mais dans l'âme en sympathie avec les mystères du ciel. C'était Hermès, la pensée universelle. Il vit l'ensemble des choses, et ayant vu, il comprit, et ayant compris, il avait la puissance de manifester et de révéler. Ce qu'il pensa, il l'écrivit; ce qu'il écrivit, il le cacha en grande partie, se taisant avec sagesse et parlant à la fois, afin que toute la durée du monde à venir cherchât ces choses. Et ainsi, ayant ordonné aux Dieux, ses frères, de lui servir de cortége, il monta vers les étoiles. Mais il eut pour successeur Tat, son fils et l'héritier de ses sciences, et peu après Asclèpios [1], fils d'Imouthè, par les conseils de Pan et d'Hèphaistos, et tous ceux à qui la souveraine Providence réservait une connaissance exacte des choses du

1. J'ai parlé dans l'introduction des difficultés que présente ce passage et de l'incertitude du texte. On lit les mots suivants dans l'édition de Canter : Ἀσκληπιὸς ὁ ἱμούθης σπανὸς καὶ ἡφαίστου βουλαῖς. Canter traduit : *Asclepius, Ammon et Hephaistobulus*. Patrizzi change ἡφαίστου βουλαῖς en ἡφαιστοβουλῆς et traduit : *Asclepius Imuthes Spanus et Hephæstobulus*. D'autres lisent πανός au lieu de σπανός, ce qui est assez plausible, mais en même temps ils conservent ἡφαιστοβουλῆς, et alors ἱμούθης devient un surnom d'Asclèpios, qui serait fils de Pan et d'Hephaistoboulè, Déesse absolument inconnue. Mais dans un autre fragment, on lit, à quelques lignes de distance : Ἀσκληπιὸς ὁ ἱμούθης et Ἀσκληπιὸς ὁ ἡφαίστου, et le mot πάλιν indique qu'il s'agit du même Asclèpios et non de deux homonymes. Il se pourrait donc qu'Imouthè fût le nom de sa mère, comme le croit Fabricius. Ne serait ce pas la forme grecque de *Mouth* ? D'un autre côté, il paraît qu'on a lu le nom *Imotep* sur une statuette du musée du Louvre. L'Asclepios égyptien était représenté chauve, d'après Synésios; le mot σπανός, qui signifie chauve, pourrait donc être conservé. Mais alors, pour que la phrase eut un sens, il faudrait changer βουλαῖς en βουλαῖος, et traduire : Asclepios, l'Imouthès chauve et conseiller d'Héphaistos.

ciel. Hermès donc s'excusa devant tout ce qui l'entourait de ne pas livrer la théorie intégrale à son fils, à cause de sa jeunesse. Mais moi, m'étant levée, j'observai de mes yeux, qui voient les secrets invisibles des origines [1], et j'appris à la longue, mais avec certitude, que les symboles sacrés des éléments cosmiques étaient cachés près des secrets d'Osiris. Hermès remonta au ciel après avoir prononcé une invocation et des paroles. Il ne convient pas, ô mon enfant, de laisser ce récit incomplet; il faut te faire connaître les paroles d'Hermès lorsqu'il déposa ses livres; les voici : « O livres sacrés des immortels, qui avez reçu de mes mains les remèdes qui rendent incorruptibles, restez à jamais à l'abri de la corruption et de la pourriture, invisibles et introuvables pour tous ceux qui parcourront ces plaines jusqu'au jour où le vieux ciel enfantera des instruments dignes de vous, que le créateur appellera les âmes. » Ayant prononcé ces imprécations sur ses livres, il les enveloppa dans leurs bandelettes, rentra dans la zone qui lui appartient, et tout resta caché pendant un temps suffisant.

Et la nature, ô mon fils, était stérile jusqu'au moment où ceux qui ont reçu l'ordre de parcourir le ciel,

---

1. Cette phrase est très-obscure; les participes sont au masculin, comme si l'auteur oubliait que c'est une Déesse qui parle; je crois que le texte de ce passage a été altéré.

s'avançant vers le Dieu roi de toutes choses, lui dénoncèrent l'inertie générale et la nécessité d'ordonner l'univers. Cette œuvre, nul autre que lui ne pouvait l'accomplir. «Nous te prions, disaient-ils, de considérer ce qui existe déjà et ce qui est nécessaire pour l'avenir. » A ces paroles, le Dieu sourit, et il dit à la nature d'exister. Et sortant de sa voix, le Féminin s'avança dans sa parfaite beauté; les Dieux avec stupeur contemplaient cette merveille. Et le grand ancêtre, versant un breuvage à la Nature, lui ordonna d'être féconde; puis, pénétrant tout de ses regards, il cria : « Que le ciel soit la plénitude de toutes choses, et l'air et l'éther. » Dieu dit et cela fut. Mais la Nature, se parlant à elle-même, connut qu'elle ne devait pas transgresser le commandement du père, et s'étant unie au Travail, elle produisit une fille très belle, qu'elle appela l'Invention, et à laquelle Dieu accorda l'être. Et ayant distingué les formes créées, il les remplit de mystères et en accorda le commandement à l'Invention.

Et ne voulant pas que le monde supérieur fût inerte, il jugea bon de le remplir d'esprits, afin que nulle partie ne restât dans l'immobilité et l'inertie; et il employa son art sacré à l'accomplissement de son œuvre. Car, prenant en lui même ce qu'il fallait d'esprit et le mêlant d'un feu intellectuel, il y combina d'autres matières par des voies inconnues. Et ayant opéré l'union des principes par des formules secrètes, il mit ainsi en mouvement la combinaison universelle. Peu à peu, du sein du mélange sourit une matière plus subtile, plus pure, plus limpide que les éléments dont elle était née. Elle était transparente, et l'ouvrier seul la voyait. Bientôt elle atteignit sa perfection, n'étant ni liquéfiée par le feu, ni refroidie par le souffle, mais possédant la stabilité d'une combinaison particulière, ayant son type et sa constitution propre. Il lui donna un nom heureux, et d'après la similitude de ses énergies, il l'appela Animation. De ce produit il forma des myriades d'âmes, employant la fleur du mélange au but qu'il se proposait, procédant avec ordre et mesure, selon sa science et sa raison. Elles n'étaient pas nécessairement différentes, mais cette fleur, exhalée du mouvement divin, n'était pas identique à elle-même ; la première couche était supérieure à la seconde, plus parfaite et plus pure ; la seconde, inférieure, à la vérité, à la première, était très-supérieure à la troisième, et ainsi jusqu'à soixante degrés fut complété le nombre total. Seulement Dieu établit cette loi que toutes fussent éternelles, comme étant d'une essence unique, dont lui seul détermine les formes. Il traça les limites de leur séjour dans les hauteurs de la nature, afin qu'elles fissent tourner le cylindre selon des lois d'ordre et de sage direction pour la joie de leur père.

Alors, ayant convoqué dans ces magnifiques régions de l'éther les êtres de toutes natures, il leur dit : « O âmes, beaux enfants de mon souffle et de ma sollicitude, vous que j'ai fait naître de mes mains pour vous consacrer à mon monde, écoutez mes paroles comme des lois : Ne vous écartez pas de la place qui vous est fixée par ma volonté. Le séjour qui vous attend est le ciel avec son cortége d'étoiles et ses trônes remplis de vertu. Si vous tentez quelque innovation contre mes ordres, je jure par mon souffle sacré, par cette mixture dont j'ai formé les âmes, et par mes mains créatrices, que je ne tarderai pas à vous forger des chaînes et à vous punir. »

Ayant ainsi parlé, le Dieu mon maître mêla le reste des éléments congénères, la terre et l'eau, et prononçant quelques paroles mystiques et puissantes, quoique différentes des premières, souffla dans le mélange liquide le mouvement et la vie, le rendit plus épais et plus plastique, et en forma des êtres vivants de forme humaine. Ce qui restait du mélange, il le donna aux âmes plus élevées qui habitaient la région des Dieux, dans le voisinage des étoiles, et qu'on nomme les Démons sacrés. « Travaillez, leur dit-il, mes enfants, produits de ma nature; prenez le résidu de mon œuvre, et que chacun de vous fabrique des êtres à son image; je vous donnerai des modèles. »

Et prenant le zodiaque, il ordonna le monde conformément aux mouvements animiques, plaçant les signes d'animaux après ceux de forme humaine. Et après avoir fourni les forces créatrices et le souffle générateur pour l'universalité des êtres à venir, il se retira, promettant de joindre aux œuvres visibles un souffle (in)visible et un principe reproducteur, afin que chaque être engendrât son semblable sans qu'il fût nécessaire d'en créer sans cesse de nouveaux [1].

— Et que firent les âmes, ô ma mère?

Et Isis dit : Elles prirent le mélange de la matière, ô mon fils Hôros, et commencèrent à réfléchir et à adorer cette combinaison, œuvre du père, puis elles cherchèrent de quoi elle était composée, ce qui n'était pas facile à découvrir. Alors, craignant que cette

---

1. Ce récit de la création des âmes rappelle le *Timée* de Platon « Après que tous les Dieux furent nés, et ceux qui brillent dans leurs courses circulaires et ceux qui se manifestent quand il leur plaît, le générateur de cet univers leur dit ceci : « Dieux de Dieux, dont je « suis le créateur et le père, et qui, nés par moi, êtes indissolubles « par ma volonté.. ... apprenez ce que j'ai à vous commander. ... Afin « qu'il y ait des êtres mortels, et que l'univers soit vraiment univer- « sel, tournez-vous selon la nature vers la création des animaux, imi- « tant la puissance que j'ai employée à votre génération..... » Il dit, et dans le même cratère où il avait mêlé et combiné l'âme de l'univers, il en versa les résidus et les mélangea de la même manière, mais en combinaisons moins pures, de second et de troisième ordre. Et ayant constitué l'univers, il partagea les âmes aux astres, en nombre égal, distribuant chacune à chacun, et après les y avoir fait monter comme dans un char, il leur montra la nature de l'univers et leur apprit les lois de la destinée. »

recherche n'excitât la colère du père, elles se mirent à exécuter ses ordres. Elles prirent donc la couche supérieure de la matière, celle qui était la plus légère, et en formèrent la race des oiseaux. La combinaison étant devenue plus compacte et prenant une consistance plus épaisse, elles en firent les quadrupèdes. L'une partie plus dense, et qui avait besoin d'un milieu humide pour y nager, elles firent les poissons. Le résidu, étant froid et pesant, fut employé par les âmes à la formation des reptiles.

Alors, ô mon fils, fières de leur œuvre, elles ne craignirent pas de transgresser la loi, et, malgré la défense, elles s'écartèrent des limites prescrites. Ne voulant plus rester dans le même lieu, elles s'agitaient sans cesse, et le repos leur semblait la mort. Mais, ô mon fils, ainsi que me l'a dit Hermès, leur conduite ne put échapper aux regards du Dieu seigneur de toutes choses; il songea à les punir et à leur préparer de dures chaînes. Le chef et le maître de l'univers résolut donc de fabriquer l'organisme humain pour la punition des âmes; et m'ayant appelé près de lui, dit Hermès, il parla ainsi : « O âme de mon âme, pensée sainte de ma pensée, jusqu'à quand la nature d'en bas restera-t-elle triste? Jusqu'à quand les créations déjà nées resteront-elles inertes et sans louanges? Amène-moi donc tous les Dieux du ciel. » Ainsi parla Dieu, dit Hermès, et tous se rendirent à ses ordres. « Regardez la terre, leur dit-il, et toutes les choses d'en bas. »

Ils regardèrent aussitôt, et comprirent la volonté du prince, et lorsqu'il leur parla de la création de l'homme, leur demandant ce que chacun pouvait donner à ceux qui allaient naître, le Soleil répondit : « Je prodiguerai ma lumière. » La Lune promit d'éclairer après le Soleil. Elle ajouta qu'elle avait déjà créé la Crainte, le Silence, le Sommeil, ainsi que la Mémoire, qui devait être inutile aux hommes. Kronos annonça qu'il était père de la Justice et de la Nécessité. Zeus dit : « Pour épargner des guerres perpétuelles à la race future, j'ai engendré la Fortune, l'Espérance et la Paix. » Arès dit qu'il était déjà père de la Lutte, de l'Ardeur impétueuse et de l'Émulation. Aphroditè ne se fit pas attendre : « Pour moi, dit-elle, ô maître, je leur donnerai le Désir, et j'y joindrai la Volupté et le Sourire, afin que la punition destinée aux âmes nos sœurs ne soit pas trop dure. » Ces paroles d'Aphroditè furent accueillies avec joie, ô mon fils. « Et moi, dit Hermès, je donnerai à la nature humaine la sagesse, la tempérance, la persuasion et la vérité[1]. Je ne cesse-

---

[1]. Heeren voit dans les allégories qui précèdent un souvenir de la création de Pandore dans Hésiode. On peut aussi les rapprocher d'un passage du *Poimandrès*, où les gouverneurs des sept planètes

rai pas de m'unir à l'Invention. Je protégerai toujours la vie mortelle des hommes nés sous mes signes ; car le créateur et le père m'a attribué dans le zodiaque des signes de sagesse et d'intelligence, surtout quand le mouvement qui y ramène les astres se trouve en rapport avec l'énergie physique de chacun. »

Le Dieu maître du monde se réjouit en entendant ces choses, et ordonna que la race humaine fût produite. « Pour moi, dit Hermès, je cherchai quelle matière il fallait employer, et j'invoquai le monarque. Il ordonna aux âmes de donner le reste du mélange. Et l'ayant pris, je le trouvai absolument sec. Alors j'employai une grande surabondance d'eau, afin de renouveler la combinaison de matière, de façon que le produit fût résoluble, faible et impuissant, et que la force ne s'ajoutât pas en lui à l'intelligence. J'achevai mon ouvrage, et il était beau, et je me réjouissais de le voir ; et d'en bas j'appelai le monarque pour le contempler. Il le vit et fut réjoui. Et il ordonna que les âmes fussent incorporées. Et elles furent saisies d'horreur en apprenant leur condamnation. »

Leurs paroles m'ont frappée. Écoute, mon fils Hôros, car je t'apprends un mystère. Notre aïeul Kaméphès le tient d'Hermès, qui écrit le récit de toutes choses,

font participer l'homme à leur nature, idée que développe Macrobe dans son commentaire sur *le Songe de Scipion*, liv. I, chap. xII.

et moi je l'ai reçu de l'antique Kaméphès, lorsqu'il m'admit à l'initiation par le noir [1]; reçois-le de moi à ton tour, ô merveilleux et illustre enfant.

Les âmes allaient être emprisonnées dans les corps : les unes gémissaient et se lamentaient : ainsi, quand des animaux sauvages et libres sont enchaînés, au moment de subir la dure servitude et de quitter les chères habitudes du désert, ils combattent et se révoltent, refusent de suivre ceux qui les ont domptés, et, si l'occasion s'en présente, les mettent à mort. La plupart sifflaient comme des serpents; telle autre jetait des cris aigus et des paroles de douleur, et regardant au hasard en haut et en bas : « Grand ciel, disait-elle, principe de notre naissance, éther, air pur, mains et souffle sacré du Dieu souverain; et vous, astres éclatants, regards des Dieux, infatigable lumière du soleil et de la lune, notre première famille, quel déchirement et quelle douleur! Quitter ces grandes lumières, cette sphère sacrée, toutes les magnificences du pôle et la bienheureuse république des Dieux, pour être précipitées dans ces viles et misérables demeures! Quel crime avons-nous donc commis, ô malheureuses! Comment avons-nous mérité, pauvres pécheresses, les peines

---

1. Canter traduit par *atramentum*; ce serait alors l'initiation par l'écriture; mais il se peut aussi qu'on couvrît d'un voile noir la tête des initiés; peut-être s'agit-il ici du voile d'Isis.

qui nous attendent? Voilà le triste avenir qui nous est réservé, pourvoir aux besoins d'un corps humide et dissoluble. Nos yeux ne distingueront plus les âmes divines. A peine, à travers ces cercles humides, apercevrons-nous en gémissant le ciel, notre ancêtre; par intervalles même nous cesserons de le voir. [C'est la lumière qui fait voir; les yeux par eux-mêmes ne voient rien, dit Orphée] [1]. Par notre funeste condamnation, la vision directe nous est refusée; car nous ne pouvons voir qu'à l'aide de la lumière; ce sont des fenêtres que nous avons, et non des yeux. Ce sera aussi une peine pour nous d'entendre dans l'air le souffle fraternel des vents sans pouvoir y mêler le nôtre, qui aura pour demeure, au lieu de ce monde sublime, l'étroite prison de la poitrine. Mais toi, qui nous chasses et nous fais descendre si bas de si haut, mets un terme à nos peines, seigneur et père, devenu si vite indifférent à tes œuvres; fixe nous une limite, daigne nous adresser quelques dernières paroles, pendant que nous pouvons encore voir l'ensemble du monde lumineux. »

Cette prière des âmes fut exaucée, mon fils Hôros; car le monarque était présent, et, s'asseyant sur le trône de la vérité, voici ce qu'il leur dit : « O âmes,

---

1. Citation intercalée dans le texte par un copiste.

11.

vous serez gouvernées par le Désir et la Nécessité; ce seront après moi vos maîtres et vos guides. Ames soumises à mon sceptre qui ne vieillit pas, sachez que tant que vous serez sans souillure, vous habiterez les régions du ciel. S'il en est parmi vous qui méritent quelque reproche, elles habiteront le séjour qui leur est destiné dans des organes mortels. Si vos fautes sont légères, délivrées du lien des chairs, vous retournerez au ciel. Si vous vous rendez coupables de quelques crimes plus graves, si vous vous détournez de la fin pour laquelle vous avez été formées, vous n'habiterez ni le ciel, ni des corps humains, mais vous voyagerez désormais dans des animaux sans raison. »

Ayant dit ces choses, ô mon fils Hôros, il leur donna le souffle et parla ainsi : « Ce n'est pas au hasard que j'ai réglé votre destinée; elle sera pire si vous agissez mal; elle sera meilleure si vos actes sont dignes de votre naissance. C'est moi, et non un autre, qui serai votre témoin et votre juge. Reconnaissez que c'est pour vos fautes antérieures que vous allez être punies et enfermées dans les corps. La renaissance sera différente pour vous, comme je vous l'ai dit, dans des corps différents. La dissolution, c'est un bienfait c'est le bonheur d'autrefois. Mais si votre conduite est indigne de moi, votre prudence devenue aveugle et vous guidant à contre-sens vous fera prendre pour un bienfait ce qui est un châtiment, et redouter un sort meilleur comme une cruelle injure. Les plus justes parmi vous se rapprocheront du divin dans leurs transformations, et seront parmi les hommes des rois justes, de vrais philosophes, des fondateurs et des législateurs, des devins véridiques, des collecteurs de plantes salutaires, des musiciens habiles, des astronomes intelligents, de savants augures, des sacrificateurs expérimentés, toutes fonctions belles et bonnes; parmi les oiseaux, des aigles, qui ne chassent ni ne dévorent ceux de leur espèce et ne laissent pas attaquer devant eux les espèces plus faibles, car la justice sera dans la nature de l'aigle; parmi les quadrupèdes, des lions, car c'est un animal fort, qui n'est pas dompté par le sommeil, qui dans un corps mortel se livre à une gymnastique immortelle, et que rien ne fatigue ni n'endort; parmi les reptiles, des dragons, parce que c'est un animal puissant, vivant longtemps, innocent et ami des hommes; il se laissera apprivoiser, n'aura pas de venin, et, quittant la vieillesse, se rapprochera de la nature des Dieux; parmi les poissons, des dauphins, car cet animal, ayant pitié de ceux qui tombent dans la mer, les portera à terre s'ils vivent encore, et s'abstiendra de les manger s'ils sont morts, quoique étant le plus vorace de tous les ani-

maux aquatiques. » Ayant ainsi parlé, Dieu devint une
intelligence incorruptible.

Après cela, mon fils Hôros, il s'éleva de terre un
esprit très-fort, dégagé de toute enveloppe corporelle
et puissant en sagesse, mais sauvage et redoutable [1].
Quoiqu'il n'ignorât pas ce qu'il demandait, voyant
que le type du corps humain était beau et auguste d'aspect, et s'apercevant que les âmes allaient entrer
dans leurs enveloppes : « Quels sont ceux-ci, dit-il, ô
Hermès, secrétaire des Dieux? — Ce sont les hommes,
dit Hermès. — C'est une œuvre hardie de faire
l'homme, avec ces yeux pénétrants, cette langue déliée,
cette ouïe délicate pour entendre même ce qui ne le
regarde pas, cet odorat subtil, et dans les mains ce
toucher pour s'approprier toutes choses. O générateur,
juges-tu bon qu'il soit libre de soucis, ce futur explorateur des beaux mystères de la nature? veux-tu le
laisser exempt de peines, celui dont la pensée atteindra les limites de la terre? Les hommes arracheront les racines des plantes, étudieront les propriétés
des sucs naturels, observeront la nature des pierres,
disséqueront non-seulement les animaux, mais euxmêmes, voulant savoir comment ils ont été formés. Ils
étendront leurs mains hardies jusque sur la mer, et,

1. Il y a dans le texte des mots intervertis; j'ai cherché à rétablir le sens.

coupant le bois des forêts spontanées, ils passeront d'une rive à la rive opposée pour se chercher les uns les autres. Les secrets intimes de la nature, ils les poursuivront jusque dans les hauteurs et voudront étudier les mouvements du ciel. Ce n'est pas encore assez; il ne reste plus à connaître que le point extrême de la terre, ils y voudront chercher l'extrémité dernière de la nuit. S'ils ne connaissent pas d'obstacles, s'ils vivent exempts de peine, à l'abri de toute crainte et de tout souci, le ciel même n'arrêtera pas leur audace et ils voudront étendre leur pouvoir sur les éléments. Apprends-leur donc le désir et l'espérance, afin qu'ils connaissent aussi la crainte des accidents et des difficultés, la douloureuse morsure de l'attente trompée. Que la curiosité de leurs âmes ait pour contre-poids le désir et la crainte, le souci et l'espérance vaine. Que leurs âmes soient en proie aux amours mutuels, aux espoirs, aux désirs variés, tantôt satisfaits, tantôt déçus, afin que la douceur même du succès soit un appât qui les attire vers de plus grands maux. Que le poids de la fièvre les accable et brise en eux le désir. »

Tu souffres, Hôros, en écoutant le récit de ta mère? L'étonnement et la stupeur te saisissent devant les maux qui s'abattent sur la pauvre humanité? Ce que tu vas entendre est plus triste encore. Les paroles de

Mômos plurent à Hermès; il trouva que l'avis était sage et il le suivit : « O Mômos, dit-il, la nature du souffle divin qui enveloppe tout ne sera pas inerte. Le maître de l'univers m'a chargé d'être son intendant et son pourvoyeur. Le Dieu au regard pénétrant observera et dirigera toutes choses; [Adrastée [1].] et moi je fabriquerai un instrument mystérieux, une règle inflexible et infranchissable à laquelle tout sera soumis, depuis la naissance jusqu'à la dernière destruction, et qui sera le lien des choses créées. Cet instrument gouvernera ce qui est sur la terre et tout le reste. » C'est ainsi, dit Hermès, que je parlai à Mômos, et déjà l'instrument agissait. Aussitôt après les âmes furent incorporées, et je fus loué pour mon œuvre.

Et le monarque convoqua de nouveau l'assemblée des Dieux. Ils se réunirent et il leur parla ainsi : « Dieux qui avez reçu une nature souveraine et impérissable, et la direction de la grande éternité, vous dont la fonction est de maintenir à jamais l'harmonie mutuelle des choses, jusqu'à quand gouvernerons-nous un empire inconnu? Jusqu'à quand ces choses seront-elles invisibles au soleil et à la lune? Que chacun de nous travaille pour sa part à la création.

---

[1]. Ce mot me paraît être une note marginale intercalée dans le texte par un copiste. Il sert d'explication à ce qui suit : Adrastée est la personnification de cette loi nécessaire dont Hermès va parler.

Effaçons par notre pouvoir cette cohésion inerte. Que le chaos devienne une fable incroyable pour la postérité. Commencez les grandes œuvres, je vous dirigerai. »

Il dit, et aussitôt l'unité cosmique, encore obscure, fut divisée, et dans les hauteurs apparut le ciel avec tous ses mystères. La terre, encore instable, s'affermit sous la lumière du soleil et apparut avec tous les riches ornements qui l'enveloppent. Car tout est beau aux yeux de Dieu, même ce qui semble laid aux mortels, parce que tout est fait d'après les lois de Dieu. Et Dieu se réjouit en voyant ses œuvres en mouvement, et saisissant à pleines mains les trésors de la nature : « Reçois-les, dit-il, ô terre sacrée, reçois-les, ô vénérable qui vas être la mère de toutes choses, et que rien ne te manque désormais! » Il dit, et ouvrant ses mains divines, il répandit dans le réservoir universel tous ses trésors. Mais ils étaient encore inconnus; car les âmes, nouvellement enchaînées et ne supportant pas leur opprobre, voulaient rivaliser avec les Dieux célestes, et fières de leur noble origine, se vantant d'avoir le même créateur qu'eux, se révoltaient, et prenant les hommes pour instruments, les opposaient les uns aux autres et suscitaient des guerres intestines. Et ainsi, la force opprimant la faiblesse, les forts brûlaient et massacraient les faibles, et les vivants et les morts étaient précipités des lieux sacrés.

Alors les éléments résolurent de se plaindre devant le monarque de l'état sauvage des hommes. Et le mal étant déjà très-grand, les éléments s'avancèrent vers le Dieu créateur et se plaignirent en ces termes [1]; le Feu fut admis à parler le premier : « O maître, dit-il, ouvrier de ce monde nouveau, toi dont le nom mystérieux parmi les Dieux a été jusqu'ici vénérable pour tous les hommes, jusques à quand, ô Démon, as-tu décidé de laisser la vie humaine sans Dieu ? Révèle-toi au monde qui t'appelle, corrige la vie sauvage par l'initiation de la paix. Accorde à la vie des lois, accorde à la nuit des oracles, remplis tout d'heureuses espérances; que les hommes redoutent le jugement des Dieux, et nul ne péchera plus. Que les crimes re-

---

1. Il y a quelque chose de semblable dans le livre d'Énoch : « Les géants se tournèrent contre les hommes pour les dévorer et commencèrent à nuire aux oiseaux, aux animaux sauvages, aux reptiles, aux poissons, et ils dévoraient mutuellement leurs chairs et en buvaient le sang. Alors la terre éleva sa plainte contre les injustes..... Et à cause de la perdition des hommes une clameur se leva et parvint jusqu'au ciel. Alors Michael et Gabriel, et Souryan et Ouryan regardèrent du haut du ciel et virent l'abondance du sang qui était répandu sur la terre et toute l'iniquité qui s'accomplissait, et ils se dirent : La voix de leurs cris monte, la clameur de la terre arrive jusqu'à la porte du ciel, et devant vous, ô saints des cieux, se plaignent les âmes des hommes, disant : Faites-nous justice devant le Très-Haut. » (VII, 14, 15; VIII, 8, 9; IX, 1, 2, 3.)

çoivent leur juste punition, et on s'abstiendra de l'injustice. On craindra de violer les serments, et la folie aura un terme. Enseigne-leur la reconnaissance des bienfaits, afin que je fournisse ma flamme aux libations et aux sacrifices, et que de l'autel montent vers toi des fumées odorantes. Car maintenant je suis souillé, ô maître, et la témérité impie des hommes me contraint à brûler les chairs. Ils ne veulent pas me laisser dans ma nature, ils altèrent et corrompent ma pureté. »

L'air dit à son tour : « Je suis corrompu par les exhalaisons des cadavres, ô maître, je deviens pestilentiel et insalubre, et je contemple d'en haut des choses que je ne devrais pas voir. » L'eau reçut ensuite la parole, ô mon fils magnanime, et parla ainsi : « O père, créateur merveilleux de toutes choses, Démon incréé, auteur de la nature qui engendre tout par toi, ordonne aux eaux des fleuves d'être toujours pures; car aujourd'hui les fleuves et les mers lavent les meurtriers et reçoivent les victimes. »

La terre parut enfin, ô mon glorieux fils, et parla ainsi : « O roi, chef des chœurs célestes et seigneur des orbites, maître et père des éléments qui font tout grandir et tout décroître, et dans lesquels tout doit rentrer, la foule impie et insensée des hommes me couvre, ô vénérable; car je suis, par tes ordres, le siége de tous les êtres, je les porte tous et reçois en moi tout ce qui est tué. Tel est maintenant mon opprobre. Ton monde terrestre qui contient tout est privé de Dieu. Comme ils n'ont aucun sujet de crainte, ils transgressent toutes les lois et font passer sur mes épaules toutes sortes d'œuvres mauvaises. En moi rentre pour ma honte, ô seigneur, tout ce que produit la pourriture des corps. Moi qui reçois tout, je voudrais aussi recevoir Dieu. Accorde cette grâce à la terre, et si tu ne viens pas toi-même, car je ne puis te contenir, qu'il me vienne du moins un saint effluve de toi. Que la terre devienne le plus glorieux des éléments, et puisqu'elle seule donne tout à tous, qu'elle puisse s'honorer d'avoir reçu les dons. »

Ainsi parlèrent les éléments, et Dieu, remplissant l'univers de sa voix sainte : « Allez, dit-il, enfants sacrés, dignes de la grandeur paternelle, n'essayez pas de rien innover, ne refusez pas à ma création votre ministère. Je vous enverrai un effluve de moi-même, un être pur qui inspectera tous les actes, qui sera le juge incorruptible et redoutable des vivants; la justice souveraine s'étendra jusque sous la terre, et chaque homme recevra ainsi la récompense méritée.» Et ainsi les éléments mirent un terme à leurs plaintes et chacun d'eux reprit ses fonctions et son empire.

— Et ensuite, ô ma mère, dit Hôros, comment la
terre a-t-elle obtenu cet effluve de Dieu? — Je ne
raconterai pas cette naissance, dit Isis; je ne dois pas,
ô puissant Hôros, exposer l'origine de ta race, de
peur que les hommes ne connaissent dans l'avenir la
génération des Dieux. Je dirai seulement que le Dieu
souverain, le créateur et l'artiste du monde, lui accorda
enfin, pour un temps, ton père Osiris et la grande
Déesse Isis, pour apporter les secours attendus. Par
eux la vie atteignit sa plénitude, les guerres sauvages
et meurtrières eurent un terme; ils consacrèrent des
temples aux Dieux leurs ancêtres et instituèrent des
sacrifices. Ils donnèrent aux mortels la loi, la nourriture et le vêtement. Ils liront, dit Hermès, mes écrits
mystérieux, et, en faisant deux parts, garderont les uns
et graveront sur des colonnes et des obélisques ceux
qui peuvent être utiles aux hommes. Instituteurs des
premiers tribunaux, ils ont fait régner partout l'ordre
et la justice. A eux se rattache la foi des traités et l'introduction dans la vie humaine de la grande religion
du serment. Ils ont enseigné comment on doit ensevelir ceux qui ont cessé de vivre Ils ont interrogé les
horreurs de la mort; ils ont reconnu que le souffle du
dehors aime à revenir dans les corps humains, et si la
voie du retour lui est fermée, il produit une défaillance
de la vie. Instruits par Hermès, ils écrivirent sur des

colonnes cachées que l'air est rempli de démons. Instruits par Hermès des lois secrètes de Dieu, eux seuls ont été les précepteurs et les législateurs des hommes et leur ont enseigné les arts, les sciences et les bienfaits de la vie policée. Instruits par Hermès des liens sympathiques que le créateur a établis entre le ciel et la terre, ils ont institué les représentations religieuses des mystères célestes. Considérant la nature corruptible de tous les corps, ils ont créé l'initiation prophétique, afin que le prophète qui va élever ses mains vers les Dieux fût instruit sur toutes choses, afin que la philosophie et la magie servissent à la nourriture de l'âme, et que la médecine guérît les souffrances du corps.

Ayant accompli toutes ces choses, ô mon fils, et voyant le monde arrivé à sa plénitude, Osiris et moi nous fûmes rappelés par les habitants du ciel. Mais nous ne pouvions y revenir sans avoir évoqué le monarque, afin que cette vision remplît l'espace et que s'ouvrît pour nous la voie heureuse de l'ascension, car Dieu aime les hymnes. — O ma mère, dit Hôros, apprends-moi cet hymne, afin que moi aussi j'en sois instruit. — Écoute, mon fils, dit Isis. . . . . .
. . . .

II

. . . .

O mon fils magnanime, si tu veux savoir autre chose, interroge-moi. Et Hôros dit : O ma mère vénérable, je veux savoir comment naissent les âmes royales. Et Isis dit : Voici quel est, mon fils Hôros, le caractère distinctif des âmes royales. Il y a dans l'univers quatre régions que gouverne une loi fixe et immuable : le ciel, l'éther, l'air et la terre très-sainte. En haut, dans le ciel, habitent les Dieux, gouvernés, comme tout le reste, par le créateur de l'univers. Dans l'éther sont les astres que gouverne le grand flambeau, le soleil; dans l'air sont les âmes des démons gouvernées par la lune; sur la terre sont les hommes et les autres animaux gouvernés par celui qui de son temps est le roi. Car les Dieux eux-mêmes engendrent les rois qui conviennent à la race terrestre. Les princes sont les effluves du roi, et celui qui s'en rapproche le plus est plus roi que les autres. Le soleil, plus près de Dieu que la lune, est plus grand et plus fort qu'elle, et elle lui est inférieure par le rang comme par la puissance. Le roi est le dernier des Dieux et le premier des hommes. Tant qu'il est sur la terre, il ne jouit pas d'une divinité véritable, mais il a quelque chose qui le distingue des hommes et qui le rapproche de Dieu. L'âme qui est envoyée en lui vient d'une région supérieure à celle d'où partent les âmes des autres hommes. Les âmes destinées à régner descendent sur la terre pour deux raisons. Pour celles qui ont vécu sans reproche et qui ont mérité l'apothéose, la royauté est une préparation à la divinité. Pour les âmes divines qui ont commis une légère infraction à la loi intérieure et sainte, la royauté atténue le châtiment et la honte d'une incarnation; leur condition, en prenant un corps, ne ressemble pas à celles des autres, elles sont aussi heureuses que lorsqu'elles étaient affranchies.

Quant aux variétés de caractère des rois, elles ne tiennent pas à leurs âmes, car toutes sont divines, mais à la nature des anges et des démons qui les assistent; car les âmes destinées à de telles fonctions ne descendent pas sans cortége et sans escorte. La justice céleste sait les traiter comme il convient, tout en les éloignant du séjour de la béatitude. Lors donc, ô mon fils Hôros, que les anges et les démons conducteurs sont guerriers, l'âme prend leur caractère et oublie le sien propre, ou plutôt le laisse de côté jusqu'à un nouveau changement de condition. Si ses guides sont pacifiques, elle-même suit sa course en paix; s'ils sont amis des jugements, elle aime à juger; s'ils sont musiciens, elle chante; s'ils aiment la vérité, elle est philosophe. C'est une nécessité pour les âmes de suivre les goûts de ses conducteurs; en tombant dans l'humanité, elles oublient leur propre nature, et en même temps qu'elles s'en éloignent elles se rapprochent de ceux qui les ont enfermées dans un corps.

— Ton explication est complète, ma mère, dit Hôros; mais tu ne m'as pas encore appris comment naissent les âmes nobles.

— Il y a sur la terre, ô mon fils, des gouvernements différents : il en est ainsi parmi les âmes; elles occupent des lieux différents, et celle qui sort d'un lieu plus glorieux est plus noble que les autres. De même, parmi les hommes, celui qui est libre est plus noble que l'esclave. Les âmes élevées et royales dominent nécessairement les autres.

— Comment les âmes naissent-elles mâles ou femelles?

— Les âmes, mon fils Hôros, sont congénères entre elles, comme venant d'une même région où le créateur les a modelées ; il n'y a parmi elles ni mâles ni femelles, cette distinction n'existe qu'entre les corps et non entre les incorporels. Si les unes sont plus énergiques, les autres plus molles, cela tient à l'air où tout se forme ; cet air est le corps qui enveloppe l'âme ; c'est une combinaison formée de terre, d'eau, d'air et de feu. Dans les femelles le mélange contient plus de froid et d'humide que de sec et de chaud ; l'âme qui y est renfermée est humide et disposée à la mollesse. Le contraire arrive dans les mâles ; il y a plus de sec et de chaud, moins de froid et d'humide ; aussi dans les corps ainsi formés les âmes sont-elles plus vives et plus énergiques.

— Comment naissent les âmes sages, ô ma mère ? Et Isis répondit : L'organe de la vue est enveloppé de tuniques ; quand ces tuniques sont épaisses et denses, la vue est obtuse ; si elles sont fines et subtiles, la vue est pénétrante. Il en est de même de l'âme ; elle a aussi ses enveloppes, qui sont incorporelles comme elle. Ces enveloppes sont des airs qui sont en nous ; quand ils sont subtils, clairs et transparents, alors l'âme est perspicace ; quand, au contraire, ils sont denses, épais et troubles, alors elle ne voit pas loin et ne distingue, comme dans les mauvais temps, que ce qui est devant les pieds.

Et Hôros dit : Pour quelle cause, ma mère, les

hommes qui sont hors de notre terre très-sainte ont-ils l'esprit moins ouvert que ceux de notre pays? Et Isis répondit : La terre est au milieu de l'univers comme un homme couché sur le dos et regardant le ciel; ses différentes parties répondent aux membres humains. Elle tourne ses regards vers le ciel comme vers son père, afin de suivre dans ses changements les changements du ciel. Elle a la tête placée du côté du midi, l'épaule droite vers le vent d'est, la gauche vers le vent lybien, les pieds sous l'Ourse, le pied droit sous la queue, le pied gauche sous la tête de l'Ourse, les cuisses sous les régions du ciel voisines de l'Ourse, le milieu du corps sous le milieu du ciel. La preuve, c'est que les méridionaux qui habitent du côté de la tête ont une belle tête et de beaux cheveux ; les orientaux ont les mains hardies à la lutte et sont de bons archers, ce qui tient à la main droite; les occidentaux sont fermes et se battent de la main gauche, les fonctions que les autres attribuent au côté droit appartiennent chez eux au côté gauche; ceux qui sont sous l'Ourse se distinguent par leurs pieds et par la beauté de leurs jambes. Ceux qui habitent un peu plus loin de l'Ourse, dans le climat de l'Italie et de la Grèce, sont remarquables par la beauté des cuisses et des reins, et de là vient la tendance qu'ils ont à préférer les mâles. Cette partie du corps étant la plus blanche produit aussi les hommes les plus blancs. La région sainte de nos ancêtres est au milieu de la terre, et le milieu du corps humain étant la cage du cœur, dans lequel réside l'âme, c'est pour cette raison, mon fils, que les hommes de ce pays, avec les mêmes qualités que tous les autres hommes, ont une intelligence et une sagesse très-supérieures, parce que le cœur de la terre les engendre et les nourrit.

Outre cela, mon fils, le sud est le réservoir des nuages ; c'est là qu'ils se rassemblent et c'est de là, dit-on, que coule notre fleuve, quand les frimas sont devenus plus abondants. Or, là où tombent les nuages, l'air s'obscurcit et s'emplit d'une sorte de fumée qui s'étend comme un voile non-seulement sur la vue, mais sur l'intelligence. L'orient, mon fils Hôros, est sans cesse troublé et échauffé par le lever du soleil, comme l'occident par son coucher ; les hommes de ces contrées ne peuvent avoir une perception bien claire. Le nord, par sa température froide, épaissit l'intelligence en même temps que le corps. La région moyenne, claire et calme, est privilégiée comme ceux qui l'habitent ; elle engendre dans une perpétuelle tranquillité, elle orne et développe ses produits, elle lutte seule contre tous, elle triomphe et, comme un bon satrape, elle fait partager aux vaincus les fruits de sa victoire.

— Explique-moi encore, mon auguste mère, pour quelle cause, dans les longues maladies, les hommes étant encore vivants, il y a une altération du discernement, de la raison et de l'âme elle-même. Et Isis répondit : Parmi les animaux les uns sont en rapport avec le feu, les autres avec l'eau, les autres avec la terre, les autres avec l'air, les autres avec deux ou trois de ces éléments, les autres avec tous les quatre. Réciproquement les uns ont de l'antipathie pour le feu, les autres pour l'eau, les autres pour la terre, les autres pour l'air, les autres pour deux, trois ou quatre éléments. Ainsi la sauterelle et toute espèce de mouche fuient le feu; l'aigle, l'épervier et tous les oiseaux au vol élevé craignent l'eau; les poissons craignent l'air et la terre; le serpent craint l'air pur, comme tous les animaux rampants, il aime la terre; tous les poissons se plaisent dans l'eau, les oiseaux dans l'air, et ils y passent leur vie; ceux qui volent le plus haut aiment le feu et vivent dans son voisinage. Il y a même certains animaux qui se plaisent dans le feu, par exemple les salamandres, qui y habitent. Chacun des éléments est l'enveloppe des corps, et toute âme qui est dans un corps est appesantie et enchaînée par les quatre éléments; il est naturel qu'elle ait du goût pour les uns, de la répugnance pour les autres, et c'est pourquoi elle ne jouit pas d'un bonheur parfait. Cependant,

comme elle est de nature divine, même sous cette enveloppe elle lutte et pense; mais ce ne sont pas les pensées qu'elle aurait si elle était dégagée du corps. Et si ce corps est troublé et bouleversé par la maladie ou la frayeur, l'âme elle-même est ballottée comme un homme au milieu des flots . . . .
. . . .

III

. . . .

— Tu m'as donné d'admirables explications, ô ma très-puissante mère Isis, sur la merveilleuse création des âmes par Dieu, et je suis rempli d'admiration ; mais tu ne m'as pas encore appris où vont les âmes dégagées des corps ; je veux contempler ce mystère et n'avoir que toi à remercier de cette initiation. Et Isis dit : Écoute, mon fils, car cette recherche très-nécessaire tient une place importante et ne peut être négligée ; voici ma réponse :

O grand et merveilleux rejeton du grand Osiris, il ne faut pas croire que les âmes, en sortant des corps, se répandent confusément dans le vague de l'air et se dispersent dans l'ensemble du souffle infini, sans pouvoir revenir dans les corps en restant les mêmes, ni retourner dans leur premier séjour. L'eau puisée d'un vase ne peut retrouver le lieu qu'elle occupait, elle n'a pas une place particulière, elle se mêle à la masse de l'eau; mais il n'en est pas ainsi des âmes, ô très-sage Hôros. Je suis initiée aux mystères de l'immortelle nature, je marche dans le champ de la vérité et je te revèlerai tout sans rien omettre. Je te dirai d'abord que l'eau est un corps sans raison, composé d'une foule de particules fluides, tandis que l'âme, mon fils, est une chose personnelle, œuvre royale des mains et de l'intelligence de Dieu, marchant par elle-même dans l'intelligence. Ce qui vient de l'unité et non de la différence ne peut se mêler à autre chose, et pour que l'âme soit unie au corps, il faut que Dieu soumette cette union harmonique à la nécessité.

Les âmes ne retournent donc pas confusément et au hasard dans un seul et même lieu, mais chacune est envoyée à la place qui lui appartient. Cela résulte même de ce qu'elle éprouve lorsqu'elle est encore dans l'enveloppe du corps, chargée d'un poids contraire à sa nature. Écoute cette comparaison, ô très-cher Hôros : suppose qu'on enferme dans une même prison des hommes, des aigles, des colombes, des cygnes, des éperviers, des hirondelles, des moineaux, des mouches, des serpents, des lions, des léopards, des loups, des chiens, des lièvres, des bœufs, des moutons, et aussi quelques-uns des animaux amphibies, comme les phoques, les hydres, les tortues et nos crocodiles; puis, que tous soient mis en liberté au même instant. Tous s'échapperont à la fois : les hommes iront vers les maisons et les places publiques, l'aigle dans l'éther, où sa nature le porte à vivre, les colombes dans l'air voisin, les éperviers dans l'air supérieur, les hirondelles dans les lieux habités par les hommes, les moineaux vers les arbres fruitiers, les cygnes dans les lieux où ils pourront chanter, les mouches à proximité de la terre, jusqu'où s'étend l'odeur de l'homme, car le propre de la mouche est de vivre de l'homme et de voler près de la terre ; les lions et les léopards vers les montagnes, les loups dans les solitudes; les chiens suivront la piste des hommes, les lièvres gagneront les bois, les bœufs iront dans les champs et les prairies, les moutons dans les pâturages, les serpents dans les cavernes de la terre ; les phoques et les tortues rejoindront leurs semblables dans les gouffres et les courants, pour jouir à la fois, conformément à leur nature, du voisinage de la terre et de celui de l'eau. Chaque animal retournera, conduit par son discernement intérieur, dans le séjour qui lui convient. C'est ainsi que chaque âme, qu'elle soit humanisée ou qu'elle habite la terre dans d'autres conditions, sait où elle doit aller; à moins que quelque fils de Typhon ne vienne dire qu'un taureau peut vivre dans les eaux ou une tortue dans les airs. Si donc, même plongées dans la chair et le sang, elles ne s'écartent pas de la règle, quoiqu'elles soient punies, car l'union avec le corps est une punition, combien s'y conformeront-elles davantage, une fois délivrées de leurs chaînes et rendues à la liberté!

Or, voici quelle est cette règle très-sainte, qui s'étend jusque sur le ciel, ô très-illustre enfant : Contemple la hiérarchie des âmes ; l'espace entre le sommet du ciel et la lune est occupé par les Dieux, les astres et le reste de la providence. Entre la lune et nous, mon fils, est le séjour des âmes. L'air immense, que nous nommons le vent, a en lui-même une route d'une certaine grandeur dans laquelle il se meut pour rafraîchir la terre, comme je le dirai plus tard. Mais ce mouvement de l'air sur lui-même ne gêne en rien les âmes et ne les empêche pas de monter et de descendre sans obstacle; elles coulent à travers l'air sans se mêler et sans se confondre avec lui, comme l'eau à travers l'huile. Cet espace, mon fils, est partagé en quatre parties et en soixante subdivisions. La première partie, à partir de la terre, comprend quatre régions et s'étend jusqu'à certains sommets ou promontoires au-dessus desquels sa nature l'empêche de s'élever. La seconde partie comprend huit régions dans lesquelles se produisent les mouvements des vents. —Sois attentif, mon fils, car tu entends les mystères ineffables de la terre, du ciel et de tout le fluide sacré du milieu. — C'est dans la région des vents que volent les oiseaux ; au-dessus il n'y a pas d'air mobile et il n'existe aucun animal. Cet air néanmoins a le privilége de s'étendre avec tous ses animaux dans les régions qui lui sont propres et dans les quatre régions de la terre, tandis que la terre ne peut s'élever dans celles de l'air. La troisième partie comprend seize régions remplies d'un air subtil et pur ; la quatrième en comprend trente-deux, dans lesquelles l'air, tout à fait subtil et transparent, laisse distinguer au-dessus la nature ignée. Tel est l'ordre établi en ligne droite de haut en bas sans confusion ; quatre divisions générales, douze intervalles, soixante régions, et dans ces soixante régions habitent les âmes, chacune selon sa nature. Elles sont constituées de même, mais il y a entre elles une hiérarchie; plus une région est éloignée de la terre, plus les âmes qui l'habitent sont élevées en dignité.

Il me reste à t'expliquer, ô très-glorieux Hôros, quelles sont les âmes qui se répandent dans chacune de ces régions, ce que je ferai en commençant par les plus élevées.

[De l'Empsychose et de la Métempsychose] [1].

L'espace qui s'étend entre la terre et le ciel est partagé en régions, mon fils Hôros, selon la mesure et l'harmonie. Ces régions ont reçu de nos ancêtres différents noms ; les uns les appellent des zones, les autres des firmaments, d'autres des enveloppes. C'est là qu'habitent les âmes dégagées des corps et celles qui n'ont pas été encore incorporées. Les places qu'elles occupent répondent à leur dignité ; dans la région supérieure sont les âmes divines et royales. Les âmes inférieures, celles qui volent près de la terre, sont tout à fait dans le bas, les âmes moyennes dans les régions moyennes. Ainsi, mon fils, les âmes destinées au commandement partent des zones supérieures, et quand elles sont délivrées c'est là qu'elles retournent, ou même plus haut encore, à moins qu'elles n'aient agi contrairement à la dignité de leur nature et aux lois de Dieu ; dans ce cas, la providence d'en haut les fait descendre dans les régions inférieures selon la mesure de leurs fautes, de même qu'elle conduit d'autres âmes, moindres en puissance et en dignité, des zones inférieures vers un séjour plus élevé. Car là-haut sont deux ministres de la providence uni-

1. Ce titre est placé ici dans le manuscrit de Stobée, mais il n'y a pas de lacune dans le texte.

verselle, l'un est le gardien des âmes, l'autre leur conducteur, celui qui les envoie et les classe dans les corps. L'un les garde, l'autre les relâche, selon l'ordre de Dieu.

Ainsi une loi d'équité préside aux changements qui s'accomplissent là-haut, de même que sur la terre elle modèle et construit les vases dans lesquels sont enfermées les âmes. Elle est assistée de deux énergies, la mémoire et l'expérience. La mémoire veille à ce que la nature conserve et maintienne chacun des types originels tel qu'il a été établi là-haut; l'expérience a pour fonction de fournir à chacune des âmes qui descendent le corps qui lui est approprié, de façon que les âmes vives aient des corps vifs, les âmes lentes des corps lents, les âmes actives des corps actifs, les âmes molles des corps mous, les âmes puissantes des corps puissants, les âmes rusées des corps rusés, enfin que chaque âme ait le corps qui lui convient; car ce n'est pas sans but que les animaux ailés sont couverts de plumes, que les animaux raisonnables sont doués de sens supérieurs et plus fins, que les quadrupèdes sont munis de cornes, de dents, de griffes ou d'autres armes, que les reptiles ont reçu des corps onduleux et flexibles et, de peur que l'humidité de leurs corps ne les rendît trop faibles, ont été armés soit de dents, soit d'écailles pointues ; aussi résistentils mieux que les autres à la crainte de la mort. Quant aux poissons, qui sont timides, ils ont reçu pour demeure un élément où la lumière est privée de sa double activité; car dans l'eau le feu ne peut ni éclairer ni brûler. Chacun d'eux nageant à l'aide d'écailles ou d'épines, fuit où il veut, et sa faiblesse est défendue par l'opacité de l'eau. Ainsi les âmes sont enfermées dans des corps semblables à elles : dans les hommes les âmes douées de jugement, dans les volatiles les âmes sauvages, dans les quadrupèdes les âmes sans jugement dont la force est la seule loi, dans les reptiles les âmes rusées, car ils n'attaquent pas l'homme en face, mais en se plaçant en embuscade; les poissons reçoivent des âmes timides et tout ce qui ne mérite pas de jouir des autres éléments.

Dans chaque classe d'animaux il s'en trouve qui transgressent les lois de leur nature. — Comment, ma mère, dit Hôros? Et Isis répondit : Par exemple, un homme qui agit contre la raison, un quadrupède qui se soustrait à la nécessité, un reptile qui oublie sa ruse, un poisson qui perd sa timidité, un oiseau qui renonce à son caractère sauvage. Voilà ce qu'il y avait à dire sur la hiérarchie des âmes, sur leur descente, et sur la création des corps.

O mon fils, il se trouve dans chacune des classes quelques âmes royales; il en descend de divers caractères, les unes ignées, les autres froides, les unes orgueilleuses, les autres douces, les unes habiles, les autres maladroites, les unes paresseuses, les autres actives. Cette diversité tient aux lieux d'où elles partent pour descendre et s'incorporer. De la zone royale partent les âmes royales; il y a plusieurs royautés : celles des âmes, celles des corps, celles de l'art, celles de la science, celles des vertus. — Comment, dit Hôros, appelles-tu ces rois [1]? — O mon fils, le roi des âmes qui ont existé jusqu'ici est ton père Osiris; le roi des corps est le prince de chaque nation, celui qui la gouverne. Le roi de la sagesse est le père de toutes choses; l'initiateur c'est le Trismégiste Hermès; à la médecine préside Asclèpios, fils d'Hèphaistos; la force et la puissance sont sous l'empire d'Osiris, et après lui, sous le tien, mon fils. La philosophie dépend d'Arnébaskèmis; la poésie encore d'Asclèpios, fils d'Imouthè. En général, si tu y réfléchis, tu reconnaitras qu'il y a beaucoup d'empires et beaucoup de rois.

Mais le chef suprême appartient à la région supérieure, les royautés particielles répondent aux lieux d'où elles sont sorties. Ceux qui viennent de la zone du feu travaillent le feu, ceux qui viennent de la zone

---

1. Le texte paraît altéré en cet endroit; j'ai suivi la correction de Heeren, qui change καὶ ἑαυτῶν en καλεῖς τούτους.

humide vivent dans les lieux humides. De la sphère artistique et savante naissent ceux qui s'occupent d'art et de science ; de la sphère inerte ceux qui vivent dans l'inertie et l'oisiveté. Tout ce qui se fait et se dit sur la terre a sa source dans les hauteurs, d'où les essences nous sont dispensées avec mesure et équilibre, et il n'y a rien qui ne vienne d'en haut et qui n'y retourne.

— Explique-moi ce que tu dis, ô ma mère. Et Isis répondit : La très-sainte nature a mis dans les animaux une marque évidente de ces rapports. Le souffle que nous aspirons de l'air supérieur, nous l'exhalons pour l'aspirer encore, et il y a en nous des poumons pour opérer ce travail ; quand ils ferment les ouvertures destinées à recevoir le souffle, nous ne restons plus ici-bas, nous nous en allons. Il y a encore, ô mon fils glorieux, d'autres accidents qui détruisent l'équilibre de notre combinaison.

— Quelle est donc cette combinaison, ô ma mère ? —C'est la réunion et le mélange des quatre éléments ; il s'en dégage une vapeur qui enveloppe l'âme, se répand dans le corps et communique son caractère propre à l'un et à l'autre. Ainsi se produisent les différences dans les corps et dans les âmes. Si le feu domine dans la composition du corps, l'âme, déjà naturellement ardente, en reçoit un surcroît de chaleur qui rend l'animal plus énergique et plus fougueux, et le corps plus vif et plus actif. Si c'est l'air qui est en excès, le corps et l'âme de l'animal sont par cela même légers, mobiles et inquiets. Un excès d'eau rend l'âme douce, affable, facile, sociable et disposée à plier, parce que l'eau se mêle et s'unit à tous les autres objets, les dissout si elle est abondante, les mouille et se répand sur eux si elle est en petite quantité. Un corps amolli par trop d'humidité offre peu de résistance, une légère maladie le dissout et en relâche peu à peu le lien. Si l'élément terrestre est dominant, l'âme de l'animal est obtuse parce que le corps manque de subtilité; elle ne peut se faire jour à travers l'épaisseur des organes, elle reste en elle-même, entravée par le poids qu'elle porte; le corps est solide, mais inerte et lourd; il ne peut se mouvoir qu'avec effort.

Mais si les éléments sont dans un juste équilibre, l'animal est ardent à l'action, léger pour le mouvement, d'un contact facile et d'une constitution robuste. De la prédominance de l'air et du feu naissent les oiseaux, qui se rapprochent des éléments dont ils sont sortis. Une grande proportion de feu unie à un peu d'air et à une égale quantité d'eau et de terre produit des hommes, et l'excès de la chaleur devient de la sagacité, car notre intelligence est une sorte de feu, qui ne brûle pas, mais qui pénètre. D'un excès d'eau et de terre avec une quantité suffisante d'air et peu de feu se forment les quadrupèdes ; ceux qui ont plus de feu sont plus courageux que les autres. Une proportion égale d'eau et de terre produit les reptiles, qui manquent d'audace et de franchise parce qu'ils sont privés de feu ; l'abondance d'eau les rend froids, l'abondance de terre les rend lourds et lents, le défaut d'air leur rend le mouvement difficile. De beaucoup d'humidité avec un peu de sécheresse naissent les poissons; l'absence de feu et d'air les rend timides et les dispose à se cacher, l'excès d'eau et de terre les rapproche par une parenté naturelle de la terre dissoute dans l'eau.

L'accroissement proportionnel des éléments qui composent les corps amène ceux-ci à leur croissance et en arrête le développement quand la mesure est atteinte. De plus, ô mon fils très-aimé, tant que l'équilibre persiste dans la combinaison primitive et dans la vapeur qui en est formée, c'est-à-dire tant que la proportion normale de feu, d'air, de terre et d'eau n'est pas dépassée, l'animal reste en état de santé. Mais si les éléments ne restent pas dans la mesure fixée à l'origine (je ne parle pas ici d'un surcroît d'activité ni d'un accroissement résultant d'un changement de classe, mais d'une rupture d'équilibre, de l'excès ou de la diminution du feu ou des autres éléments), alors l'animal est malade; si l'air et le feu, qui sont de la même nature que l'âme, prédominent, l'animal sort de son état normal par la surabondance des éléments destructeurs des corps. Car l'élément terrestre est la pâte du corps, et l'humidité qui s'y répand contribue à la rendre compacte; c'est l'élément aérien qui nous donne le mouvement, et c'est au feu qu'est due l'activité générale. Cette vapeur produite par l'union et la combinaison des éléments se mêle à l'âme par une sorte de fusion, et, en l'entraînant avec elle, lui imprime son caractère propre, bon ou mauvais. L'âme garde son rang en demeurant dans cette association naturelle; mais si un changement se produit soit dans l'ensemble de la combinaison, soit dans une de ses parties ou de ses subdivisions, la vapeur, en s'altérant, altère les rapports de l'âme et du corps; le feu et l'air, qui tendent vers le haut, entraînent l'âme, qui leur est congénère, la partie aqueuse et terrestre, qui tend vers le bas comme le corps, s'appesantit sur lui.

LIVRE IV

LIVRE IV

FRAGMENTS

DES LIVRES D'HERMÈS A SON FILS TAT

I

C'est par amour pour les hommes et par piété pour Dieu, ô mon fils, que je commence à écrire ceci. Car il n'y a pas d'autre véritable piété que de réfléchir sur l'univers et de rendre grâces au créateur; c'est ce que je ne cesserai pas de faire.

— O père, si rien n'est vrai ici bas, comment donc peut-on employer sagement sa vie?

— Sois pieux, mon fils; la piété est la haute philosophie; sans philosophie il n'y a pas de haute piété.

Celui qui s'instruit sur l'univers, son ordonnance, son principe et sa fin, rend grâces de toutes choses au créateur comme à un bon père, à un bon nourricier, à un tuteur fidèle. Voilà la piété; et par elle on sait où est la vérité et ce qu'elle est. La science augmente la piété. Une fois que l'âme enfermée dans le corps s'est élevée à la perception du vrai bien et de la vérité, elle ne peut plus redescendre. La puissance de l'amour, l'oubli de toutes les choses mauvaises, empêchent l'âme qui connaît son créateur de se séparer du bien. Voilà le but de la piété, mon fils; si tu l'atteins, ta vie sera pure, ta mort heureuse, ton âme saura où elle doit s'envoler. Voilà la seule route qui mène à la vérité, c'est celle qu'ont suivie nos ancêtres, et ils sont arrivés par elle à la possession du bien. Cette route est belle et unie; cependant il est difficile à l'âme d'y marcher tant qu'elle est enfermée dans la prison du corps; il lui faut d'abord lutter contre elle-même, faire une grande division et se soumettre à la partie une d'elle-même. Car *l'un* est en lutte contre *les deux;* celui-là fuit, ceux-ci l'entraînent en bas [1]. De part ou d'autre la victoire n'est pas la même : l'un tend vers le bien, les deux vers le mal; l'un veut s'affranchir, les deux aiment la servitude. Si les deux sont vaincus il leur

---

1. Il oppose, d'après Platon, l'intelligence, la partie *une* de l'âme, à ses deux autres parties, la fougue et le désir.

reste un rempart [1] pour eux-mêmes et pour leur maître, mais si l'un est le plus faible, il est entraîné par les deux et est puni dans la vie d'ici-bas. C'est lui, mon fils, qui doit être ton guide. Il faut te frotter d'huile pour la lutte, soutenir le combat de la vie et en sortir vainqueur.

Maintenant, mon fils, je vais passer en revue les principes : tu comprendras mes paroles en te rappelant ce que tu as appris.

Tous les êtres sont mus ; le non-être seul est immobile. Tous les corps se transforment, quelques-uns seuls se décomposent. Les animaux ne sont pas tous mortels, ils ne sont pas tous immortels. Le dissoluble est corruptible, le permanent est immuable, l'immuable est éternel. Ce qui naît toujours se corrompt toujours, mais ce qui ne naît qu'une fois ne se corrompt pas et ne devient pas autre chose. D'abord Dieu, ensuite le monde, en troisième l'homme ; le monde pour l'homme, l'homme pour Dieu. La partie sensitive de l'âme est mortelle, sa partie raisonnable est immortelle ; toute essence est immortelle, toute essence est sujette au changement. Tout être est double, aucun être n'est stable. Toutes choses ne sont pas mues par l'âme, mais tout ce qui est, est mu par l'âme. Tout passif sent,

---

1. Je lis ἔρυμα au lieu de ἔρημα, qui me paraît inintelligible.

tout ce qui sent est passif. Tout ce qui souffre et jouit est un animal mortel, tout ce qui jouit et ne souffre pas est un animal immortel. Tout corps n'est pas sujet aux maladies, tout corps sujet aux maladies est destructible. En Dieu est l'intelligence, dans l'homme le raisonnement; le raisonnement est dans l'intelligence, l'intelligence est impassible. Rien de vrai dans le corps, rien de faux dans l'incorporel. Tout ce qui naît change, mais tout ce qui naît ne se corrompt pas. Rien de bon sur la terre, rien de mauvais dans le ciel. Dieu est bon, l'homme est mauvais. Le bien est voulu, le mal n'est pas voulu. Les Dieux choisissent les biens comme biens...*** la règle*** [1]. Le temps est divin, la loi humaine (?). Le mal est l'aliment du monde, le temps est la destruction de l'homme. Tout est immuable dans le ciel, rien n'est immuable sur la terre. Rien d'esclave dans le ciel, rien de libre sur la terre. Rien d'inconnu dans le ciel, rien de connu sur la terre. Rien de commun entre les choses célestes et les choses terrestres. Tout est irréprochable dans le ciel, rien n'est irréprochable sur la terre. L'immortel n'est pas mortel, le mortel n'est pas immortel. Ce qui est semé ne naît pas toujours, ce qui est né a toujours été semé. Deux temps dans le corps décomposable : de

[1] Il y a ici une altération du texte qui rend la pensée inintelligible.

la conception à la naissance, de la naissance à la mort. Le corps éternel n'a qu'un temps à partir de la naissance. Les corps dissolubles augmentent et diminuent. La matière dissoluble se change en deux termes contraires : la destruction et la naissance ; la matière immortelle se change ou en elle-même ou en ses semblables. La naissance de l'homme est une destruction, la destruction de l'homme est le principe de la naissance. Ce qui finit commence, ce qui commence finit. Parmi les êtres, les uns sont dans les corps, les autres dans les formes, les autres dans les énergies. Le corps est dans les formes, la forme et l'énergie sont dans le corps. L'immortel ne reçoit rien du mortel, le mortel reçoit de l'immortel. Le mortel n'entre pas dans un corps immortel, l'immortel entre dans le mortel Les énergies ne tendent pas vers le haut, mais vers le bas. Ce qui est sur la terre ne profite pas à ce qui est dans le ciel, tout ce qui est dans le ciel profite à ce qui est sur la terre. Le ciel contient les corps immortels, la terre les corps périssables. La terre est irrationnelle, le ciel est raisonnable. Les choses célestes sont sous le ciel, les choses terrestres sur la terre. Le ciel est le premier élément. La providence divine est l'ordre, la nécessité est l'instrument de la providence. La fortune est le véhicule du désordre, le simulacre de l'énergie, une opinion trompeuse. Qu'est-ce

que Dieu? Le bien immuable. Qu'est-ce que l'homme?
Le mal immuable.

En te rappelant ces principes, tu te souviendras
facilement des choses que je t'ai expliquées plus au
long et qui s'y trouvent résumées. Mais évite d'en
entretenir la foule ; non que je veuille lui interdire de
les connaître, mais je ne veux pas t'exposer à ses
railleries. Qui se ressemble s'assemble; entre dissemblables il n'y a pas d'amitié. Ces leçons doivent
avoir un petit nombre d'auditeurs, ou bientôt elles
n'en auront plus du tout. Elles ont cela de particulier
que par elles les méchants sont poussés encore davantage vers le mal. Il faut donc te garder de la foule,
qui ne comprend pas la vertu de ces discours.

— Que veux-tu dire, mon père?

— Voici, mon fils. L'espèce humaine est portée au
mal; le mal est sa nature et lui plaît. Si l'homme
apprend que le monde est créé, que tout se fait selon
la providence et la nécessité, que la nécessité, que la
destinée gouverne tout, il arrivera sans peine à mépriser l'ensemble des choses parce qu'elles sont créées,
à attribuer le vice à la destinée, et il ne s'abstiendra
d'aucune œuvre mauvaise. Il faut donc se garder de
la foule, afin que l'ignorance la rende moins mauvaise
en lui faisant redouter l'inconnu.

(Stobée, *Éclogues physiques*, XLIII, 1.)

II

DE L'ACTIVITÉ ET DU SENTIMENT

— Tu m'as bien expliqué ces choses, mon père, mais instruis-moi encore sur ceci : tu as dit que la science et l'art étaient une activité de la raison ; maintenant tu dis que les animaux brutes sont appelés ainsi parce qu'ils sont privés de raison. Il en résulte nécessairement qu'ils ne devraient avoir ni science ni art.

— Nécessairement, mon fils.

— Comment donc voyons-nous, mon père, quelques animaux user de science et d'art, par exemple, les fourmis qui amassent des provisions d'hiver, les oiseaux qui construisent des nids, les quadrupèdes qui savent reconnaître leurs étables?

— Ce n'est ni la science ni l'art qui les dirige, mon fils, c'est la nature. La science et l'art s'apprennent, et ces animaux n'ont rien appris. Ce qui se fait naturellement est le produit d'une activité universelle, la science et l'art appartiennent seulement à ceux qui les ont acquis. Les fonctions communes à tous sont des fonctions naturelles. Ainsi tous les hommes peuvent regarder en haut, mais tous ne sont pas musiciens, ni archers, ni chasseurs, et ainsi du reste. Quelques-uns d'entre eux ont appris une science et un art, et l'exercent. Si de la même manière quelques fourmis faisaient ce que d'autres ne font pas, tu pourrais dire avec raison qu'elles possèdent une science ou qu'elles ont l'art d'amasser des provisions. Mais toutes agissent de même sous l'impulsion de la nature, et sans le vouloir; il est donc évident que ce n'est ni la science, ni l'art qui les dirige.

Les activités, ô Tat, sont incorporelles et s'exercent dans le corps et par le corps. En tant qu'elles sont incorporelles, tu peux les appeler immortelles; en tant qu'elles ne peuvent s'exercer en dehors du corps, je dis qu'elles sont toujours dans un corps. Ce qui a sa fin et sa cause déterminées par la providence et la nécessité ne peut rester inactif. Ce qui est sera toujours, c'est là son corps et sa vie. Par cette raison, il y aura toujours des corps; aussi la création des corps est une fonction éternelle. Car les corps terrestres sont décomposables, mais il faut des corps pour servir de séjour et d'instruments aux énergies ; or les énergies sont immortelles, et ce qui est immortel est toujours actif : la création des corps est donc une fonction, et et elle est éternelle.

Les énergies ou facultés de l'âme ne se manifestent pas toutes à la fois; quelques-unes agissent dès la naissance de l'homme, dans la partie non raisonnable de son âme; à mesure que la partie raisonnable se développe avec l'âge, des facultés plus élevées lui prêtent leur concours. Les facultés sont attachées aux corps. Elles descendent des corps divins dans les corps mortels, et c'est par elles que ceux-ci sont créés. Chacune d'elles exerce une fonction du corps ou de l'âme, mais elles [n]'existent [pas][1] dans l'âme indépendamment du corps. Car les énergies sont toujours, mais l'âme n'est pas toujours dans un corps mortel; elle peut exister sans lui, tandis que les facultés ne peuvent exister sans corps. C'est là un discours sacré, mon fils; le corps ne peut durer sans l'âme, mais l'être le peut.

— Que veux-tu dire, mon père?

— Comprends-moi, ô Tat. Quand l'âme est séparée du corps, le corps demeure, mais il est travaillé par une dissolution intérieure et finit par disparaître; cet

---

1. J'ajoute entre crochets une négation qui n'est pas dans le texte, mais qui est conforme au sens.

effet ne peut se produire sans une cause active : il reste donc une énergie dans le corps après que l'âme est partie. Entre un corps immortel et un corps mortel il y a une différence : le premier est formé d'une seule matière, il en est autrement du second ; l'un est actif, l'autre passif. Tout être actif domine, tout être passif obéit ; l'un est libre et gouverne, l'autre est esclave et subit une impulsion.

Les énergies n'agissent pas seulement dans les corps animés, mais dans les corps inanimés, comme le bois, les pierres et choses semblables. Elles les augmentent, les font fructifier, les font mûrir, les décomposent, les dissolvent, les putréfient, les broient, leur font subir tous les changements dont les corps inanimés sont susceptibles. Car on appelle énergie tout ce qui produit le changement, le *devenir*. Or, le *devenir* est multiple, ou plutôt universel. Jamais rien de ce qui naît ne manquera au monde, sans cesse il engendre en lui tous les êtres pour les détruire sans cesse. Toute énergie est donc toujours immortelle, de quelque nature qu'elle soit et dans quelque corps qu'elle se produise. Mais parmi les énergies, les unes s'exercent dans les corps divins, les autres dans les corps mortels; les unes sont universelles, les autres particulières ; les unes agissent sur les genres, les autres sur chacune de leurs parties. Les énergies divines s'exercent dans les corps éternels et sont parfaites comme eux. Les énergies partielles agissent par chacun des êtres vivants ; les énergies spéciales agissent dans chacune des choses qui existent. Il en résulte, mon fils, que l'univers est plein d'énergies. Car il faut que les énergies soient dans les corps, et il y a beaucoup de corps dans le monde. Or, les énergies sont plus nombreuses que les corps, car souvent il y existe une, deux, trois énergies, sans compter celles qui sont universelles. J'appelle universelles les énergies inséparables des corps et qui se manifestent par les sensations, les mouvements ; sans elles, un corps ne peut exister. Autres sont les énergies particulières qui se manifestent dans les âmes humaines par les arts, les sciences et les œuvres. Les sensations accompagnent les énergies, ou plutôt en sont les conséquences.

Comprends, ô mon fils, la différence qu'il y a entre les énergies et les sensations. L'énergie vient d'en haut, la sensation est dans le corps et tient de lui son essence ; elle est le siège de l'énergie, elle la manifeste et lui donne en quelque sorte un corps. C'est pourquoi je dis que les sensations sont corporelles et mortelles ; leur existence est attachée à celle du corps ; elles naissent avec lui et meurent avec lui. Les corps immortels n'ont pas de sensation, précisément à cause de leur essence ; car il ne peut y avoir d'autre sensation que celle du bien ou du mal qui arrive à un corps ou qui s'en éloigne; or, les corps immortels ne sont pas sujets à ces accidents.

— La sensation est donc sentie dans tout corps?

— Oui mon fils, et dans tout corps les énergies agissent.

— Même dans les corps inanimés, mon père?

— Même dans les corps inanimés. Les sensations sont de différentes sortes : celles des êtres raisonnables sont accompagnées de raison; celles des êtres sans raison sont purement corporelles; celles des êtres inanimés sont passives et consistent seulement dans l'accroissement ou la diminution. Partant d'un même principe et arrivant au même point, la passion et la sensation sont le produit des énergies. Dans les êtres animés, il y a deux autres énergies qui accompagnent les passions et les sensations, ce sont la joie et la tristesse. Sans elles l'être animé, et surtout l'être raisonnable, ne sentirait rien; on peut donc les considérer comme les formes des affections chez les êtres raisonnables, ou plutôt chez tous les êtres vivants. Ce sont des activités manifestées par les sensations, des mouvements corporels produits par les parties irrationnelles de l'âme. La joie et la tristesse sont toutes deux très-mauvaises; car la joie, c'est-à-dire la sensation accompagnée de plaisir, entraîne après elle de grands maux; la tristesse produit des peines et des douleurs plus fortes : elles sont donc mauvaises l'une et l'autre.

— La sensation est-elle la même dans l'âme et dans le corps, mon père?

— Qu'entends-tu, mon enfant, par la sensation de l'âme?

— L'âme n'est-elle pas incorporelle? Mais la sensation doit être un corps, mon père, car elle existe dans le corps.

— Si nous la plaçons dans le corps, mon fils, nous l'assimilons à l'âme ou aux énergies, qui sont incorporelles tout en étant dans les corps. Mais la sensation n'est ni l'énergie, ni l'âme, ni rien qui soit distinct du corps; elle n'est donc pas incorporelle. Si elle n'est pas incorporelle, il faut qu'elle soit corporelle; car il n'est rien qui ne soit corporel ou incorporel.

(Stobée, *Ecl. phys.*, XLIII, 6.)

III

Le Seigneur, le créateur des corps immortels, ô Tat, après avoir achevé son œuvre, n'a plus rien fait et ne fait plus rien. Une fois livrés à eux-mêmes et unis les uns aux autres, ces corps éternels se meuvent sans avoir besoin de rien ; s'ils ont besoin les uns des autres, du moins il n'ont besoin d'aucune impulsion étrangère, puisqu'ils sont immortels. Telle devait être la nature des créations de ce Dieu suprême. Mais notre créateur a un corps ; il nous a créés, et sans cesse il crée et créera des corps dissolubles et mortels, car il ne devait pas imiter son propre créateur, et d'ailleurs il ne le pouvait pas. L'un a tiré ses créations de son essence première et incorporelle, l'autre nous a formés d'une essence corporelle et engendrée. Il s'ensuit naturellement que les corps célestes nés d'une essence incorporelle sont impérissables, tandis que nos corps sont dissolubles et mortels, comme étant formés d'une matière corporelle et, par conséquent, faibles par eux-mêmes et ayant besoin d'un secours étranger.

Comment en effet la combinaison qui constitue nos corps pourrait-elle subsister si elle n'était sans cesse alimentée et entretenue par des éléments de même nature? La terre, l'eau, le feu et l'air affluent en nous et renouvellent notre enveloppe. Nous sommes si faibles que nous ne pouvons supporter un seul jour de mouvement. Tu sais parfaitement, mon fils, que sans le repos des nuits nos corps ne pourraient résister un jour. C'est pourquoi notre bon créateur, dans sa prévoyance universelle, a garanti la durée des êtres vivants en créant le sommeil réparateur de la fatigue et du mouvement, et attribuant une part de temps égale ou même plus grande au repos. Réfléchis bien, mon fils, à cette énergie du sommeil, opposée à celle de l'âme et non moindre qu'elle. Si la fonction de l'âme est le mouvement, les corps ne peuvent vivre sans le sommeil, qui relâche et détend le lien des membres, et, par son action réparatrice, dispense à chacun d'eux la matière dont il a besoin, fournissant l'eau au sang, la terre aux os, l'air aux nerfs et aux veines, le feu aux yeux. De là le plaisir extrême que le corps trouve dans le sommeil.

(Stobée, *Ecl. phys.*, XLIII, 8.)

IV

Une divinité très-grande est établie, ô mon fils, au milieu de l'univers, voyant tout ce qui, sur la terre, est fait par les hommes. Dans l'ordre divin, tout est réglé par la providence et la nécessité; parmi les hommes, la même fonction appartient à la justice. La première de ces deux lois s'étend sur les (mouvements) célestes, car les Dieux ne veulent et ne peuvent s'égarer; n'étant pas sujets à l'erreur, qui est la source du péché, ils sont impeccables. La seconde, la justice, est chargée de corriger sur la terre le mal qui arrive parmi les hommes. La race humaine, étant mortelle et formée d'une mauvaise matière, est sujette à des défaillances, quand la vue des choses divines ne la soutient pas. Voilà où la justice exerce son action. Par les énergies qu'il tient de la nature, l'homme est soumis à la destinée; par les fautes de sa vie, à la justice.

(Stobée, *Ecl. phys.*, IV, 52.)

V

Voici donc ce qu'on peut dire des trois temps : Ils ne sont pas par eux-mêmes et ne sont pas liés, et d'un autre côté ils sont liés et sont par eux-mêmes. Veut-on supposer le présent sans l'existence du passé? L'un ne peut subsister sans l'autre, car le présent naît du passé, et du présent sort l'avenir. Si nous voulons aller au fond des choses, nous raisonnerons ainsi : Le temps passé est rentré dans ce qui n'est plus; le futur n'est pas, tant qu'il n'est pas devenu présent; le présent, à son tour, csese d'être lui du moment qu'il demeure. Ce qui ne dure pas un moment et n'a pas de centre fixe peut-il s'appeler présent, lorsqu'on ne peut pas même dire qu'il existe? De plus, le passé s'adaptant au présent et le présent au futur, ils deviennent un. Il y a entre eux identité, unité, continuité. Ainsi le temps est continu et distingué, tout en étant un et identique.

(Stobée, *Ed. phys.*, ix, 41.)

VI

DES DÉCANS ET DES ASTRES [1]

TAT.

Dans tes précédents discours généraux, tu m'as promis de m'instruire sur les trente-six Décans; expose-moi donc maintenant quelle est la nature de leur action.

HERMÈS.

Je ne m'y refuse pas, ô Tat, et ce discours sera le plus important et le plus élevé de tous; comprends-le donc bien. Je t'ai parlé du cercle zodiaque, c'est-à-dire qui porte les animaux, des planètes, du soleil, de la lune et de chacun de leurs cercles.

TAT.

Tu m'en as parlé, ô Trismégiste.

---

1. La première partie de ce fragment manque dans Patrizzi ainsi que dans les anciennes éditions de Stobée.

HERMÈS.

Rappelle-toi ce que je t'en ai dit, tu comprendras de même ce que j'ai à te dire des trente-six Décans, et mes paroles te sembleront plus claires.

TAT.

Je me le rappelle, mon père.

HERMÈS.

Nous avons dit, mon fils, qu'il existait un corps enveloppant tout; il faut te le figurer sous forme sphérique, car telle est la forme de l'univers.

TAT.

Je me représente cette forme, mon père.

HERMÈS.

Sous le cercle de ce corps sont placés les trente-six Décans, entre le cercle de l'univers et le zodiaque, à la limite de l'un et de l'autre. Ils soutiennent, pour ainsi dire, le zodiaque, ils lui servent de bornes et sont emportés avec les planètes. Leur force, égale au mouvement de l'univers et en sens inverse de celui des sept, retient le corps enveloppant. Ils poussent les sept autres cercles, plus lents dans leur mouvement que le cercle de l'univers. Ces deux mouvements sont en quelque sorte nécessaires. Figurons-nous donc les Décans comme les gardiens des sept cercles et du cercle universel, ou plutôt de tout ce qui compose le monde; ils maintiennent tout et gardent l'ordre général de l'ensemble.

TAT.

Je me représente bien ce que tu dis, mon père.

HERMÈS.

Sache encore, Tat, qu'ils ne subissent pas les mêmes vicissitudes que les autres astres : ils ne sont pas retenus dans leur course ni obligés de s'arrêter et de revenir en arrière; ils ne sont pas, comme les autres astres, enveloppés par la lumière du soleil; libres au sommet du monde, ils l'embrassent jour et nuit comme des gardiens et des surveillants attentifs.

TAT.

Ont-ils aussi une action sur nous, mon père ?

HERMÈS.

Très-grande, mon fils. S'ils agissent sur les choses célestes, comment n'agiraient-ils pas sur nous ? C'est une action particulière et générale. Ainsi, parmi les événements généraux qui dépendent de leur influence, je citerai les révolutions des royaumes, les soulèvements des villes, les famines, les pestes, le flux et le reflux de la mer, les tremblements de terre; rien de tout cela, mon fils, n'est en dehors de leur action. Fais encore attention à ceci : puisque nous sommes au-dessous des sept sphères dont ils ont la direction, ne comprends-tu pas que leur énergie s'étend jusqu'à nous, leurs fils, qui existons par eux ?

TAT.

Et quelle est leur forme, mon père ?

HERMÈS.

On les appelle généralement les Démons; mais les Démons ne sont pas une classe particulière, ils n'ont pas des corps différents formés d'une matière spéciale et mus par une âme comme nous ; ce sont les énergies de ces trente-six Dieux. Sache encore, ô Tat, au sujet de leur influence, qu'ils sèment sur la terre ce qu'on nomme les *Tanes,* les unes salutaires, les autres funestes. De plus, les astres du ciel engendrent des ministres, ils ont des serviteurs et des soldats, qui se répandent dans l'éther et en remplissent l'étendue, de sorte qu'il n'y ait pas dans les hauteurs un espace sans étoile. Ceux-ci veillent à l'ordonnance de l'univers, ils ont leur énergie propre subordonnée à celle des trente-six ; ils l'exercent par la destruction des autres êtres vivants et la production des animaux qui gâtent les fruits. Ils président à la constellation de l'Ourse, composée de sept étoiles au milieu du zodiaque, et qui en a une autre correspondante au-dessus de sa tête. Son énergie est celle d'un axe, elle ne se couche ni ne se lève, elle demeure et tourne dans le même espace, et produit la révolution du zodiaque, et les alternatives du jour et de la nuit dans l'univers. Elle est suivie d'un autre chœur d'étoiles auxquelles nous n'avons pas donné de noms; mais ceux qui nous imiteront dans l'avenir leur en donneront. Au-dessous de la lune sont des astres mortels, clairs, durant peu de temps, produits dans l'air supérieur par les exhalaisons de la terre. Nous les voyons se dissoudre, pareils à ces animaux inutiles qui ne naissent que pour mourir, les mouches, les puces, les vers et autres semblables. Ces superfétations de la nature, nées sans but, ne servent ni à nous ni au monde; elles sont plutôt nuisibles. Il en est de même de ces astres exhalés de la terre, et qui ne peuvent atteindre les hauteurs parce qu'ils sont partis des basses régions. Comme ils ont beaucoup de pesanteur, ils sont entraînés par leur propre matière, et en se dissolvant retombent sur la terre, sans avoir rien fait que troubler l'air supérieur.

Il y a encore, ô Tat, une autre espèce d'astres qu'on nomme les comètes; elles apparaissent à leur heure et disparaissent au bout de peu de temps. Elles n'ont ni lever ni coucher, et sont les précurseurs et les messagers des grands événements qui doivent s'accomplir. Leur place est au-dessous du cercle du soleil. Lorsqu'il doit arriver quelque chose dans le monde, elles apparaissent, et, au bout de quelques jours, elles retournent dans le cercle du soleil et demeurent invisibles, après s'être montrées soit à l'occident, soit au nord, soit à l'orient, soit au sud ; nous les appelons des prophètes. Telle est la nature des astres ; ils diffèrent des étoiles ; les astres sont suspendus dans le ciel, les étoiles sont fixées dans le corps du ciel et emportées avec lui. Parmi elles, nous avons nommé les douze signes du zodiaque. Celui qui connaît ces choses peut avoir une notion exacte de Dieu, et pour ainsi dire le contempler, et obtenir la béatitude.

TAT.

Bienheureux en effet celui qui le voit, ô mon père !

HERMÈS.

Ce bonheur-là n'est pas possible tant qu'on est dans le corps ; il faut exercer l'âme ici-bas, afin qu'elle ne se trompe pas de route quand elle arrivera au lieu où cette contemplation lui sera permise. Les hommes attachés au corps seront privés à jamais de la vue du beau et du bien. Car c'est, ô mon fils, une beauté qui n'a ni forme, ni couleur, ni corps.

TAT.

Y a-t-il donc, ô mon père, une beauté en dehors de ces choses ?

HERMÈS.

Dieu seul, mon fils, ou plutôt, quelque chose de plus grand, le nom de Dieu.

(Stobée, *Ecl. phys.*, XXII, 9.,

VII

TAT.

Tu m'as bien instruit sur toutes choses, mon père ; mais explique-moi encore ce qui dépend de la nécessité, et ce qui dépend de la providence ou de la destinée.

HERMÈS.

J'ai dit, ô Tat, qu'il y avait en nous trois espèces d'incorporels. L'un est intelligible, sans couleur, sans forme, sans corps, et dérive de l'essence première et intelligible. Il y a en nous des formes qui y répondent et qu'il reçoit. Ce qui est mis en mouvement par l'essence intelligible et reçu par elle se change en une autre forme de mouvement, qui est l'image de la pensée du créateur. La troisième espèce d'incorporels accompagne les corps : tels sont le lieu, le temps, le mouvement, la figure, l'éclat, la grandeur, la forme.

Il faut distinguer les qualités proprement dites de celles qui appartiennent aux corps. Les premières sont la figure, la couleur, la forme, le lieu, le temps, le mouvement. Les autres sont la figure figurée, la couleur colorée, la forme formée, la manifestation et la grandeur. Ces choses ne participent point à [cela?][1]. L'essence intelligible qui est en Dieu est maîtresse d'elle-même et, en se conservant elle-même, peut conserver autre chose, puisque l'essence n'est pas soumise à la nécessité. Mais abandonnée par Dieu, elle prend une nature corporelle, et ce choix se fait selon la providence [et cela dépend du monde?]. Tout irrationnel est mu pour une certaine raison ; la raison est réglée selon la providence, l'irrationnel selon la nécessité, les accidents du corps selon la destinée. Telle est l'explication du rôle de la providence, de la nécessité et de la destinée.

(Stobée, *Ecl. phys.*, v, 8.)

[1]. Le texte paraît offrir des lacunes et des incorrections ; j'ai mis entre crochets quelques passages qui me semblent inintelligibles.

VIII

O mon fils, la matière est née et elle était [1], car la matière est le vase de la naissance (du devenir). Le devenir est le mode d'activité du Dieu incréé et prévoyant. Ayant reçu le germe de la naissance, elle est née, elle a reçu des formes, car la force créatrice la modèle selon des formes idéales. La matière non encore engendrée n'avait pas de forme, elle naît quand elle est mise en œuvre.

(Stobée, *Ecl. phys.*, xii, 2.)

1. Il semble qu'il y ait ici une contradiction, mais elle n'est qu'apparente. L'auteur distingue la vie changeante de l'existence immobile. Avant sa mise en œuvre, la matière *était*, maintenant elle *devient*. En grec, le même mot signifie *naître* et *devenir*; en effet, tout changement est une naissance.

IX

Parler de la vérité avec assurance, ô Tatios, c'est chose impossible à l'homme, animal imparfait, composé de membres imparfaits et formé d'un assemblage de corps étrangers; mais je dis, autant qu'il m'est possible et permis, que la vérité est seulement dans les êtres éternels, dont les corps mêmes sont vrais. Le feu n'est que du feu, et rien de plus ; la terre n'est rien de plus que de la terre; l'air est de l'air. Mais nos corps sont composés de tout cela; il y a en eux du feu, de la terre, de l'eau, de l'air, et ils ne sont ni feu, ni terre, ni eau, ni air, ni rien de vrai. Si dès l'origine la vérité est étrangère à notre constitution, comment pourrions-nous voir la vérité, en parler ou seulement la comprendre, à moins que Dieu ne l'ait voulu. Toutes les choses terrestres, ô Tatios, ne sont donc pas la vérité, mais des simulacres de vérité, et pas même toutes, seulement un petit nombre; les autres sont mensonge et erreur, ô Tatios, des apparences fantastiques et comme des images. Lorsqu'une de ces apparences reçoit l'effluve d'en haut, elle devient une imitation de la vérité; sans cette influence supérieure, elle reste mensonge. De même un portrait est l'image peinte du corps, mais n'est pas le corps qu'il représente. Il paraît avoir des yeux, mais il ne voit rien; des oreilles, et il n'entend rien; et ainsi du reste. C'est une peinture qui trompe les yeux; on croit voir une vérité, il n'y a qu'un mensonge. Ceux qui ne voient pas le faux voient le vrai; si on comprend, si on voit chaque chose telle qu'elle est, on comprend, on voit la vérité; mais si on voit ce qui n'est pas, on ne peut comprendre et on ne saura rien de vrai.

— Il y a donc, mon père, une vérité, même sur la terre ?

— Ton erreur n'est pas inconsidérée, mon fils. La vérité n'est pas sur la terre, ô Tatios, et elle n'y peut pas être, mais elle peut être comprise par quelques hommes auxquels Dieu donne une vision divine. Rien n'est vrai sur la terre, il n'y a qu'apparences et opinions; tout est vrai pour l'intelligence et la raison; ainsi, penser et dire le vrai, voilà ce qu'il faut appeler la vérité.

— Quoi donc? il faut penser et dire ce qui est, et rien n'est vrai sur la terre?

— Il y a cela de vrai qu'on ne sait rien de vrai. Comment en pourrait-il être autrement, mon fils? La vérité est la vertu parfaite, le souverain bien qui n'est ni troublé par la matière, ni circonscrit par le corps, le bien nu, évident, inaltérable, auguste, immuable. Or, les choses d'ici-bas, tu le vois, mon fils, sont incompatibles avec le bien; elles sont périssables, changeantes, altérables, passant d'une forme à une autre. Ce qui n'est pas même soi peut-il être vrai? Tout ce qui se transforme est mensonge, non-seulement en soi, mais par les apparences qu'il nous présente l'une après l'autre.

— L'homme même n'est-il pas vrai, mon père?

— Il n'est pas vrai en tant qu'homme, mon fils. Le vrai ne consiste qu'en soi-même et demeure ce qu'il est. L'homme est composé d'éléments multiples et ne reste pas identique à lui-même. Tant qu'il habite le corps, il passe d'un âge à un autre, d'une forme à une autre. Souvent, après un court intervalle de temps, les parents ne reconnaissent plus leurs enfants, ni les enfants leurs parents. Ce qui change au point d'être méconnaissable est-il quelque chose de vrai, ô Tatios? n'est-ce pas plutôt un mensonge que cette succession d'apparences diverses? Ne regarde comme vrai que l'éternel et le juste. L'homme n'est pas toujours, donc il n'est pas vrai ; l'homme n'est qu'apparence, et l'apparence est le suprême mensonge.

— Mais les corps éternels eux-mêmes ne sont donc pas vrais, mon père, puisqu'ils changent?

— Ce qui est engendré et sujet au changement n'est pas vrai, mais les produits du grand ancêtre peuvent recevoir de lui une matière vraie. Il y a cependant du faux en eux par le fait du changement, car il n'y a de vrai que ce qui est identique à soi-même.

— Que peut-on donc appeler vrai, mon père?

— Le soleil, le seul de tous les êtres qui ne change pas et qui reste identique à lui-même. C'est pourquoi à lui seul est confiée l'ordonnance du monde; il est le chef et le créateur de toutes choses, je l'adore et je me prosterne devant sa vérité, et, après l'unité première, je le reconnais comme créateur.

— Quelle est donc la vérité première, ô mon père?

— Celui qui est un et seul, ô Tatios; celui qui n'est pas formé de matière, qui n'est pas dans un corps, qui n'a ni couleur ni figure, qui ne change ni ne se transforme, celui qui est toujours.

. . . .

Ce qui est mensonge se corrompt, ô mon fils. La

providence du vrai a enveloppé et enveloppera de corruptions toutes les choses terrestres, car la corruption est la condition de toute naissance; tout ce qui est né se corrompt pour renaître encore. Il est nécessaire que de la corruption sorte la vie et que la vie se corrompe à son tour, pour que la génération des êtres ne s'arrête jamais. Reconnais donc d'abord le créateur dans cette naissance des êtres. Les êtres nés de la corruption ne sont que mensonge, ils deviennent tantôt ceci, tantôt cela; car ils ne peuvent devenir les mêmes, et comment ce qui n'est pas identique pourrait-il être vrai? Il faut donc les appeler des apparences, ô mon fils, et voir dans l'homme une apparence de l'humanité; à proprement parler l'enfant, est une apparence d'enfant, le jeune homme une apparence de jeune homme, l'adulte une apparence d'adulte, le vieillard une apparence de vieillard; car on ne peut dire que l'homme soit un homme, l'enfant un enfant, le jeune homme un jeune homme, l'homme fait un homme fait, le vieillard un vieillard, en se transformant ils nous trompent et sur ce qu'ils étaient et sur ce qu'ils sont. Ne vois donc dans tout cela, mon fils, que des manifestations menteuses d'une vérité supérieure; et puisqu'il en est ainsi, j'appelle le mensonge une expression de la vérité.

(Stobée, *Florilegium*, xi.)

X

Comprendre Dieu est difficile, en parler impossible ; car le corps ne peut exprimer l'incorporel, l'imparfait ne peut embrasser le parfait. Comment associer l'éternel à ce qui dure peu de temps ? L'un demeure toujours, l'autre passe ; l'un est la vérité, l'autre est une ombre imaginaire. Autant la faiblesse diffère de la force, la petitesse de la grandeur, autant le mortel diffère du divin. La distance qui les sépare obscurcit la vision du beau. Les corps sont visibles aux yeux, et ce que l'œil voit la langue peut l'exprimer ; mais ce qui n'a ni corps, ni apparence, ni forme, ni matière ne peut être saisi par nos sens. Je comprends, ô Tat, je comprends ce qui ne peut s'exprimer, voilà Dieu.

(Stobée, *Florilegium*, LXXVIII.)

FRAGMENTS

DES LIVRES D'HERMÈS A AMMON

I

SUR L'ECONOMIE GÉNÉRALE

Ce qui gouverne l'univers, c'est la providence; ce qui le contient et l'enveloppe, c'est la nécessité; la destinée pousse et contient tout par une force obligatoire qui est sa nature. Elle est la cause de la naissance et de la corruption de la vie. Le monde a donc le premier la providence, car il la reçoit d'abord. La providence se répand dans le ciel, autour duquel circulent les Dieux d'un mouvement infatigable et éternel. Il y a destinée parce qu'il y a nécessité. La providence prévoit, la destinée est la cause de la position des astres. Telle est la loi universelle.

(Stobée, *Ecl. phys.*, vi, 16.)

II

Tout est produit par la nature et la destinée, et il n'y a pas un lieu vide de providence. La providence est la raison libre du Dieu céleste; il a deux forces spontanées, la nécessité et la destinée. La destinée est soumise à la providence et à la nécessité; à la destinée sont soumis les astres. Car nul ne peut éviter la destinée ni se préserver de l'action des astres. Ils sont les instruments de la destinée, c'est par elle qu'ils accomplissent tout dans la nature et dans l'humanité.

(Stobée, *Ecl. phys.*, vi, 20.)

III

L'âme est donc une essence incorporelle, et lorsqu'elle est dans le corps elle ne perd pas entièrement sa manière d'être. Son essence est un perpétuel mouvement, le mouvement spontané de la pensée; elle n'est mue ni en quelque chose, ni vers quelque chose, ni pour quelque chose. Car elle est une force première, et ce qui précède n'a pas besoin de ce qui suit. L'expression *en quelque chose* s'applique au lieu, au temps, à la nature; *vers quelque chose* s'applique à une harmonie, à une forme, à une figure; *pour quelque chose* s'applique au corps, car le temps, le lieu, la nature, se rapportent au corps. Tous ces termes sont unis entre eux par des liens réciproques. Le corps a besoin du lieu, car on ne peut concevoir un corps sans la place qu'il occupe; il change dans sa nature; ces changements ne sont possibles que dans le temps et par un mouvement de la nature; les parties du corps ne peuvent être unies sans l'harmonie. L'espace existe à cause du corps, car il en contient les changements et ne le laisse pas s'anéantir dans ces changements; le corps passe d'un état à un autre, mais en quittant son premier état il ne cesse pas d'être le corps, il prend un nouvel état. Il était corps, il reste corps; sa condition seule est différente : ce qui change dans le corps c'est la qualité, la manière d'être. Le lieu, le temps, le mouvement naturel sont donc incorporels et ont chacun leur propriété particulière. Le propre de l'espace, c'est de contenir; le propre du temps, c'est l'intervalle et le nombre; le propre de la nature, c'est le mouvement; le propre de l'harmonie, c'est l'amitié; le propre du corps, c'est le changement; le propre de l'âme, c'est la pensée.

(Stobée, *Ecl. phys.*, XLIII, 4.)

IV

Chaque mouvement est produit par l'énergie qui meut l'ensemble des choses. La nature de l'univers lui fournit deux sortes de mouvement, l'un selon la puissance de la nature, l'autre selon son activité. La première pénètre l'ensemble du monde et agit en dedans, l'autre l'enveloppe et agit en dehors; ces deux actions vont ensemble. La nature universelle produit les êtres, les entretient, répand ses semences fécondes dans la matière mobile. La matière s'échauffe par le mouvement et devient feu et eau, l'élément actif et l'élément passif. Le feu, en s'opposant à l'eau, en dessèche une partie et produit la terre. De cette action desséchante sort une vapeur formée d'eau, de terre et de feu, et c'est ainsi que l'air prend naissance. Ces quatre éléments se combinent selon une loi d'harmonie, le chaud avec le froid, le sec avec l'humide, et de leur concours naît un souffle, et une semence analogue au souffle qui la contient. Ce souffle, tombant dans l'utérus, agit sur la semence, la transforme, l'accroît en force et en grandeur. A ce développement s'ajoute un simulacre de figure, et à cette figure s'attache la forme qui manifeste les choses. Et, comme le souffle n'avait pas dans la matrice un mouvement vital, mais un mouvement de fermentation, l'harmonie en fait le réceptacle de la vie intelligente. Celle-ci est indivise et immuable, et ne cesse jamais de l'être. Le germe contenu dans l'utérus est mis au jour par les nombres et produit au dehors; l'âme s'y loge, non à cause d'une analogie de nature, mais par une loi fatale; elle ne désire pas être unie au corps : c'est donc pour obéir à la destinée qu'elle fournit à l'être qui naît le mouvement intellectuel et l'essence idéale de sa vie; car en s'introduisant avec l'esprit, elle produit le mouvement vital.

> (Stobée, *Ecl. phys.*, xliii, 4. — Patrizzi réunit ce fragment au précédent.)

V

L'âme est donc une essence incorporelle; si elle avait un corps, elle ne pourrait se conserver elle-même, car tout corps a besoin de l'être, de la vie, qui consiste dans l'ordre. Partout où il y a naissance, il y a changement. Le *devenir* suppose une grandeur, c'est-à-dire une augmentation; l'augmentation entraîne la diminution, qui elle-même aboutit à la destruction. Ce qui reçoit la forme de la vie participe à l'être par l'âme. Pour produire l'existence, il faut d'abord exister; j'appelle exister, devenir en raison et participer à la vie intelligente. La vie constitue l'animal, l'intelligence le rend raisonnable, le corps le rend mortel. L'âme est donc incorporelle et possède une puissance immuable. L'animal intelligent peut-il exister sans une essence fournissant la vie? Pourrait-il être raisonnable si une essence intelligente ne lui fournissait la vie rationnelle? Si l'intelligence ne se manifeste pas dans tous les êtres, c'est par suite de la constitution du corps eu égard à l'harmonie. Si c'est le chaud qui domine dans cette constitution, l'animal est léger et ardent; si c'est le froid, il est lourd et lent. La nature dispose les éléments du corps selon une loi d'harmonie. Cette combinaison harmonique a trois formes : le chaud, le froid et le tempéré. L'accord s'établit d'après l'influence des astres. L'âme s'empare du corps qui lui est destiné, et le fait vivre par l'opération de la nature. La nature assimile l'harmonie des corps à la disposition des astres, et la combinaison des éléments à l'harmonie des astres, afin qu'il y ait sympathie réciproque. Car le but de l'harmonie des astres est d'engendrer la sympathie selon la destinée.

(Stobée, Ecl. phys., LII, 3.)

VI

L'âme est donc, ô Ammon, une essence ayant sa fin en elle-même, recevant à l'origine la vie qui lui est destinée, et attirant à elle, comme une matière, une raison qui a la fougue et le désir. La fougue est une matière ; si elle s'accorde avec la partie intelligente de l'âme, elle devient le courage et ne cède pas à la crainte. Le désir aussi est une matière ; associé à la partie raisonnable de l'âme, il devient la tempérance et ne cède pas à la volupté. Car la raison supplée à l'aveuglement du désir. Quand les facultés de l'âme se coordonnent ainsi sous la suprématie de la raison, elles produisent la justice. Le gouvernement des facultés de l'âme appartient à l'essence intelligente qui existe en elle-même dans sa raison prévoyante, qui a pour autorité sa propre raison. Elle gouverne tout comme un magistrat ; sa raison prévoyante lui sert de conseiller. La raison de l'essence est la connaissance des raisonnements qui fournissent à l'irrationnel l'image du raisonnement; image obscure relativement au raisonnement, raisonnable par rapport à l'irrationnel, comme l'écho par rapport à la voix, ou l'éclat de la lune par rapport au soleil. La fougue et le désir sont disposés selon une certaine raison, s'attirent réciproquement et établissent en eux une pensée circulaire.

(Stobée, *Ecl. phys.*, III, 4. — Patrizzi réunit ce fragment au précédent.)

VII

Toute âme est immortelle et toujours en mouvement. Car nous avons dit que les mouvements procèdent soit des énergies, soit des corps. Nous avons dit aussi que l'âme, étant incorporelle, vient, non d'une matière, mais d'une essence incorporelle elle-même. Tout ce qui naît est nécessairement produit par quelque chose. Deux mouvements suivent nécessairement toute chose dont la génération est suivie de corruption : celui de l'âme, qui la fait mouvoir, et celui du corps, qui l'augmente, la diminue, et la décompose en se décomposant lui-même. C'est ainsi que je définis le mouvement des corps corruptibles. Mais l'âme est toujours mobile, sans cesse elle se meut et produit le mouvement. Ainsi toute âme est immortelle et toujours mobile, ayant pour mouvement sa propre activité. Il y a trois espèces d'âmes : divine, humaine et irrationnelle. L'âme divine appartient à un corps divin, c'est en lui qu'elle a son énergie; elle s'y meut et l'agite. Lorsqu'elle se sépare des êtres mortels, elle abandonne ses parties irrationnelles et entre dans le corps divin, et, comme elle est toujours mobile, elle est emportée dans le mouvement universel. L'âme humaine a aussi quelque chose de divin, mais elle est attachée à des éléments irrationnels, le désir et la fougue; ces éléments sont immortels, car ce sont des énergies, mais ce sont les énergies des corps mortels; aussi sont-elles éloignées de la partie divine de l'âme, qui est dans le corps divin. Lorsque celle-ci entre dans un corps mortel et y rencontre ces éléments irrationnels, par leur présence elle devient une âme humaine. Celle des animaux se compose de fougue et de désir. Aussi les animaux sont-ils appelés *brutes*, parce que leur âme est privée de raison. La quatrième espèce d'âmes, celle des êtres inanimés, est placée en dehors des corps qu'elle agite Elle se meut dans le corps divin, et le meut comme en passant.

Stobée, Ecl phys., LII, 5.)

VIII

L'âme est donc une essence éternelle et intelligente, ayant pour pensée sa propre raison. Elle s'associe à la pensée de l'harmonie. Séparée du corps physique, elle persiste par elle-même, elle est indépendante dans le monde idéal. Elle gouverne sa raison, et apporte à l'être qui entre dans la vie un mouvement analogue à sa propre pensée, et qu'on nomme la vie; car le propre de l'âme c'est d'assimiler les autres choses à son caractère. Il y a deux sortes de mouvement vital, l'un selon l'essence de l'âme, l'autre selon la nature du corps. Le premier est général, le second particulier; l'un est indépendant, l'autre soumis à la nécessité. Car tout mobile est soumis à la loi nécessaire du moteur. Mais le mouvement moteur est uni par l'amour à l'essence intelligente. L'âme doit être incorporelle et son essence est étrangère au corps physique; si elle avait un corps, elle n'aurait ni raison ni pensée. Tout corps est inintelligent, mais en recevant l'essence il devient un animal qui respire. Le souffle appartient au corps, la raison contemple la beauté de l'essence. Le souffle sensible discerne les apparences. Il est partagé en sensations organiques, et la vision spirituelle est une partie de lui; de même le souffle acoustique, olfactif, dégustatif, tactile. Ce souffle, attiré par la pensée, discerne les sensations, autrement il ne crée que des fantômes, car il appartient au corps et reçoit tout. La raison de l'essence est le jugement. A la raison appartient la connaissance de ce qui est honorable, au souffle l'opinion. Celle-ci reçoit son énergie du monde extérieur, celle-là d'elle-même.

> (Stobée, *Ecl. phys.*, LII, 6. — Patrizzi réunit ce morceau au précédent.)

FRAGMENTS DIVERS

I

Il y a donc l'essence, la raison, l'intelligence, la perception. L'opinion et la sensation se portent vers la perception, la raison vers l'essence, la pensée marche par elle-même. La pensée est associée à la perception. Unies l'une à l'autre, elles deviennent une seule forme, qui est celle de l'âme. L'opinion et la sensation se portent aussi vers la perfection, mais elles ne restent pas dans le même état, il y a excès, défaut, différence. En se séparant de la perception elles se détériorent, en s'en rapprochant et la suivant, elles participent de la raison intellectuelle par les sciences. Nous avons le choix, il dépend de nous de choisir le meilleur ou le pire par notre volonté. Le choix du mal nous rapproche de la nature corporelle et nous soumet à la destinée. L'essence intellectuelle qui est en nous étant libre, la raison intellectuelle est libre aussi, toujours identique à elle-même et indépendante de la destinée. En suivant la raison première et intelligente, établie par le premier Dieu, elle est au-dessus de l'ordre établi par la nature sur les êtres créés, mais l'âme qui s'attache à ceux-ci participe à leur destinée, quoique étrangère à leur nature.

(Stobée, *Eclogues morales*, VIII, 31.)

II

FRAGMENT DU LIVRE D'ISIS

Un reproche accepté, ô grand roi, inspire le désir de ce qu'on ignorait auparavant.

(Stobée, *Florilegium*, XIII.)

III

FRAGMENT DU LIVRE D'APHRODITE

Pourquoi les enfants naissent-ils semblables à leurs parents? Est-ce l'effet de la parenté? J'en dirai la raison. Quand la génération tire la semence du sang le plus pur, il arrive qu'une certaine essence s'échappe de tout le corps par une divine énergie, comme si le même homme était engendré. La même chose arrive dans la femme. Quand l'effluve de l'homme domine et demeure intact, l'enfant ressemble au père; dans le cas contraire, à la mère. Si quelque partie est plus abondante, la ressemblance se produit dans cette partie. Il arrive que pendant une longue suite de générations les enfants ressemblent à celui qui les a engendrés, quand le même Décan a présidé à l'heure de la conception.

(Stobée, *Ecl. physs.*, xiv, 2.)

IV

Il y a donc une préexistence au-dessus de tous les êtres et de ce qui est réellement. La préexistence est ce par quoi l'essentialité universelle est commune à tous les êtres intelligibles véritablement existants, et aux êtres pensés en eux-mêmes. Leurs contraires, conçus par opposition, sont aussi en eux-mêmes (?). La nature est l'essence sensible ayant en elle-même tous les objets sensibles. Au milieu sont les Dieux intellectuels et les Dieux sensibles. Les concepts de l'intelligence sont en rapport avec les Dieux intelligibles, les choses d'opinions avec les Dieux sensibles, qui sont les images des intelligences; par exemple, le soleil est l'image du Dieu céleste et créateur. Car, de même que celui-ci a créé l'univers, le soleil crée les animaux, produit les plantes [et gouverne les fluides?].

(Stobée, *Ecl. phys.*, XLIII, 11.)

C'est pourquoi, que l'œil incorporel sorte du corps pour contempler le beau; qu'il s'élève et contemple non la figure, non le corps, non l'apparence, mais ce qui peut tout, ce qui est calme, tranquille, solide, immuable, ce qui est tout, seul et unique, ce qui est par soi-même et en soi-même, semblable à soi-même et non différent.

Si tu comprends cet unique et seul bien, tu ne trouveras rien impossible, car il est toute vertu. Ne pense pas qu'il soit dans quelqu'un, ne dis pas qu'il est hors de quelqu'un. Il est sans terme, il est le terme de tout. Rien ne le contient, il contient tout en lui. Quelle différence y a-t-il entre le corps et l'incorporel, le créé et l'incréé, ce qui est soumis à la nécessité et ce qui est libre, entre les choses terrestres et les choses célestes, les choses corruptibles et les choses éternelles? N'est-ce pas que les unes existent librement et que les autres sont soumises à la nécessité? Ce qui est en bas est imparfait et corruptible.

(Cyrille, *Contre Julien.*)

V

FRAGMENT DU LIVRE Ier DES DIGRESSIONS

Veux-tu nous expliquer la naissance du soleil, et d'où il est venu?

— Le Seigneur de toutes choses cria tout à coup de sa parole sainte, intelligente et créatrice : « Que le soleil soit ! » Et en même temps qu'il parlait, la nature suscita par son souffle et fit sortir de l'eau le feu pur, brillant, actif et fécond.

Et, continua-t-il, Osiris dit : Ensuite, ô très-grand bon Démon, comment apparut toute la terre?

Et le grand bon Démon dit : La concrétion et le dessèchement des éléments dont j'ai parlé, et l'ordre donné à la masse des eaux par l'Intelligence de se retirer sur elles-mêmes, fit paraître toute la terre, bourbeuse et tremblante. Le soleil continuant à briller et ne cessant pas de chauffer et de dessécher, la terre s'affermit dans les eaux qui l'enveloppaient. Et Dieu dit de sa sainte parole : « Croissez en accroissement et multipliez en nombre [1], toutes mes œuvres et mes créations. »

(Cyrille, *Contre Julien*.)

---

[1]. Le même pléonasme se retrouve dans deux autres livres hermétiques, le *Poimandrès* et le *Discours sacré*. La Genèse dit simplement : « Croissez et multipliez. »

VI

La pyramide est placée sous la nature et le monde idéal. Elle a un chef établi au-dessus d'elle, le verbe créateur du maître universel, qui est après lui la première puissance incréée, infinie, sortie de lui et préposée à toutes ses créations. Il est le rejeton du très-parfait, le fécond, le fils légitime, [mais tu ne l'as pas compris [1]]. La nature de ce verbe intelligent est une nature génératrice et créatrice. C'est comme sa génération, ou sa nature, ou son caractère, appelle-le comme tu voudras. Pense seulement ceci, qu'il est parfait dans le parfait et sorti du parfait, qu'il fait des œuvres parfaitement bonnes, et qu'il est l'auteur de la création et de la vie. Puisque telle est sa nature, il est bien nommé.

1. Cette phrase paraît la remarque d'un chrétien, transportée dans le texte par un copiste.

Sans la providence du seigneur de l'univers qui me fait révéler ce discours, vous n'auriez pas un si grand désir de rechercher ces choses. Maintenant, écoutez la fin de ce discours. Cet esprit dont j'ai souvent parlé est nécessaire à tout; car il porte tout, il donne la vie à tout, il nourrit tout. Il coule de la source sainte et vient sans cesse en aide aux esprits et à tous les êtres vivants.

(Cyrille, *Contre Julien.*)

VII

On lit dans le Lexique de Suidas :

Hermès Trismégiste. C'était un sage égyptien antérieur à Pharaon. Il fut appelé Trismégiste (trois fois très-grand), parce qu'il a dit que dans la triade (trinité) il y a une seule divinité :

« Ainsi était la lumière idéale avant la lumière idéale, et toujours était l'intelligence lumineuse de l'intelligence, et son unité n'était pas autre chose que le fluide (esprit) enveloppant l'univers. Hors de lui, ni Dieu, ni anges, ni aucune autre essence, car il est le seigneur de toutes choses et le père et le Dieu [1], et tout dépend de lui et est en lui. Son verbe parfait, générateur et créateur étant tombé dans la nature gé-

---

1. Variante : et la source et la vie, et la puissance et la lumière, et l'intelligence et l'esprit.

nératrice et dans l'eau génératrice, rendit l'eau féconde..... »

Ayant ainsi parlé, il se leva et dit : « Je t'adjure, ciel, œuvre sage du grand Dieu, je t'adjure, voix du père, qu'il a prononcée la première quand il a fabriqué le monde universel; je t'adjure par le verbe, fils unique du père qui embrasse toutes choses, sois propice, sois propice. »

Ce fragment, dans l'édition de Patrizzi (xx, page 31), est précédé par cette phrase :

Il n'est pas permis de communiquer de tels mystères à ceux qui ne sont pas initiés. Écoutez avec l'intelligence.

Dans la suite du morceau, Patrizzi introduit encore d'après Cyrille et Cédrenus, quelques variantes qui rendent la pensée un peu plus obscure. Dans l'invocation qui termine le fragment, il est facile de reconnaître, sous une forme altérée, des vers orphiques cités par saint Justin et qu'on trouve dans le fragment V des *Poésies orphiques*.

VIII

Sept astres errants circulent dans les routes de l'Olympe, et avec eux est filée l'éternité. La Lune qui brille la nuit, le lugubre Kronos, le doux Soleil, la Paphienne, protectrice de l'hymen, le courageux Arès, le fécond Hermès, et Zeus, principe de la naissance, source de la nature. Les mêmes ont reçu en partage la race humaine, et il y a en nous la Lune, Zeus, Arès, Aphrodite, Kronos, le Soleil, Hermès. Aussi tirons-nous du fluide éthéré les larmes, le rire, la colère, la parole, la génération, le sommeil, le désir. Les larmes c'est Kronos, Zeus la génération, Hermès la parole, Arès le courage, la Lune le sommeil, Kythérée le désir, le Soleil le rire, car c'est lui qui égaie la pensée humaine et le monde infini.

(Stobée, *Ecl. phys.*, vi, 14.)

Ce morceau est en vers, ce qui fait supposer à Heeren que c'est un fragment orphique. Il me semble qu'on pourrait plutôt le rapprocher des *Apotélesmatiques* de Manéthon.

IX

On lit dans les *Institutions divines* de Lactance, II, 15 :

« Hermès affirme que ceux qui connaissent Dieu sont à l'abri des attaques du démon, et qu'ils ne sont pas même soumis au destin :

Le seul préservatif, dit-il, est la piété; ni le mauvais démon, ni la destinée n'ont de pouvoir sur l'homme pieux, car Dieu le garantit de tout mal; le seul et unique bien pour l'homme est la piété.

« Ce que c'est que la piété, il l'explique ailleurs en ces termes :

La piété est la connaissance de Dieu.

« Asclépios, son disciple, expose plus longuement la même pensée dans le discours d'initiation qu'il adresse au roi. L'un et l'autre affirment que les démons sont ennemis de l'homme et lui font du mal. Aussi Trismégiste les appelait-il les *mauvais anges*. »

Les autres passages cités par Stobée, Lactance et Cyrille sont empruntés aux écrits hermétiques qui nous sont parvenus et qui forment les deux premiers livres de cette traduction. Les deux fragments donnés par Patrizzi, page 51, et dont Fabricius n'indique pas l'origine, sont des citations faites par Lactance du *Discours d'initiation*.

LES DÉFINITIONS

ASCLÈPIOS AU ROI AMMON

I

DU SOLEIL ET DES DÉMONS

Je t'adresse, ô roi, un grand discours qui est comme la somme et le résumé de tous les autres. Loin d'être conforme à l'opinion de la foule, il lui est très-contraire. Il te semblera même contredire quelques-uns de mes discours. Hermès, mon maître, qui s'entretenait souvent avec moi, seul à seul ou en présence de Tat, disait que ceux qui liraient mes livres en trouveraient la doctrine simple et claire, tandis qu'au contraire elle est obscure et contient un sens caché. Elle est devenue plus obscure encore depuis que les Grecs ont voulu la traduire de notre langue dans la leur. C'est là une source de contre-sens et d'obscurité. Le caractère de la langue égyptienne, l'énergie des mots qu'elle emploie, en font comprendre le sens. Autant donc que tu le pourras, ô roi, et tu peux tout, fais que ce discours ne soit pas traduit, de peur que ces mystères ne pénètrent chez les Grecs, et que leur phrase pompeuse, diffuse et surchargée d'ornements n'affaiblisse la vigueur et n'amoindrisse la gravité auguste et l'énergie de l'expression. Les Grecs, ô roi, ont des formes nouvelles de langage pour produire des preuves, et leur philosophie est un bruit de paroles. Nous, au contraire, nous employons, non des paroles, mais la grande voix des choses.

Je commencerai ce discours par invoquer le Dieu maître de l'univers, le créateur et le père, qui enveloppe tout, qui est tout dans un et un dans tout. Car la plénitude de toutes choses est l'unité et dans l'unité; il n'y a pas un terme inférieur à l'autre, les deux ne sont qu'un. Conserve cette pensée, ô roi, pendant toute l'exposition de mon discours. On chercherait en vain à distinguer le tout et l'unité en appelant *tout* la multitude des choses et non la plénitude; cette distinction est impossible, car le tout n'existe plus si on le sépare de l'unité; si l'unité existe, elle est dans la totalité; or, elle existe et ne cesse jamais d'être une pour dissoudre la plénitude.

Il se trouve dans l'intérieur des terres des sources jaillissantes d'eau et de feu; on voit là les trois natures du feu, de l'eau et de la terre, partant d'une commune racine, ce qui fait penser qu'il y a un réservoir général de la matière, fournissant tout en abondance et recevant l'existence d'en haut. C'est ainsi que le ciel et la terre sont gouvernés par le créateur, j'entends le soleil, qui fait descendre l'essence et monter la matière, qui attire l'univers à lui, qui donne tout à tous et prodigue les bienfaits de sa lumière. C'est lui qui répand ses bienfaisantes énergies non-seulement dans le ciel et dans l'air, mais sur la terre et jusque dans les profondeurs de l'abîme. Et s'il y a une essence intelligible, ce doit être la substance même du soleil, dont sa lumière est le réceptacle. Quelle en est la constitution et la source, lui seul le sait. Pour comprendre par induction ce qui se dérobe à notre vue, il faudrait être près de lui et analogue à sa nature. Mais ce qu'il nous laisse voir n'est pas une conjecture, c'est la vision splendide qui illumine l'ensemble du monde supérieur.

Il est établi au milieu de l'univers comme celui qui porte les couronnes; et, pareil à un bon cocher, il dirige et maintient le char du monde et l'empêche de s'égarer. Il en tient les rênes, qui sont la vie, l'âme, l'esprit, l'immortalité, la génération. Il le laisse courir à peu de distance de lui, ou, pour être plus vrai, avec lui. Et voici de quelle manière il forme toutes choses : Il distribue aux immortels l'éternelle permanence. La lumière, qui de sa partie supérieure monte vers le ciel, nourrit les parties immortelles du monde. Le reste, enveloppant et illuminant l'ensemble de l'eau, de la terre, de l'air, est la matrice où germe la vie, où se meuvent les naissances et les métamorphoses. Comme une hélice en mouvement, il transforme les animaux qui habitent ces portions du monde, il les fait passer d'un genre à l'autre et d'une apparence à l'autre, équilibrant leurs mutuelles métamorphoses, comme dans la création des grands corps. Car la permanence d'un corps est toujours une transformation. Mais les corps immortels sont indissolubles, les corps mortels se décomposent; telle est la différence qui existe entre l'immortel et le mortel.

Cette création de la vie par le soleil est continue comme sa lumière, et rien ne l'arrête ou ne la limite. Autour de lui, comme une armée de satellites, sont de nombreux chœurs de Démons. Ils habitent dans le voisinage des immortels, et de là ils surveillent les choses humaines. Ils exécutent les ordres des Dieux par les tempêtes et les ouragans, les métamorphoses du feu et les tremblements de terre, ainsi que par les famines et les guerres, pour punir l'impiété. Car le plus grand crime des hommes c'est l'impiété envers les Dieux. La fonction des Dieux est de faire le bien, celle des hommes d'être pieux, celle des Démons de châtier. Les Dieux ne demandent pas compte à l'homme des fautes commises par erreur, par témérité, par cette nécessité qu'on nomme la destinée, ou par ignorance; l'impiété seule tombe sous le coup de leur justice.

C'est le Soleil qui conserve et nourrit tous les êtres ; et de même que le monde idéal, qui enveloppe le monde sensible, y répand la plénitude et l'universelle variété des formes : ainsi le soleil, enveloppant tout de sa lumière, accomplit partout la naissance et le développement des êtres, et les recueille quand ils tombent fatigués de leur course. Il a sous ses ordres le chœur des Démons, ou plutôt les chœurs, car ils sont plusieurs et différents, et leur nombre répond à celui des astres. Chaque astre a ses démons, bons et méchants par leur nature, c'est-à-dire par leur action, car l'action est l'essence des démons. Dans quelques-uns il y a du bon et du mauvais. Tous ces démons sont préposés aux choses de la terre; ils agitent et bouleversent la condition des États et des individus, ils façonnent nos âmes à leur ressemblance, s'établissent dans nos nerfs, notre moelle, nos veines, nos artères et même dans notre cervelle, et jusqu'au fond de nos viscères. Au moment où chacun de nous reçoit la vie et l'âme, il est saisi par les démons qui président aux naissances, et qui sont classés dans les astres. A chaque instant ils sont changés, ce ne sont pas toujours les mêmes, ils tournent en cercle. Ils pénètrent par le corps dans deux des parties de l'âme, pour la façonner chacun selon son énergie. Mais la partie raisonnable de l'âme n'est pas soumise aux démons, elle est disposée pour recevoir Dieu, qui l'éclaire d'un rayon de soleil. Ceux qui sont éclairés ainsi sont peu nombreux, et les démons s'en abstiennent ; car ni les démons ni les Dieux n'ont aucun pouvoir contre un seul rayon de Dieu. Tous les autres, âmes et corps, sont dirigés par les démons, s'y attachent et en aiment les œuvres ; mais la raison n'est pas comme le désir qui trompe et qui s'égare. Les démons ont donc la direction des choses terrestres, et nos corps leur servent d'instruments. Cette direction, Hermès l'appelle la Destinée.

Le monde intelligible se rattache à Dieu, le monde sensible au monde intelligible ; le soleil conduit à travers ces deux mondes l'effluve de Dieu, c'est-à-dire la création. Autour de lui sont les huit sphères qui s'y rattachent, la sphère des étoiles fixes, les six sphères des planètes et celle qui entoure la terre. Les démons sont attachés à ces sphères, les hommes aux démons, et ainsi tous les êtres se rattachent à Dieu, qui est le père universel. Le créateur, c'est le soleil; le monde est l'instrument de la création. L'essence intelligible dirige le ciel, le ciel dirige les Dieux, au-dessous desquels sont classés les démons qui gouvernent les hommes. Telle est la hiérarchie des Dieux et des démons, et telle est l'œuvre que Dieu accomplit par eux et pour lui-même. Toute chose est une partie de Dieu, ainsi Dieu est tout. En créant tout, il se crée lui-même sans jamais s'arrêter, car son activité n'a pas de terme, et, de même que Dieu est sans bornes, sa création n'a ni commencement ni fin.

. . . .
Si tu y réfléchis, ô roi, il y a des corps incorporels. —Lesquels, dit le roi?—Les corps qui apparaissent dans les miroirs ne te semblent-ils pas incorporels? — C'est vrai, ô Tat, dit le roi ; tu as une pensée merveilleuse. — Il y a encore des incorporels; par exemple, les formes, qu'en penses-tu? Elles sont incorporelles et se manifestent dans les corps animés et inanimés. — Tu dis vrai, ô Tat. — Il y a donc une réflexion des incorporels sur les corps, et des corps sur

les incorporels, c'est-à-dire du monde sensible sur le monde idéal, et du monde idéal sur le monde sensible. O roi, adore donc les statues, qui, elles aussi, empruntent leurs formes au monde sensible.

Le roi, s'étant levé, dit : « Ne doit-on pas, ô prophète, s'occuper du soin de ses hôtes? Demain nous continuerons cet entretien théologique [1]. »

---

1. Ce fragment, quoique rattaché au précédent par les manuscrits, paraît tiré d'un autre ouvrage.

II

DES ENTRAVES QU'APPORTENT A L'AME LES PASSIONS DU CORPS

Lorsqu'un musicien, voulant exécuter une mélodie, se trouve arrêté par le défaut d'accord des instruments, il n'obtient qu'un résultat ridicule; ses efforts inutiles excitent les railleries des assistants; c'est en vain qu'il déploie toutes les ressources de son art et accuse l'instrument faux qui le réduit à l'impuissance. Le grand musicien de la nature, le Dieu qui préside à l'harmonie des odes et qui fait résonner les instruments selon le rhythme de sa mélodie, est infatigable, car la fatigue n'atteint pas les Dieux. Si un artiste veut donner un concert de musique, quand les joueurs de trompette ont donné la mesure de leur talent, quand les joueurs de flûte ont exprimé les finesses de la mélodie, quand la lyre et l'archet ont accompagné le chant, on n'accuse pas l'inspiration du musicien, on lui accorde l'estime que mérite son œuvre; mais on se plaint de l'instrument dont le désaccord a troublé la mélodie et empêché les auditeurs d'en saisir la pureté. De même la faiblesse de notre corps ne peut sans impiété être reprochée à (l'auteur de) notre race. Mais sache que Dieu est un artiste au souffle infatigable, toujours maître de sa science, toujours heureux dans ses efforts, et répandant partout les mêmes bienfaits. Si Phidias, l'ouvrier créateur, a trouvé une résistance dans la matière qu'il lui fallait employer pour son œuvre, n'accusons pas l'artiste qui a travaillé selon son pouvoir; plaignons-nous d'une corde trop faible qui, en abaissant ou en élevant la note, a fait disparaître le rhythme, mais n'accusons pas l'artiste des vices de l'instrument; plus celui-ci est mauvais, plus celui-là mérite d'éloges quand il parvient à en jouer dans le ton juste. Les auditeurs l'en aiment davantage, loin de lui rien reprocher. C'est ainsi, ô très-illustres, qu'il faut mettre notre lyre intérieure d'accord avec la pensée du musicien.

Je vois même qu'un musicien, privé du secours de la lyre et devant produire un grand effet d'harmonie, a pu suppléer par des moyens inconnus à l'instrument dont il avait l'habitude, au point d'exciter l'enthousiasme de ses auditeurs. On dit qu'un joueur de cithare, auquel le Dieu de la musique était favorable, ayant été arrêté par la rupture d'une corde pendant l'exécution d'une mélodie, la bienveillance du Dieu y suppléa et fit valoir son talent; par un secours providentiel, une cigale remplaça la corde rompue et exécuta les notes qui manquaient. Le musicien, consolé de l'accident qui l'avait affligé, remporta la victoire. Je sens en moi quelque chose de pareil, ô très-honorables; tout à l'heure j'étais convaincu de mon impuissance et de ma faiblesse, mais la puissance de l'être suprême complète à ma place la mélodie en faveur du roi. Car le but de ce discours est de célébrer la gloire des rois et leurs trophées. En avant, donc! le musicien le veut, et c'est pour cela que la lyre est accordée. Que la grandeur et la suavité de la mélodie répondent à l'objet de nos chants!

Puisque nous avons accordé la lyre pour chanter l'éloge des rois et célébrer leurs louanges, chantons d'abord le Dieu bon, le roi suprême de l'univers. Après lui, nous glorifierons ceux qui nous offrent son image et qui tiennent le sceptre. Il plaît aux rois eux-mêmes que l'ode descende d'en haut, de degrés en degrés, et que les espérances se rattachent au ciel d'où leur vient la victoire. Que le musicien chante donc le grand Dieu de l'univers, toujours immortel, dont la puissance est éternelle comme lui, le premier vainqueur de qui viennent toutes les victoires qui succèdent aux victoires. Accélérons la marche de notre discours, arrivons à l'éloge des rois, gardiens de la paix et de la sécurité publique, qui tiennent du Dieu suprême leur antique pouvoir, qui ont reçu la victoire de sa main; ceux dont le sceptre a été orné même avant les désastres de la guerre, dont les trophées ont précédé le combat; ceux auxquels il a été donné non-seulement de régner, mais de triompher de tous; ceux qui, même avant de s'être mis en mouvement, frappent les barbares d'épouvante.

I I

LOUANGES DE L'ÊTRE SUPRÊME ET ÉLOGE DU ROI

Ce discours finit par où il a commencé, par les louanges de l'être suprême, et ensuite des rois très-divins qui nous garantissent la paix. Après avoir commencé par célébrer la puissance suprême, c'est à cette puissance que nous revenons en terminant. De même que le soleil nourrit tous les germes et reçoit les prémices des fruits qu'il cueille avec ses rayons, comme avec de grandes mains, de même que ces mains ou ces rayons cueillent d'abord ce qu'il y a de plus suave dans les plantes, ainsi nous-mêmes, après avoir commencé par célébrer l'être suprême et l'effluve de sa sagesse, après avoir recueilli dans nos âmes ces plantes célestes, il nous faut cultiver encore cette moisson bénie qu'il arrosera de ses pluies fécondes.

Il faudrait dix mille bouches et dix mille voix pour bénir le Dieu de toute pureté, le père de nos âmes, et nous serions impuissants à le célébrer dignement; car des enfants nouveau nés ne peuvent dignement célébrer leur père, mais ils font selon leurs forces et obtiennent ainsi l'indulgence. Ou plutôt, la gloire de Dieu, c'est qu'il est supérieur à toutes ses créatures; il est le prélude, le but, le milieu et la fin de leurs louanges; elle confessent en lui leur père tout-puissant et infini.

Il en est de même du roi. Il est naturel à nous, qui sommes ses enfants, de le bénir; mais il nous faut demander l'indulgence de notre père, quand même elle nous aurait été accordée avant notre demande. Un père, loin de se détourner de ses petits-fils et de ses enfants nouveau-nés à cause de leur faiblesse, se réjouit de se voir reconnu par eux. Cette connaissance (gnose) universelle qui communique la vie à tous et nous permet de bénir Dieu est elle-même un don de Dieu. Car Dieu, étant bon, a en lui-même le terme de toute perfection; étant immortel, il enveloppe en lui l'immortelle quiétude, et sa puissance éternelle envoie dans ce monde une bénédiction salutaire. Il n'y a pas de différences entre les êtres qu'il contient, pas de variations; tous sont sages, une même providence est en tous, une même intelligence les gouverne, un même sentiment les pousse à une mutuelle bienveillance, et un même amour produit une harmonie universelle.

Ainsi, bénissons Dieu et redescendons à ceux qui ont reçu de lui le sceptre. Après avoir commencé par les rois et nous être exercés à célébrer leurs louanges, il nous faut glorifier la piété envers l'être suprême. Que lui-même nous instruise à le bénir; exerçons-nous par lui à cette étude. Que notre premier et principal exercice soit la piété envers Dieu et la louange des rois. Car notre reconnaissance leur est due pour la paix féconde dont ils nous font jouir. C'est la vertu du roi, c'est son nom seul qui garantit la paix; on le nomme le roi (βασιλεύς) parce qu'il marche (βαίνειν) dans sa royauté et sa puissance, et qu'il règne par la raison et la paix. Il est au-dessus de toute royauté barbare; son nom même est un symbole de paix. Le nom seul du roi suffit souvent pour repousser l'ennemi [1]. Ses statues sont des

1. On pourrait voir là une allusion au nom de Ptolémée, qui signifie guerrier, mais il est bien plus naturel de penser à celui de Valens, qui signifie puissant, courageux. Valens fut associé à l'empire par son frère Valentinien, ce qui expliquerait pourquoi l'auteur parle tantôt du roi, tantôt des rois. Les panégyriques d'empereurs étaient fort à la mode à cette époque; mais en Égypte, cette servilité monarchique avait toujours existé. L'explication étymologique du mot βασιλεύς prouve que ce morceau a été écrit en grec et n'est pas traduit de l'égyptien. On en peut dire autant du précédent, qui contient une allusion à Phidias. Ces deux morceaux sont écrits dans le même style et paraissent du même auteur.

phares de paix dans la tempête. La seule image du roi produit la victoire, donne à tous la sécurité et rend invulnérable.

FIN.

TABLE DES MATIÈRES

ÉTUDE SUR L'ORIGINE DES LIVRES HERMÉTIQUES............ I à CXII

LIVRE PREMIER

I.	— Poimandrès....................................	3
II.	— Discours universel d'Hermès à Asclèpios............	17
III.	— Discours sacré d'Hermès Trismégiste...........	27
IV.	— Le Cratère ou la Monade. (Hermès Trismégiste à son fils Tat.)..	30
V.	— Le Dieu invisible est très-apparent. (Discours d'Hermès à son fils Tat.).....................................	36
VI.	— Le bien est en Dieu seul et nulle part ailleurs......	42
VII.	— Le plus grand mal pour les hommes est l'ignorance de Dieu...	46
VIII.	— Rien ne se perd, et c'est par erreur que les changements sont appelés mort et destruction..	48
IX.	— De la Pensée et de la Sensation. (Le beau et le bien sont en Dieu seul et nulle part ailleurs.)...	51
X.	— La Clé. (Hermès Trismégiste à son fils Tat.)..........	57
XI.	— L'Intelligence à Hermès...........................	70
XII.	— De l'intelligence commune. (Hermès Trismégiste à son fils Tat.)............	81
XIII.	— De la renaissance et de la règle du silence. Sermon secret sur la montagne........................	93
XIV.	— Hermès Trismégiste à Asclèpios; Sagesse...........	105

LIVRE DEUXIÈME.

DISCOURS D'INITIATION OU ASCLEPIOS.

I à XV... 113 à 172

LIVRE TROISIÈME.

FRAGMENTS DU LIVRE SACRÉ INTITULÉ LA VIERGE DU MONDE.

I à III... 177 à 209

LIVRE QUATRIÈME.

FRAGMENTS DES LIVRES D'HERMÈS A SON FILS TAT.

I à X.. 225 à 256

FRAGMENTS DES LIVRES D'HERMÈS A AMMON.

I à VIII... 257 à 270

FRAGMENTS DIVERS.

I à IX... 271 à 284

LES DÉFINITIONS, ASCLÈPIOS AU ROI AMMON.

I. — Du soleil et des démons............................... 285
II. — Des entraves qu'apportent à l'âme les passions du corps. 293
III. — Louanges de l'être suprême et éloge du roi........... 297

FIN DE LA TABLE.

Paris — Typ. de PILLET FILS AÎNÉ, rue des Grands-Augustins, 5.

www.ingramcontent.com/pod-product-compliance
Lightning Source LLC
Chambersburg PA
CBHW071944220426
43662CB00009B/983